CONSUMER PERSONALITY
PSYCHOLOGY

张治星 编著

消费者
性格心理学

台海出版社

图书在版编目(CIP)数据

消费者性格心理学 / 张治星编著. —北京：台海出版社，
2019.9
ISBN 978-7-5168-2426-9

Ⅰ.①消… Ⅱ.①张… Ⅲ.①消费心理学
Ⅳ.①F713.55

中国版本图书馆 CIP 数据核字(2019)第 204128 号

消费者性格心理学

编　　著：张治星

责任编辑：员晓博　　　　　　　　版式设计：晨罡文化
责任印制：蔡　旭

出版发行：台海出版社
地　　址：北京市东城区景山东街 20 号　　邮政编码：100009
电　　话：010-64041652（发行，邮购）
传　　真：010-84045799（总编室）
网　　址：www.taimeng.org.cn/thcbs/default.htm
E－mail：thcbs@126.com

经　　销：全国各地新华书店
印　　刷：北京市施园印刷厂
本书如有破损、缺页、装订错误，请与本社联系调换

开　　本：710mm×1000mm　　　　1/16
字　　数：245千字　　　　　　　印　　张：15
版　　次：2019年11月第1版　　　印　　次：2019年11月第1次印刷
书　　号：ISBN 978-7-5168-2426-9

定　　价：39.80元

对于商品而言，每个人都是消费者。当线上海淘、境外代购等消费方式变得越来越普及后，人们消费活动中的信息和需要趋于对称，可选择的机会增加。大众消费群体，尤其是年青一代开始打破原有的购物模式，乐于尝试新兴品牌和产品，同时又呈现出需求的多元化，这些都驱动着消费的迅速升级。

在生活中，每个人都在不断地扮演着消费者的身份；而每一次消费，都是卖家和消费者的心理对弈。所以，读懂消费者，学会用他们的视角去观察和评价商品，是新时代所有卖家必须面对又必须解决好的问题。消费者的个性形形色色，他们的选择和选择方式也大相径庭。比如，同样是大众传媒消费，有人喜爱日本动漫，有人偏好曲艺杂谈，有人则喜欢看篮球或足球比赛。在营销过程中，每个具有不同性格的消费者有着独特的购买需求和行为。

如何认知并掌握消费者风格迥异的性格特点，进而准确推断出他们真实的消费心理和习惯的购买方式，并有针对性地展开适合的营销策略，是营销人员不可不学的一门课程。本书从卖家的角度，从心理、社会、科技、经济等多个方面深度剖析消费者的内心，解读他们在消费中的诸多不便、忧虑与烦恼，继而运用消费者的性格差异，为商品和服务披上性格的外衣。

目录
CONTENTS

03 需求引爆消费欲望

04 态度左右消费节奏

05 弱点制造卖点

06 身体感知产品密码

07 用社会面具定位消费群体

01 | 性格类型影响消费心理

一个人的性格其实并不像我们表面上看到的那么简单，它有着丰富的内涵。性格会影响消费者的职业选择，而职业又间接地影响了消费者对产品的需求和购买倾向。因此，理解消费者多方面的性格特征，有利于营销人员实现与消费者之间的接触、联络和沟通，从而做好把产品高效地从生产领域转移到流通领域和服务领域的工作。

消费者的性格决定了他们的行为和做事风格，而行为又恰恰反映了他们当下的心理活动。因此，观察消费者在生活中的某些惯性行为和态度，不仅可以推测出他属于何种性格，还可以预测他们的心理动向，了解他们内心真实的想法。

小美是个很注意个人形象的姑娘。哪怕是周末出门买菜，她也要精心打扮一番——她要涂上防晒霜和口红，画好眉毛，打扮好之后才能够顺顺当当地出门。对她来说，去星巴克喝咖啡或者去味多美吃甜品都要自拍，这些是她生活的一部分，也是必要的消费仪式。这个小小的仪式让她感觉到自己对生活的重视，可以把普通的一天变得不一样。

而赋闲在家的老陈，除了照顾晚辈之外，去超市排两小时的队买一盒便宜五毛钱的鸡蛋也会让他高兴半天。

不同性格消费者的购买行为，因性格上的差异而截然不同。因此，了解不同消费者的性格类型，不仅可以帮助营销人员轻松地获知他们当前的购买

心理，同时也能最大限度地预测他们下一步的消费趋向。

同样是消费，为什么消费方式大相径庭呢？因为他们属于不同的性格类型。结合心理学家培因（A.Bain）、李波特（T.Ribot）及卡尔·荣格（C.G.Jung)的性格理论，我们总结出以下几种消费者性格类型，并将从性格侧写、性格优势、可能存在的性格盲点、消费心理及营销建议五个方面，对这几种不同性格类型的消费者进行详细分析。

1.1 挥霍精力又容易满血复活的外向型

为什么都市里总有那么一批人，上班时干劲十足，业余时聚会、上网、看碟、泡吧、蹦迪……他们的生活丰富到爆炸，喜欢花钱"买罪受"，长期带着黑眼圈，可就是不能停止这些劳心费神又伤身体的"嗜好"呢？

性格侧写

外向型消费者非常乐观，他们是一群天真、善变又没有长大的孩子，善于用语言和肢体动作表达自己的感受。他们在消费的过程中更喜欢与人保持互动，在空间上也更能接受和沟通的对象保持近距离的接触。他们更喜欢比较热闹、亲切的购物氛围，在沟通中注重目光的接触。如果卖家是熟人，他们会用拥抱、亲吻、拍打等亲密友好的方式表达他们的愉悦感。

在购买产品时，外向型的人比较注重和卖家的人际关系。他们很善于赞美或表达对产品和服务的好感，颜色、设计、款式比较鲜亮、时尚、抢眼的产品会在第一时间吸引他们的眼球。在消费观念上，他们是十足的享乐主义者，他们提倡活在当下——今天开心就好，现在开心就好。

需要海量来自视觉、听觉及触觉的刺激是外向型消费者的一大特征，而这些刺激通常来源于那些可以让人立刻兴奋起来的声音、场景和公众场合。所以，来自产品本身及由其所衍生出的任何感官上的信息，都会是这类消费者满血复活的能量。

性格优势

外向型消费者给人的感觉亲切、迷人、有气质，善于从与他人的相处中获取新动力。他们会带着兴趣去做事，情感外露、热情洋溢，且期待在任何时候都能结识新朋友。他们会充满激情地描绘自己在某件微不足道的小事中发现的兴奋点，对身边的事总是表现出高度的乐观和热情。他们心怀理想，清楚地知道自己的价值在哪里，对于自己所看重的集体高度忠诚、富有责任感，对自己认为正确的事坚持不懈。同时他们对秩序也很敏感，为人处世条理清晰，期待身边的世界也是如此。

可能存在的性格盲点

外向型消费者对任何事都充满热情和好奇，常仓促地迎接新的挑战，但又因不能很好地将想法和创造力组合起来而使执行计划遥遥无期，或因收集的信息不够全面而草率做出决定，导致行动无果。

外向型消费者不善于独处，独处对于他们来说是极其无聊的。他们喜欢听别人对自己的溢美之词，却对针对自己品位的批评显得很难接受，表现出愤怒、伤心和慌乱的情绪。他们对待事情过于热心、容易动感情，以至于有时会过度地卷入麻烦中。如果事情结果并没有向他们期待的方向发展，就会让他们产生深深的失落感，并因此而表现出退缩行为。

消费心理

他们愿意完全敞开自己，去全身心感受目标产品，所以他们观察和审视产品的方式十分多样化。对于产品的"望闻问切"是必不可少的，还喜欢不断询问营销人员，因为他们的头脑中会不断出现关于产品的各样新奇问题。他们的购物经历很多，但是又常常忘记购物经历的细节和感受。所以，当他们把注意力放到不同的商品上时，那将又是一次新的购物体验和经历。

办公室"辣妹"莎莎为准备下个月的公司晚宴，给自己买了一条价格小贵、设计时尚的裙子。可刚兴冲冲地回到家，裙子就被室友检查出来一个不大不小的瑕疵——裙子里面衬料的肩膀部分脱丝了，稍用力一扯接头就像多米诺骨牌一样"节节败退"，眼看就出现了一个窟窿。

都怪自己一时疏忽！不过这店家简直是坑人哩！她火速赶回那家店里，一脸不高兴地质问导购："哎呀！怎么回事啊？你不是说衣服是用耐磨防脱丝的料子做的吗？这个地方一动就出了个洞，叫

人家怎么穿出去嘛!"

之前接待她的店员也对她这么快就折回来的事情感到有些惊讶,她仔细地检查了衣服的每个细节,很快做出回应:"美女,很抱歉,因为我们的疏忽给您带来了麻烦。裙子出现这个问题是运输或展示的过程中被衣架勾到了线头,又没有及时发现并处理导致的。不过符合您尺寸的这款裙子本店只有一条,我们店里有纺织专业的店员,您是否可以接受我们按照料子的纹理进行修补还原呢?"

莎莎心里当然不痛快,不过她确实喜欢这条裙子,就答应让他们试试看,不满意的话还是要坚决退货的。而且,她提出在等待的时候试试其他的裙子,要是原来的没补好,还可以考虑购买其他款式。

很快,裙子再次回到她的手上。不得不说,店家缝补的工艺还真是没的说,针脚细密而紧实,还把整个肩膀的部分都重新走了一遍针,不用担心再次开线啦。莎莎再次穿上裙子,那种美美的感觉又回来了。她很爽快地答应不退货了,并且觉得导购员也变得更可爱了。临走前,她掏出手机对导购员说:"哎,美女,加你个微信呗,改天我们一起去喝个咖啡!以后有朋友买衣服一定介绍给你!"

这就是外向型消费者在消费中的表现——遇到有缺点的产品,他们会努力争取自己的权益,目的是解决问题。他们不会过分地索取,让卖方难堪。

在购买过程中,外向型消费者属于主动寻找价值的类型。他们会主动询问商品的细节,如品种、质量、如何使用等方面的问题,热情、活泼的沟通方式会让彼此都感觉很轻松、和谐。

外向型消费者喜欢刺激、丰富且生动、有趣的购买环境;希望产品消费功能可以挑战传统消费理念;希望能对产品进行充分体验,且对产品和服务提出的建议能被商家重视和采纳;喜欢产品升级迅速、空间大,不断有新的功能出现。

外向型消费者容易受到宣传语言和宣传氛围的影响,所以他们更容易迅速对商品的品相、包装、颜色以及命名等产生兴趣,产生购买的欲望。他们所有的动作、言语和表情指向性都比较明确,做出购买决定时也不拖泥带水，果断买单。但由于注意力持续时间短，导致他们对商品兴趣忽强忽弱，行动上也表现为容易反复。

营销建议

接待这类消费者的沟通要点：

第一，把握时机与客户建立关系。当消费者得知购买产品可以获得巨大利益，他们对于产品的疑虑会得到满意的答复，以及他们发出购买信号时，会大大提高商品成交率。外向型消费者是了解产品热情度较高的群体，而且他们在挑选过程中也是最容易表露自己喜好的一类人。所以卖方想与他们建立关系时要主动、自信、直接地提供足够详细的商品信息，同时还要在被拒绝后不放弃，坚持并有技巧地引导他们。

第二，使用辅助工具营销。因为外向型消费者喜欢生动、有趣的感官刺激，所以在很多时候，一张设计精美的图片、POP、产品相册或说明书等视觉化的宣传方式，更能吸引他们的眼球。根据"消费者的注意力具有选择性"的原理，在给消费者刺激的呈现方式上，要多样化、综合化，让他们可以从视觉、触觉、听觉、嗅觉、味觉上全方位感受产品，并且要求营销人员控制好刺激的强度和频率。

第三，巧妙处理消费者的抱怨。对心直口快的外向型消费者来说，他们购买商品时往往会直奔主题，要么买，要么拒绝。他们有对产品或服务的不满也会直接表达出来，这就需要卖方在沟通中始终以礼相待，并及时确认事实真相，然后用80%的时间去倾听他们想表达的重点是什么，剩下的20%时间则是向他们提供建设性的解决办法，切记不要急于辩解。

1.2 大智若愚的内向型

同样是餐饮消费，外向型消费者会成群结队地去路边吃烧烤，他们觉得"没有什么是一顿烧烤不能解决的"！而内向型消费者却更喜欢到一个静雅的小店，安安静静地吃一碗面，听听柔美的音乐。他们看起来是那样的与世无争，但事实真的是这样吗？

性格侧写

内向型消费者的心理动力通常来源于对自己内心的省察。他们并不那

么依赖外界的认同和赞赏——凡事三思而后行、不说不经大脑的话、不做仓促的事。他们对于流于表面、泛泛而谈的群体交流并不十分感兴趣。他们不会随便发表意见，而是更倾向于倾听别人发言。他们更多地把想法保留在内心深处，只有在与对方聊得比较深入的时候，才会积极、主动地表达出来。

环境对激发内向型消费者的潜力起至关重要的作用，独处让他们有更多的时间和注意力去探索、发现新事物的本质。安静、柔和的环境让内向型消费者感到舒适，他们在这样的环境中也是最放松、最活跃的。也就是说，在干扰比较少的情况下，内向型消费者可以从环境中得到更多关于产品的信息。

性格优势

尽管内向型消费者的外表看起来很冷漠，但其实他们的内心十分柔软。他们富有同情心，能设身处地地考虑别人的感受，也尊重别人的感受。他们不愿去支配和打扰别人，除非自己面临威胁。他们内心的情感十分丰富，待人和善却不圆滑，尊重那些理解他们的人，且喜欢用书写的方式表达内心的情感。在日常生活中，他们的适应性强，有耐力。静心、专注是他们在工作中别人无法企及的长处。美国某新闻频道的网站在2010年的一篇报道中称：研究发现，内向型的人在处理外界信息的时候，大脑比其他类型的人更活跃，这表明他们更关注细节。在做决策时，他们会花大量时间专注于一个目标；但同时，他们也是不愿冒险的人，在没想好前绝不会轻易做出购买的决定。

可能存在的性格盲点

内向型消费者有时会很固执，长时间沉浸在自己的主观臆断中，从而忽视了别人的建议。他们对周围正在发生的事情常常是后知后觉的。在做出行动决策之前，他们花费大量的时间去考虑、评估，完美主义的特质又让他们难以放弃自己的要求和原则，所以他们在行动时也不会和别人进行沟通、咨询，而导致行动的结果要么成功，要么毫无效率。

内向型消费者不习惯拒绝别人，这往往会让他们稀里糊涂地积累很多人际关系中的压力，让自己不堪重负，而被他们帮助或支持的人却对此浑然不觉。

消费心理

内向型消费者在挑选产品时极具耐心、冷静自持、慢条斯理。在购物环境上，他们更喜欢气氛和谐、舒适又没有时间限制的商店。他们的个性也常常导致他们在购买中犹豫不决，迟迟不能做出购买决策。他们需要卖家有足够的耐心，并能在无形中提供有理有据、有说服力的信息。

他们会默默地结合过去的购物经验来综合分析、评价所面对的某一产品的品质和性价比，无论你说什么，他们都不会轻易开口，不愿透露自己的兴趣爱好。内部心理活动丰富但面部表情稳定，挑选产品时不希望有人在旁边做过多介绍引荐，对广告无感，常依据自己的经验进行购买。

一个中年男子走进一家儿童鞋店，他要为自己刚满八岁的儿子购买一双运动鞋作为生日礼物。店员小姑娘当然很热情地欢迎他："先生，想看看哪款鞋子？"

中年男人并不急于搭话。他几步快走过前台，迅速扫视店内的各个鞋架，简单地回了一句："嗯，就是看看！"随后就自顾自地"巡视"各个鞋架去了。

小姑娘本来准备好的一连串的问题，如"买给谁呀？""多大尺码啊？""心理价位是什么？"一下子都被堵了回去，好不焦急，但她也只能站在原地等着中年男人发话。可是15分钟过去了，中年男人除了最后把目光锁定在店里一半的男式童鞋架上，并没有任何需要帮助的表示，仍然面无表情。于是，小姑娘回到前台，摆弄着手里的账本，心里揣摩着：这个人到底懂不懂童鞋啊？穿得很整齐、体面，看起来消费水平不会太低吧？这样的人该怎么和他讲价呢？……

正当她还在各种猜测的时候，中年男人拿着一双安踏跑鞋问道："这个款式的鞋还有大一号的吗？"

小姑娘看了一下标签："哎呀，这款鞋子需要和库房核对才能确定有没有。"随后拨通库房的电话，很不凑巧，这个店的库房没有存货了。她心怀歉意地说："要不您看看别的款式，或者别的牌子

的，我们这里有……"

"我了解这个牌子和款式，是今年最新款的X系列，合成革和针织质地，橡胶底防震。你们其他最近的店铺在哪里？麻烦你打电话问一问，我可以自己过去取。"中年男子的口气不容置疑。

在沟通半个多小时后，这笔生意终于成交了。看似时间战线长，却是最不费力的交易。这让小姑娘不由得一叹："碰到这么专业的买家，我承认我需要继续'充电'啦！"

内向型消费者安静又内敛，不希望在购物过程中发生麻烦和冲突，更不愿意也不善于处理消费中发生的争执。过多的提示和热情会让他们感到不安，甚至不悦，觉得如果不买会有愧疚感。他们善于控制情绪，在内心对各类商品进行详细比较，反复斟酌后才决定购买，更信任看起来安静、稳重的营销人员。先前的消费经验对他们的下一次消费决定有很大影响，如果他们对卖家第一次的印象是极其不满的，那么他们很可能就不会进行再次消费。

营销建议

第一，切忌急于推荐介绍，或者因为内向型消费者迟迟不做决定而表现出不悦的情绪——小声议论或态度冷淡。当消费者专注于某件产品时，安静地等待他们询问。

第二，准确识别内向型消费者的购买信号。问询性的语言、对产品的专注观察、独自操作或反复对比、放松而愉悦的表情都是内向型消费者对产品有购买欲望的表现。

第三，沟通要有逻辑，层层深入。首先是消除消费者提出的顾虑和异议。消费者有疑虑时不代表他们不会购买；反之，如果他们得到了圆满的解释，会促进他们的购买行为。列出产品的优势和不足，客观地向消费者解释他们的疑虑，不轻易夸张宣传和做出保证。其次是在成交的最后时刻要踢好临门一脚，巧妙地帮助消费者下定购买决心。如果消费者的购买欲望很强烈，那么可以直接提出成交要求；如果消费者还是有些犹豫，那么试探性地提示他们如何保修、付款等问题，预示交易即将结束；用同理心和消费者聊聊他们身边和产品有关的人或事，从而让他们意识到产品对他们的意义和重要性。

1.3 谨慎认真的理智型

你身边是否有这么一类人：他们看起来很"高冷"，从不愿意跟别人多聊自己的事，做事有板有眼，任何时候都是一副"整装待发"的样子，让人想要接近却又感觉神秘莫测？其实这只是其性格使然。

性格侧写

理智型消费者是现实生活中的思想家。他们相信知识影响能力，所以他们在做任何事情之前都要先收集到足够的信息资源，然后对这些信息进行客观的分析和组织。只有制定出一个完整且严谨的规划后，才会实施行动。

对一些重大的事情或问题，他们总是能给出一些独到的见解，这恰恰源于他们对生活中细节的好奇和探究。他们对一些事物的研究热情有时会让人感到吃惊，他们也常常很快就能掌握其中的精髓和技巧。所以，他们善于用事实分析说服别人，给人留下处事合理又客观的印象。

他们个性谨慎含蓄，讲究分寸，喜欢与人保持距离，这样他们的个人空间就不会被别人打扰。他们对卷入别人的事情没有多大兴趣，常常以理智支配自己的行动，将情感抽离。在交友上，他们倾向于"君子之交淡如水"，所以他们在别人眼中常常是"旁观者"。

性格优势

理智型消费者往往会勇敢地追求自己感兴趣的事情，不在意身边反对的声音多么强烈，这使他们能够在身边出现不同声音的时候很好地调整自己，并在别人面对压力时为他们提供帮助。处理事情时头脑冷静和思维清晰又让他们成为群体中提供优秀决策的人。

理智型消费者善于通过大量的非语言，如表情和动作来表达自己，善于关注与别人互动中的抽象、非言语的信息。他们会耐心地把自己所观察到的细节整合之后，融会贯通，找出事物的本质或事情的真相，给出恰如其分的解决方案。他们也比较乐于为需要的朋友提供咨询，给出建议。

可能存在的性格盲点

理智型的消费者在解决任何事情时都要求有理有据，这样往往会将一些事情的解决过程变得复杂化；同时，他们又要求各个细节精确无误，会让人觉得吹毛求疵；加之他们的应变能力偏低，因此他们在事情发生变动的情况下，往往会措手不及。

他们希望通过用不断获得的知识来解释身边的一切，把理论和精确度放在感情之上，逃避和别人建立关系，可能会让人觉得过于冷漠、倔强而固执、难以接近。他们藏在自己的安全空间中，"贪心"地用积累起来的知识窥探外面的世界。

消费心理

在购买过程中，理智型消费者习惯于根据商品知识去解读产品，他们对产品的选择有自己的标准，善于用自己了解的信息从各个角度对产品进行分析，权衡利弊，在没有对商品的各方面充分了解之前，不会轻易地做出购买决定。他们所表现出来的购买行为非常理智，他们对产品间性价比的比较能力强，因此他们也不太会受消费热潮和消费风气变化的影响。

在挑选产品的过程中，他们更喜欢听到关于产品的信息，并且这些信息越全面、越细化，就越能让他们感到放心。他们很重视导购对产品的介绍方式和内容，如果发现纰漏，他们就很容易对产品的品质产生怀疑。对商标等产品可视化信息进行详细核查是他们在购买前必不可少的行为，他们愿意花相当长的时间去寻找自己想知道的产品细节，唯恐在购买之前因为漏掉了某个细节而导致自己做出了不明智的判断。

年底了，北漂了一年的黄小莉要给妈妈买一条舒适的护腰带，这是她从同事阿华那儿听来的建议："超级管用，是老人十分暖心的宝贝！"

她并不了解护腰带到底是个啥物件。她不喜欢一家家地去挑，打算网上购买——只要轻轻按下按键，目标产品出来百十来条。她倒对这么多搜索结果一点儿也不感到厌烦，聚精会神地从第一个开始看起来；并建立了一个文档，把每一款护腰带的商品介绍和商品详情及售后的评价都认真地拷贝下来。

这样有条不紊地忙活了一个上午，黄小莉终于把所有推荐备选都复制到文档里了，在功能上也定位了"保护腰椎间盘""预防腰肌劳损""透气""四季通用""自动发热""保暖""加强支撑"等十几个功能。因为想知道产品是怎么达到透气、自动发热的，是否可以手动或自动调节，会不会影响皮肤感受？她还搜了整整三页的说明，包括网站、贴吧、论坛里的帖子。

她知道妈妈平日穿着朴素，本来想选择一个比较深的颜色，可是考虑到夏天戴的话，深色也许会影响腰部感受，最后她选了一个贴近于肉色的款式。而对于购买国内还是国外的品牌，她最终将目标锁定到德国和日本的两个品牌上。然后再把之前搜罗起来的各个功能逐一进行对比，最后定位在一款价值500元左右的护腰带上。于是她联系卖家，询问号码的大小。卖家给出了一些参考的身高和体重效果图，但是黄小莉看了还是觉得不够确定，担心大了戴着没效果，小了戴着难受。突然，黄小莉灵光一现：有了！隔壁住着的李姨和妈妈的身材差不多，先用一块布量出产品同样尺寸，围到她身上看看，就知道合不合适啦！又是忙活了一个多小时，她终于确定了尺寸。哇，终于可以果断下单了！想象着妈妈戴上护腰带开心的样子，黄小莉终于舒了一口气。

理智型消费者在与卖方互动的过程中，说话比较理智冷静，语调平和，语速比较慢，通常不会有什么感情色彩。对卖方提出的一些问题，他们会认真倾听；如果不是很复杂，就会即时回答；如果他们需要时间思考，就会告诉卖方他们需要想想，但他们不是在兜圈子转移话题。

购物时他们会尽量避免对导购员的依赖，他们会花大力气充分使用手中已有的资源对产品进行分析审视。但是，当他们需要从卖方获得产品信息时，也会有条不紊地提出他们的问题。这个时候，他们期待的回答是符合事实、合理而不夸大的。他们讨厌介绍产品时没有逻辑性，给不出合理的建议，而只是靠不断重复已知信息来催促他们购买的卖家。

营销建议

第一，识别理智型消费者在购买时的非语言信号。在行动上，他们会步履缓慢，双手交叉放在胸前，不紧不慢环视货架；看商品时上身后倾，专注

端详，就座时会跷腿。表情上，目光专注平静，或偶尔皱眉，旁若无人地聚焦到某件产品上。沉默不代表他们拒绝你，而他们微笑则表现出他们对产品比较满意或对你说的话比较赞同。

第二，提供专业有说服力的产品知识、长期研究报告、最新信息及可靠数据。提供加工的过程、加工工艺、产品商标以及制造商的真实情况，以便为理智型消费者提供充足的信息进行思考分析；通过主动提供自己的产品在同类产品中的有利之处，赢得他们的认可。

第三，尊重理智型消费者的购买节奏，给他们足够的时间思考。倾听他们对产品的观察感受，对他们的产品分析表示赞赏会拉近你们之间的距离；给他们"私人"的空间和时间去审视和衡量产品，不要催促他们立刻做决定。

第四，用请求的方式表达你对他们的要求，因为他们不喜欢有被别人掌控的感觉。比如，"您看我可以帮您把这件商品从货架上取下来，再仔细看看细节吗？"他们对卖方一些非言语的举动很敏感，要让他们感觉到你对他们的挑选行为是关注的，随时等待为他们提供服务。

1.4 "跟着感觉走"的情绪型

网友麦芽约朋友周末去本地的一家创意冷饮店，结果没体验到传说中的"情调和美好"，反倒惹了一肚子气。因为她在冷饮喝到一半的时候，在杯子里发现了一截指甲，顿时觉得被恶心到了。她立即喊来服务员要说法。服务员表示这杯可以免费，还可以再免费提供一杯继续喝。

服务员的这个做法让麦芽非常不满，她已经完全没有喝的心情了，愤怒地要求店家按所点冷饮10倍的价格赔付"精神损失费"，声称给自己造成心理阴影了。如还一怒之下把自己的经历添油加醋地发布在网络上，并同时@了很多家消费者维权媒体以及美食爱好者群。不到一周，这家冷饮店就以"因卫生问题和消费者产生纠纷"成为该地区日报上的头条。

店老板直呼："真是被一个矫情的顾客搞砸了整个店！"

其实店老板没弄清楚，这不是赔几十块钱的问题，是他没弄清正确抚慰顾客的方向。比较容易情绪化的顾客其实也没那么难对付，他们需要耐心、设身处地地安抚。

性格侧写

情绪型消费者很注重身边的事物带给自己的情绪感受，他们的行动也常常受到情绪的支配。他们给人的感觉是热情、豪爽，但是也很敏感，情绪起伏大。他们对一件事很难保持长久的兴趣，可以轻易地喜欢上某种生活方式或生活节奏，却又难以坚持下去，很快又开始尝试其他的方式。

情绪型消费者的情绪就写在脸上，情绪来得快也去得快，并且很容易就忘记之前发生的不愉快。在旁人看来，他们我行我素，"一条道走到黑"，度量不够大，但这也是他们最为单纯、天真的表现。他们注重感觉，希望自己的感受也能得到别人的回应和理解。当遇到不理解或强硬的回应时，他们会变得惊慌、忧伤甚至暴躁。

性格优势

情绪型消费者情感丰富，善于表达，为人处世积极主动。在做事上，他们强调速战速决，行动力强，表达也比较直接，所以达成目标的效率也比较高。他们的思维活跃，也是最能拿出新建议、新点子的群体。和他们一起完成一项工作或活动，绝不会让你感到沉闷、枯燥。

在社交中，他们深谙要得到就要先付出的道理，所以他们不太会计较自己的付出与回报是否成正比，愿意为有需要的朋友提供帮助。在发生冲突的情境中，他们也是很容易被安抚的一类人。他们的情绪可能会即时爆发，而且非常强烈，但是只要你可以让他们很快冷静下来，并转移他们的注意力，让他们的情绪得到回应，过后他们通常不会再翻旧账。

可能存在的性格盲点

情绪型消费者在做某件事时，常常因为心血来潮而采取行动。他们的情绪很容易激动，对自己的情绪掌控相对较弱，所以会给人留下变化不定的印象。他们在情绪激动的状态下也很难顾及对方的感受，做事在细节上不会认真推敲，有时候会因此导致自己和别人产生矛盾。

他们对反对自己的声音十分敏感，容易对挫折产生消极、愤怒的情绪。如果在短期内找不到宣泄口，这些情绪就会转化为对别人的挑剔或不满。

他们的意志力薄弱，跟着情绪走，所以有些时候容易轻信别人，显得不够成熟。

消费心理

情绪型消费者的购买行为稳定性较低，常常很快就改变主意，不能三思而后行。他们在购买产品时容易受到购物环境的影响，购物现场布置、购物氛围、导购人员的服务方式和服务态度、广告等因素都会影响他们的购买情绪和购买决定。如果感觉对了，或者看中喜欢的产品，他们就会痛快地做出购买决定；如果出现导致心情不好的因素，他们就会很快放弃看中的商品，拂袖而去。

他们的消费活动常常围绕自己的冲动或心情变化进行，一般在购买之前没有明确的目标，决定要不要买主要看自己当时的兴趣、是否流行以及产品的品质和包装好不好。只要好玩、新奇，能表现出自己的品位和个性，那就买！而对于产品的价格却不会在意太多。购买时，他们对关系自己利益的产品会保持高度兴趣，一旦看见对自己有利的产品特性出现，就会非常兴奋；一旦发现这个产品满足不了自己的某个要求，就会感到失落甚至是愤怒。

后天就是妻子的生日了，李辉决定给她一个惊喜，于是偷偷用微信订了一束粉玫瑰和百合组合的花束。花店承诺，可以送一个花瓶。他担心送的玻璃瓶子太普通，就又加了20元换了一个瓷的。结果花到了瓶子没到，而且花还被压瘪了，花朵零散、干涩，有三四朵玫瑰花瓣已经变黄了。李辉十分愤怒，直接微信跟客服沟通。下面是他与花店客服的对话：

客服： 您好，请问有什么可以帮到您的吗？

李辉： 我打开在你家订的花后，发现很多花都被压坏了，还有三四朵玫瑰已经变黄；而且，我付费买的花瓶也没有收到！你们打算怎么解决？！

客服： 您方便说一下订单号或者提供收花人的手机号码吗？我这边立即查询，请稍微等待一下。您是否可以把收到的花束拍照发给我们看一下？

李辉： 当然！（发图片）

客服：您的花束和花瓶是分开配送的，因为您选择的瓷质花瓶我们有专门的供应商，正在配送路上，预计今天下午三点就可以送到。从图片上来看，您收到的粉玫瑰百合组合确实不太好，出现这样的情况，我们深感抱歉。请您先不要生气，我们会给您一个合理的解决方法。

李辉：还有合理的解决方法吗？这束花直接不能用了，这是我第一次给妻子买花庆祝生日，你要我怎么不生气！

客服：真的非常抱歉，下次我们会让花仓师傅注意的。我们现在立刻为您重新准备一束同系列的花，外加保湿包装，并马上送货给您，大概半天到货。这样，新鲜的花和花瓶就会同时到您手中。另外，我们会赠送一个创意生日卡给您妻子。您现在可以把要写的话发给我，我们用创意文字写在贺卡上。这样，您只需要外加5元配送费即可，您觉得可以接受吗？

李辉：哎，造成这样的结果是你们的过失！凭什么让我来买单？

客服：是这样的，先生，如果您要求退款的话，我们将会提供10元的损失补偿；但是如果您接受更换，那么您可以收到一束让您满意的鲜花，给您的妻子一个惊喜，为此您只要再付5元配送费。您还可以选择货到付款，满意后再签收付配送费。

李辉：呃……可以吧，为了我老婆就再给你们一次机会。不过要看看你们是否真的说到做到，我就等着收到花了！

客服：好的，感谢您的来访和理解，也谢谢您的再次信任和支持。我们立即安排发货，欢迎您随时联系我们进行反馈咨询。

售卖中不诚实的信息和行为会让情绪型消费者难以接受，他们会认为这是很严重的冒犯，愤怒会瞬间淹没他们。他们会因此不假思索地找卖方讨说法，维护自己的利益。如果卖方此时安抚消费者的情绪并给出合理的解决方案，他们的不满也会很快平息。

营销建议

第一，定位能吸引他们消费兴趣的关键点。 掌握能引起顾客积极情绪的是服务、环境、承诺、产品品质、价格还是其他因素？通过封闭性（例如，

您是否……）和开放性（例如，您怎样看待×××这款产品？）相结合的提问方式，弄清顾客想要购买商品的真实原因，弄明白他们所期待产品给他们带来什么样的惊喜。

第二，迅速回应。对情绪型消费者的任何需求都要在第一时间给予回应，如果有特殊的需要，可以为他们提供单独的空间进行进一步沟通，让他们感觉到自己被重视。对于已经进入情绪化的顾客，要认真地倾听他们想要表达的感受。避免使用负面评价和他们进行沟通，不要打断他们的话。很多时候，要让他们发泄出来，等他们心情变好了，问题会变得更容易解决。

第三，沟通中围绕产品，坚持基本事实，赞美和尊重顾客的观点，避免争论，根据顾客的需要介绍产品。根据自己所能做到的一些事情，用清楚的表述进行有针对性的提问，并根据顾客的需要来给出自己所能承诺的程度，不能立即满足或者不知道如何解决的问题，要给出确定的解决方案和回复时间，力求在友好的氛围中达成一致。

1.5 固执而苛刻的意志型

电影院售票口，一个售票员在结账出票之前竭力给顾客推荐。

售票员："先生，您的两张票可以为您搭配双人商务套餐，包括热狗两份，配薯片和可乐，还有……"

顾客："不用了，谢谢！"

售票员（拿着备选的零食单）："这个意式烤冷面是我们最近的新品，您要不要尝尝看？"

顾客："不用了，谢谢！"

售票员："那么我只给您叫两杯冰水好了，只要8元就好！"

顾客："谢谢，不用了！"

售票员："……"

顾客："我说了不要！你没听见吗？！"

这位售票员的"地毯轰炸式"的促销手段，为什么在消费者面前完全失灵了呢？他没弄明白，对于这类消费者，用这种方式再推荐十款套餐，他也不会改变主意的。

性格侧写

意志型消费者力求事事都做得漂亮、完美。所以他们通常给人的感觉是，他们做每件事时都有自己的原则和标准，"应该"或"不应该"是他们惯常的表达句式。在他们身上，总有一块心灵的空地旁人是无法踏入的。他们有一套是非黑白判断系统，所以当他们的正直、公义感爆发的时候，会死盯住一件他们认为不正确或不公平的事，直到问题以他们期待的方式解决才罢休。他们对自己认为正确的事会一直坚持，对自己认为正确的价值观也会贯彻到底。

意志型消费者追求完美，也会常常期待并要求身边的人也能按照自己的标准去做事，有时会给人以不随和、苛刻又固执的印象。他们具有自己独特的品位，在生活中常常拥有独特的爱好，并为此花费大量的时间和精力去经营、探索，并寻求满足。

性格优势

意志型消费者做事稳重，会坚持、努力地实施他们认为对的事情，对事情的走向和发展有很好的预测能力，所以他们的工作也常常能收到很好的效果。这种类型的消费者为人处世十分忠诚，对自己选择的人完全信任；他们认真、负责的行事风格又让他们值得他人信赖，能和别人建立起持久的合作关系。他们有勇气、思想积极，很容易凝聚团队合作和契约精神。

可能存在的性格盲点

因为事事追求完美，害怕犯错而常常不自觉地进行自我反省，导致意志型消费者被自我批判所带来的紧张和焦虑所笼罩。他们常常被自己揽过来的责任压得喘不过气，于是产生"为什么我总是要替别人收拾烂摊子"的愤慨。在这样的心境下，他们可能会使用权威去解决问题，说出责骂、讽刺甚至毁谤性的言语，大大增加了和别人的疏离感。

从某种程度上来说，他们是缺乏自信的一类人，这让他们容易产生猜忌心理，有时会伤害其他人的感情，继而导致人际关系紧张，也弄乱了自己的心智。

消费心理

意志型消费者通常是在决定购买某个产品之前，就已经有了明确的目标。他去看商品也只是想要去做个性价对比，然后再决定买哪个牌子、哪一款。他们丰富的购买经验，已经让他们形成了自己独有的审视产品的惯性思维。在购买中，他们的坚持性也比较持久，即使在购买中遇到了困难也不会轻易放弃，会想尽办法把中意的产品买到手。

同时，他们也是最挑剔的顾客，因为他们对产品和服务有惯性的质疑，担心自己吃亏上当——无论是产品外观、功能还是服务。他们通常给服务人员一种很强硬、高高在上的感觉，而且难以达到满意的程度。他们喜欢自己掌握购买节奏和整个购买过程，不希望别人掺和太多。如果没有相当专业的知识和技巧，你很难让他们改变主意。

Scott是一个冰球选手。他在一次比赛中因为猛烈撞击冰球场护板，导致脊柱受损造成偏瘫。此后他成了一个销售商，他的产品是"抬头线"，是专门为防止冰球选手碰撞球场护板造成损伤而设计的产品。每条这样的橘黄色的线售价500美元。

然而，如何说服众多传统而固执的冰球场安装这样的装置呢？因为他们很难相信这条橘黄色的线会改变什么，而且这个颜色也太扎眼了。Scott诸多策略中有两个关键策略：

第一，现身说法，把自己的经历和产品结合起来给冰球场管理方讲一个严肃的安全故事："在受伤半年内我花了将近55万美元去治疗，而这笔钱本可以完完全全避免花在医院。如果你仅仅认为那是简单的、没有价值的线条就大错特错了，它可以挽救很多人的健康和生命！"

第二，放弃夸夸其谈地讲诉传统的球场管理者自己的产品特性多么无敌，因为讲的次数再多也说服不了他们，还很容易惹人烦。他先争取到了几个知名冰球组织的支持，甚至其中一个组织愿意免费为近百家球场安装这款"抬头线"。这些行动让传统的球场管理者看到自己不是"第一个吃螃蟹"的人，于是开始重新审视这款产品，并逐渐接受这条提供安全的线。

目前在全美有二百多家冰球场同意安装这款产品，遍布全美二十多个州。现在，Scott可以把精力放在新的产品的开发上，把重点转向在产品开始上线之前，就做好真实模拟，测试想法的可行性。

意志型消费者对卖方及产品持有保留态度的时候，不代表他们完全排斥购买，他们只是需要更多有说服力的见证和信息。如果卖方可以用一些关键、可靠的信息攻破他们内心的壁垒，他们就会用新的角度去看待卖方的产品。

但是切记，不要强迫意志型消费者冒险去做消费产品的"第一批试验品"，而是要善于观察别人容易忽略的细节之处——他们对价格比较敏感，卖方的产品要么让他们感到"物美价廉"，要么让他们认为"价高质优"。

营销建议

第一，耐心准备。意志型消费者在成交之前，往往会花很多时间去"质疑"你的产品；在决定付款之前，他们更是喜欢"鸡蛋里挑骨头"。其实他们的目的很简单，他们不但想买到货真价实的产品，还要求它价格实惠。卖家要做的就是耐心地逐一解决消费者的疑虑，因此要提前准备好应对各种问题，甚至是被其刁难的对策，并在消费者咄咄逼人的时候能够成功转移他们的注意力，把他们从钻牛角尖的状态中拉出来。

第二，精心设计。意志型消费者比较爱面子，不管自己对产品的分析是否合理，都不愿意听见反对的声音。尤其是有他人在场时，他们更难改变自己的主意。因此，首先营销人员要尽量尊重和倾听他们所说的内容，等到他们准备好听你解释了再开始讲；其次，营销人员的表述必须清晰有逻辑，让消费者听到他们所没有认识到的关于产品的信息，就更容易说服他们；最后，善于引证权威来增加可信度，意志型消费者往往很注重听取权威关于产品的看法。

第三，细心发掘。意志型消费者比较习惯从多个维度去审视和分析产品，那么营销人员就要从产品以及互动的细节上去观察消费者的反应，从心理和行动上满足消费者的支配欲望，以柔克刚，力求让消费者确信他们已经规避了任何可臆想的损失，最终付诸行动购买。

1.6 有主见的独立型

这类人有一套自己的"傲娇"方式，有着自己的行事原则，他们并不是一定要在外表上显得完全与众不同，而是追求在更高的层次上和别人不一样。用一句话来说就是：他们是相对心理成熟的群体。那么，如何与这种类型的消费者成交呢？

用兵之道，攻心为上。

性格侧写

独立型消费者是在现实生活中让人感觉到他们的"厚度"与"霸气"的人。他们积极，自信，做事果断。他们乐于接受新的挑战，不畏冒险，对成就具有强烈的渴望。当困难来临的时候，他们表现出的通常不是焦虑不安，而是意气风发的欣喜。因为在他们开始解决一个棘手的问题之前就清楚地知道自己要做的是什么，要达到怎样的目的，结果将会如何。

他们解决问题的智慧来源于他们丰富的人生经历和学习。他们在长期与社会的接触中发展出多方面分析问题的思维方式，所以他们在面对新问题的时候不会慌乱逃避，而是能够迅速找到解决的办法。他们性格刚毅，在群体中锋芒毕露，处理问题果断泼辣，敢说别人不敢说的话，敢做别人不敢做的事，并且也并不畏惧在过程中出现的对抗和冲突。

性格优势

独立型的消费者为人做事直截了当，不拖泥带水；自信果断，强调依靠自己的实力去面对一切，不依赖别人；坚强，豪爽，好相处，喜欢打抱不平；快乐、积极向上的情绪总是能感染到身边的人，也乐于交朋友，所以有很好的社会关系。

作为群体的一分子，他们更愿意为这个群体成员提供宽容、理解和支持的氛围，因为他们相信快乐和积极的力量是可以传递的。

可能存在的性格盲点

因为他们对成就和权利有很强的欲望，在自信心的驱使下可能会出现激进冒险的情况。他们的光芒有时会让他们表现得盛气凌人，被认为"太霸道"而缺乏谦让，破坏自己和别人的关系。

消费心理

独立型消费者通常是家庭或者组织中购买决策的主要人物，因为他们很善于快速地对产品进行性价比衡量，买回的产品往往物有所值。他们决定购买的原因很大程度上不是因为广告包装或者业务员服务有多好，而是他们认为这个产品他用得到，确实值得购买。

他们在购买的时候不会觉得多次咨询导购员，或者多次要求试用、试戴或试穿是太麻烦的事，也不会因此而感到不好意思——他们觉得那是自己的权利。他们喜欢被尊重甚至被"宠爱"，希望自己的要求都不会遭到拒绝。

一中年男子看中了一款网上团购整套装修，第二天便上门咨询。

中年男子："给我介绍下你们的这款木门吧。"

店员："这个是德国的品牌，细节我不太了解，不过我对装修搭配比较在行。"

中年男子："这怎么行，你对门不了解怎么给我推荐啊？"

店员："我们这里的情况和其他公司不太一样，因为我们公司是不推荐主装修材料的。"

中年男子："不推荐并不说明你们可以不懂啊，对主材料你们卖家都不了解，我们顾客岂不是更迷茫啊！"

店员："我们这里讲究术业有专攻，如果您想进一步了解，我们可以请材料部的人员给您做专门的介绍。"

中年男子："我需要介绍的主材料不仅仅是木门，地板、瓷砖、吊顶、油漆涂料、五金配件、水泥黄沙、乳胶漆板材、水管……这些你们的材料部人员都可以提供详细介绍吗？"

店员："这个……我可以先和我们的材料部沟通一下再回复您吗？"

中年男子："那就请吧！"

店员电话咨询材料部，顾客来回踱步浏览着店内各式木门。等店员接完电话，还没等她回复，顾客就话锋一转："你给我介绍个

设计师吧，要很懂材料的，你们这里的技术人员水平应该不会太差吧？"

店员："可以，我们的技术人员都是有证的，试试看就知道是否让您满意啦！"

中年男子："我太太是学习艺术专业的，你们的设计一定不能太差，否则我交不了差啊。"

"还有，"中年男子继续提出要求，"我需要装修体现出简约的风格，厨房和卫生间的要求稍微高些，你们的基础工程要做好。"

店员："我十分同意您的要求，聊这么一会儿发现您很注重生活品质呢，别人可没您这么有品位。"

中年男子："我也是很注重实用的！"

店员："您放心，我们的设计一向都本着美观、实用的大方向来的。"

中年男子："客厅不想放吊灯，怎么样？"

店员："这个可以从其他设计细节上平衡。"

中年男子："好吧，看来我们可以试着合作一下。把你们的设计师介绍给我，我们先初步沟通一下设计细节。"

对独立型的消费者，如果在他们对产品不是很了解的情况下，可能会提出连珠炮式的问题和要求。在这些问题都得到回复的时候，他们会快速根据自己的喜好和需要做出决定。不把他们的问题看成压力，尽力陪他们走完对产品的认知之旅，将会大大增强他们对产品和服务的信任与好感。

营销建议

第一，准确把握独立型消费者的"傲娇心态"。因为购买经验丰富，此类型消费者会有一种"老干部"的心态，要么认为自己是产品通，要么认为"虽然你是产品内行，但我出钱，你得搞定我才算赢"。他们很享受在购买过程中成为卖方的挑战——"就喜欢你看不惯我又干不掉我的样子"。在这个时候，营销人员要细心观察、不卑不亢，分清主次把你的知识和理念传递给这些顾客。

第二，**以短平快的方式解决客户的异议**。当消费者对产品及售后服务出现任何异议时，要应对的方式是忽略他们的抱怨情绪，直接介入不满意内容，快速给出初步的解决方案，不给他们负面情绪发酵的机会，并一次性地解决问题。

第三，**利用好奇心，让消费者相信他们必须为新知识买单**。消费者希望得到新的体验，卖家就要把和他们有关、有用、有趣的产品，通过设置优质内容悬念，搅动他们对未知的探求，并使其产生购买的冲动。因为他们的好奇心持续时间有限，当这种有限的好奇心被满足后，此类型的消费者购买的欲望就会降低。那么，针对这一特点，就要继续加入其他元素，如加入围绕产品的互动回馈，或增加新的功能、体验等方式，让消费者由好奇心催生的购买欲持续下去。

1.7 "人云亦云"的顺从型

当一个消费者看中了两款功能和价格差不多的洗衣机，正为要买哪一款而犹豫不决的时候，营销人员说了这样一席话："A款洗衣机在全国有上千家连锁店，而且和各大著名家电超市和商场都有合作，长期为他们供货，如沃尔玛、家乐福、国美电器等；您可以在沃尔玛找到它，但是我们这里可以为您送货上门，而沃尔玛没有这个服务。"

顺从型消费者最可能怎么选择呢？他们可能会想："我得再和老婆商量一下，合适回头就买。"就算不能当场立即成交，营销人员也已经把"我要买A款洗衣机"这个意念植入了消费者的头脑里。这就是顺从型消费者典型的行为表现之一，但是，他们真的是可以完全被"牵着鼻子走"的一类人吗？

性格侧写

顺从型消费者在生活中是善良而慷慨的一类人。他们充满爱心，很容易同情别人，相信只要自己简单而善良，就会换取同样的回馈。他们不喜欢竞争，做事低调、沉稳。他们对衣食住行的最大要求就是舒适、方便。

他们很重视和他人的关系，也很容易受他人的影响，而且和他们的关系越亲密或者个人社会影响力越大的人，对他们的思想影响就越大。顺从型消

费者为人很随和，也很体贴别人，对关系比较密切的人的要求很难拒绝。和他们相处起来，人们会很舒服。他们常用的口头语是"你来拿主意吧""我听你的""按你说的办""我怎样都行"等。

性格优势

顺从型消费者是性格最受大众欢迎的一类人。他们平易近人，不喜欢炫耀，在众人面前不摆架子，善于交流，好沟通。他们是贴心而善良的倾听者，不会言辞尖锐地挑剔和质疑别人；和他们在一起，你不用担心他们会给你压力。你甚至不用担心得罪他们以后相处尴尬，因为他们看起来就是"没脾气"的暖心"大白"。

内心世界丰富、观察力敏锐、处世平和的特点让他们在群体活动中能关注到成员不同的需要并照顾到位，而且他们擅长整合信息、兼容并蓄，办事令人放心。

可能存在的性格盲点

顺从型消费者做事时需要事事有人当参谋，不够独立，对自己不熟悉的事没有把握。他们常常因为别人给了某些参考意见而改变自己的主意，缺乏主见，在紧急情况出现时就会惊慌失措。因此，他们不适合做需要灵活反应的决策类工作。而且因为他们喜欢回避矛盾和冲突的天性，也让他们在处理冲突时缺乏技巧。

解决一件事之前，他们习惯用地毯式的方法收集信息，却往往抓不住关键。他们渴望有贵人相助，然后依附于他们的想法和支持开展自己的计划。

消费心理

顺从型消费者一般没有特别热衷的产品，他们的消费习惯也不固定，因此他们大多时候就是随用随买——只要功能能满足使用需要就行，什么牌子都无所谓。他们容易被同化，经常在受到身边人的推荐、广告宣传等环境的影响下，改变购买目标。

他们虽然不传统，但在一般情况下也不会贸然购买让自己看起来标新立异的产品。他们只想让自己的消费和条件与其他消费者群体大体相同，既不前卫突出也不老套落后就行了。他们用很平和的心态看待新兴的时尚潮流，根据大众口味调整自己的消费方向和消费习惯。

小A是刚工作的职场小白，就职于一家电子科技公司，负责做编程数据处理。但是刚开始工作没多久，他就发现自己储存的知识和技术远远不能满足这个工作岗位的需要，于是决定在工作之余去编程专业培训学校充充电。

他找到一家本市该领域知名的培训教育品牌学校去咨询，发现这个授课老师自己完全不熟悉，而且课程价格很高。他拿着手里的师资介绍看了半天，也没啥主意。

这时，旁边的课程咨询专员告诉他："我们这个课程是和×××大学的合作项目，会聘请那里的副教授以上级别的老师来我们这里授课。他们有很多也都有自己的公司和运营项目，有丰富的经验和技术。"

小A有点小欣喜，心想：×××大学？那不是我母校的邻居吗？以前还去那里旁听过，感觉挺不错。

"我们这个课程是非常专业的，并且在这个领域中是处于领先地位的，就连一些编程界的明星，如M和H，他们在工作之余都会来这里充电，目前他们已经上两周课了。而且我们这里的课程是模块化教学，每个课程都有不同的老师分不同模块讲授。你可以根据自己的喜好进行个性化安排，这样，你还可以有机会和明星们同堂学习，分享经验。"

"听起来真的很不错，不过我可以再考虑下回复你吗？"

"当然可以，这里还有一些学员的课后感言和评价，送给您做参考。"

小A拿着资料一个个地看下去，竟然看到了自己非常熟悉的学长E——这个学长当初可是连续拿了三年的奖学金的优秀生！于是他给这个学长打了电话，讨个主意。学长告诉他，这个课程的特点是没有固定的讲师，所有的老师都是在专业领域有很深社会阅历的人；他们讲课比较综合化，也很有针对性。在这里学习，不仅能学到技术，还能学到工作的经验，着实不错。

于是，他开开心心地报了名，期待着下周开始上课。

对于顺从型消费者，他们习惯把别人的消费经验作为自己的参考数据。弄清"别人做过的事"或者"别人在做什么"对他们来说很重要，也是让他们决定消费或停止消费的有效途径。当他们对某件产品犹豫不决的时候，如果有其他消费者的消费经验和消费态度给他们正面支持，就会促使他们购买；反之，则会让他们很快放弃。

营销建议

第一，巧用心理暗示给消费者营造积极购买情境。营销人员不直接正面谈及产品本身，而是利用与商品有关的其他主题，让消费者产生对产品优点与自己利益相关的联想，于是消费者很容易"顺藤摸瓜"找到并购买产品。比如，在热销的眼霜的推广中，把"弹走皱纹，青春靓丽"的观念与成交数量捆绑加入，给消费者"有××女孩已经通过这个获得美丽"的联想，来增加她们的购买概率。

第二，充分利用"客户分享"的影响力。卖家在成交的过程中注意收集一些有说服力、有代表性、针对性强的消费者分享或留言，这些少数但一致的看法会对新的消费者具有很强的吸引力。他们更喜欢相信这样简单而又实际的"现身说法"。

第三，用增加接触与合作增强消费者对产品的好感。人们往往会对自己熟悉、接触过的事物更有好感，人们也更容易对与自己相似的人产生亲切感，无论是在观点、个性、背景还是生活方式方面均是如此。顺从型消费者希望在购物时能碰到"知音"来做自己的军师，这样即使产品有某些方面的不足，通过军师的口委婉地说出来，也会让他们对产品产生可以理解和迁就的感觉，不会失去购买商品的欲望。

1.8 解析"萌逗怪"的消费新一代

新一代消费者特立独行，激情洋溢，自信而张扬，个性十足。他们想做什么就不假思索马上去做，喜欢不断给自己的生活制造新鲜感。他们很努力也很会享受："钱挣来就是要花的，不会花钱？那你就落后了！"

从2010年第六次全国人口普查数据统计结果来看，90后已达到1.88

亿。这个正趋向于经济独立的新生代消费群体，成长环境的特殊造就了他们旺盛而多元化的消费需求——他们正在成为未来消费世界的主力军。因此，要抢占未来消费市场，精准解读他们的消费心理和消费特性势在必行。

性格侧写

新一代消费者是性格比较复杂的一个群体，很难用几个简单的词汇描述清楚。他们喜欢在拍照的时候睁大眼睛，脸贴脸，嘟起嘴巴，经常自称为"宝宝"，以"萌"的形象展示自己可爱的一面。有时"萌"还会给他们带来交流互动上的福利——巧妙示弱，给别人带来喜感和快乐，同时也缓解了快节奏生活造成的紧张感。

他们信奉"只要不违法，不触碰道德底线，想做就去做，何必看他人眼色？打败质疑最好的方法就是去行动"的生活理念，追求时尚前卫，具有强烈的表现欲。他们惯于用任何形式突显自己的个人风采，如"囧"、自我解嘲式的"自黑"等。新一代消费者在情绪上表达比较直接，高兴、愤怒、伤心等情绪不仅会写在脸上，还会通过行为表现出来。

在他们的观念中，娱乐是释放天性、让自己开心的生活必需品。他们可以不吃不喝，但是不能不娱乐。二次元的虚拟世界是他们精神世界的图腾，带给他们的不仅是新奇、快乐，还有感动、激励和对人生的思考。他们喜欢用搞怪的方式表达自己对某些事情的欣赏或不满情绪。

新一代消费者喜欢宅在家里，通过NICE社交网络分享和获取资讯。"想要知道我最近在做什么，去看我的朋友圈吧！"把网友变成朋友，朋友变成网友。但是他们对真实的人际圈却是若即若离，很享受从中获取资源，但又不想受圈子限制。他们交友的类型广泛但不刻意，喜欢接受不同类型的朋友，重视友谊。

性格优势

新生代消费者很自信，他们对自己的能力和未来充满信心，不会盲目地追星从众，而是愿意花时间和精力让自己成为与众不同的人。他们思维灵活而敏捷，学习能力强，善于思辨也善于表达，敢于创新也常常能推陈出新。

他们看待问题很实际，清楚地明白自己想要什么，愿意为了自己的梦想坚持奋斗。他们对自己想要的东西会立刻去追求，不会犹豫不决、延迟耽搁。因处于知识爆炸的时代，他们的眼界更为开阔，思想和判断力也趋向中年人的成熟、稳重。

可能存在的性格盲点

独生子女家庭结构及优渥的生活环境，容易让他们形成以自我为中心的思考方式，很难关注并关照其他人的感受。学业及工作等各个方面的激烈竞争让他们应接不暇，使他们对同伴的防备多于帮助。没有安全感又让他们常常怀疑周围的人，产生深深的孤独感。

由于处于"4—2—1"的家庭结构，长辈们"有求必应，不能亏了孩子"的过度满足和保护的环境中，他们凡事抱着必定成功的态度，急于求成。当他们在生活中遭遇困难时会容易气馁、泄气、萎靡不振，甚至退缩。失败的经历非但没有让他们学会在哪里摔倒就要在哪里站起来，而是让他们"打游击战"，换个领域重新开始。缺乏耐心让他们难以获得期待中的成功。

消费心理

新生代消费者热衷的消费对象通常是能彰显个性或个人魅力，有故事、有内涵的产品。他们的消费大多以网购为主。他们追求有品位、有个性，但同时他们自身的经济能力又相对有限，所以讲求用经济、实惠的价格和能最大限度地体验特色产品的服务。比如，购买了自拍杆以后的90后"萌妹"思考的不是"我要不要现在就发个自拍"，而是"怎样摆出来的自拍才能显得更有格调，让朋友一看就知道我的风格"。

在产品挑选上，新生代消费者不喜欢跟风买大品牌，更愿意选择适合自己、自己也喜欢的产品——"选对的而非贵的"。易观智库与腾讯在2014年联合发布的《中国90后青年调查报告》中显示：基于"喜欢"而购买产品的90后消费者高达77.3%，而价格、广告、导购等因素对购买决策的影响远远低于"喜欢"。他们中一部分人是标准的"草莓族"，看起来自信、光鲜甜美、有个性，内里却苍白绵软，对困难和挫折的承受能力很弱，动辄就"泪奔"。

"出门怕撞衫，用手机讨厌'撞机'！不过，我有这个挂饰，就完全不用担心和别人一样啦！"公司白领谭晓蓉眉飞色舞地告诉朋友李佳。

　　"这款手机在各种场合都能便捷解锁，配备指纹识别和面部识别双重功能。面部识别在亮屏瞬间即可探测到128个面部特征，除此之外，还支持指纹拍照和支付，够完美吧？"谭晓蓉得意地介绍。

　　"我记得你原来的手机也很好呢，为什么又买了这个？"

　　"我是看到公司的几个同事在用，觉得很不错，价格还承担得起，就买来体验一把喽！我就是喜欢脸部识别这个功能，多方便快捷啊！你再看看我这个挂饰，可是我淘了好久才找到的——知性的戏剧脸谱，符合我的感觉；还能吸引别人的眼球，产生话题！嘻嘻，一举两得，绝对值得拥有！"

　　新生代消费者会通过炫丽的装饰和与众不同的应用来表现自己与其他人的不同。在选择产品时，大多先关注产品带给自己的感受，不仅要求商品属性过关，也期待这个产品同时具备内在的情感价值和个人特征。尽管他们的收入有限，但他们认为生活精彩更重要，因此他们更愿意接受超前消费。在消费方式上，简单、方便快捷的"送货上门""服务到家"的O2O方式更受他们欢迎。他们对新型的消费方式也是来者不拒，愿意尝试和体验。

营销建议

　　第一，用互动式体验为产品吸"粉"。把产品优势和理念融入娱乐式体验中，让他们对产品产生真实的体验和认识，让他们感觉到产品的有意思和好玩之处，使其产生刺激、新奇、愉快的感受，以此提高产品购买率。

　　第二，让消费者参与到产品的成品设计中，让消费者通过创造性地影响产品而表达自我和情感。比如，饮料的生产厂家通过开展"我的专属饮品"活动的方式，推出一些没有印标签的半成品包装，让消费者根据自己的喜好和创意提供标签内容，如"文艺青年""吃货""纯爷们儿"等，然后再按照他们喜欢的字体和方式打印到饮料包装上。这些文艺或激情洋溢的标签，总是精准地戳中消费者的情感按钮。

　　第三，借助网络媒体对消费者进行精细划分，继而分众营销。偏好多样

化是新生代消费者的特征之一。他们已经完全不能满足与大众兴趣趋同，愿意按照自己的兴趣偏好把自己归入不同的小圈子。在圈子中，成员的消费观念会成为他们消费的依据。这样的小群体在一定程度上比现实中卖家对消费者的划分更精准和纯粹，也更容易进行品牌渗透和传播。

02
情绪主导消费行为

"玩得真爽！来过了还想再来！"某高校篮球队的哥儿几个打完创意真人CS后说道；"妈妈，猪猪侠邀请我下个月和他一起去奇幻之旅呢，我已经答应他啦！所以，你答应我，我才会跟你回家！"幼儿园大班的小豆豆正在磨着妈妈，希望妈妈买自己想要的东西，大有一副"不达目的不罢休"的气势。

所有的购买行为都掺杂着情绪。当人们被某种强烈情绪笼罩时，就会忘记在心情平静时所拥有的常识。在这种情绪的催化下，人们容易对身边正在发生的事情做出情绪化的判断。消费者每一次情绪的发生，其实都是营销人员潜在的观察与成交的机会。然而，人的情绪又是复杂而多变的，如恐惧、不确定、期待等。情绪营销就是要在了解情绪的基础上，释放这些潜在心理能量，让这些情绪成为营销中推动商品成交的强大助力。

2.1 购买是对某种恐惧的逃离

当看见电视上的健康专家正在讲解"牙龈出血可能导致×××疾病"时，同时你最近刷牙总是有出血的情况，你很可能会马上搜索与自己症状相关的信息，或是马上联系医生，因为你迫不及待地想知道自己到底有没有生病。

一个妊娠期的妈妈，从医生那里得知，每天都需要用胎心监测仪听胎儿心跳次数，来确定胎儿发育是否健康。而此前，她对这个知识

一无所知，接下来她最可能的行动就是马上购买一个胎心监测仪。

在生活中时常发生类似上面的情况，人们都司空见惯。为什么人们愿意购买价格昂贵的有机食物、花样繁多的进口维生素、天价护肤品以及办理各种健身卡呢？这是因为有一种根植在他们头脑中的概念——购买并消费这些产品可以避免他们所不能承担的后果出现。也就是说，他们试图通过消费这些产品来逃离某些（如失去健康、青春等）恐惧。所以，恐惧并不总是负面的，它在一定程度上让消费者明白什么对自己来说是最重要的，什么是最不能失去的。在购买中，卖方的工作就是让消费者清楚购买产品所带来的积极后果，从而协助他们有效地消化掉恐惧所产生的消极后果。

然而，对于那些惊恐地躲藏在自己世界里的消费者，营销人员和他们的关系就类似于医生和病人的关系。双方的行为模式类似于"病人"有病了去找"医生"，然后"医生"帮助他们铲除他们的恐惧。消费者越恐惧，他对"医生"的依赖性就越强，信任就越深厚。在我们决定开始成功地帮助他们之前，需要弄清楚以下问题：

消费者在恐惧什么？

恐惧是一种高度的紧张感，当消费者内心产生恐惧时，他们会迫切地寻找让他们可以放松下来的方法和途径。在营销中，有时候恐惧不但不会吓走消费者，反而会让他们主动向你购买商品。要想灵活自如地让消费者内心的恐惧感成为成交利器，你就要了解他们的"恐惧点"在哪里。

第一，影响身体健康和安全。

很多人在购买街边杂志时，会不自觉地绕开第一份去拿压在下面的甚至是最底部那一份；去超市牛奶柜里买牛奶，人们会倾向于买货架靠里面的；旅行住宾馆，很多人更喜欢使用自带的床单被罩……事实上，压在下面的杂志并不一定比最上面的杂志更干净；放在里面的牛奶也许和外面的保质期相同；宾馆里的床单被罩都是专业消毒过的，说不定比自带的床单更干净……可是，为什么人们还会不断地这么做呢？

这与人们对病毒、细菌等破坏性生物的恐惧有关，因为这些东西会让人们自然而然地联想到疾病和死亡，而人们对于它们的恐惧是天生的。然而事实上，消费者们的这些行为并没有让他们的消费变得更健康，这些行为只是减少了他们对患病的担忧。

第二，生活用品、使用的工具不够保险。

大家对这些状况并不陌生：

打开电脑立即会弹出窗口提示——"您的电脑存在高危漏洞，请尽快修复！"或者，"系统垃圾过多，需要进行垃圾清理！"这些各种高危漏洞、防火墙、垃圾清理的窗口层出不穷，让使用者们视电脑病毒如洪水猛兽。

面对这些提醒，人们感觉如果没有把这些保护系统进行全面安装，电脑就会随时崩溃、罢工。类似的情况在人们衣食住行的各个方面都存在，大到汽车的轮胎，小到宝宝的鞋带、纽扣，都有让消费者感到不放心的细节。他们要不断使出新的招数，来消解自己的不安心理。

第三，担心为下一代提供的养育条件不够好。

为了"不让孩子输在起跑线上"，学区房购房热高潮迭起，各种学习班、兴趣小组、技术廊、夏令营、培训会层出不穷。长辈们认为孩子的当下和未来都捧在自己手中，极其害怕自己所提供的生活环境和教育条件跟不上孩子的成长需要，一不留神孩子就被养成了"熊孩子"。

第四，害怕缺乏吸引力。

有研究发现，其实在健身房里大汗淋漓的运动者们，有相当一部分人并不是纯粹为了健康而坚持甩掉多余的肥肉，而是恐惧自己因臃肿而变得"丑"。据此理论，就不难理解护肤品、香水、时装、饰品的销售量为什么经久不衰，对抗运动、花艺、茶道、形体训练等课程深受大众追捧了。任何与美丽、气质、魅力有关的产品，都会吸引爱美人士的眼球。

消费者最容易接受的恐惧消除方案是什么？

促使人们产生购买欲望的恐惧来源有二：其一，来自消费者自身需要的"威胁"，也就是上面我们提到的几种类型的恐惧；其二，消费者害怕自己被骗所产生的威胁。人们本能地对陌生的领域会产生恐惧感，因为他不了解那个领域，害怕自己因为不明白产品底细而上当。如果卖家能够在这个时候给消费者提供足够的安全感，那么他们就会对你产生信赖感，继而以购买产品的形式来缓解内心的恐惧，让自己感到安定和放松。

对于卖家来说，在某种程度上激活消费者的恐惧，因此让他们认识到对

自己潜在的威胁，显然是一种比较有效的营销方式。然而，每个人本能上都是拒绝被威胁的，因此他们在购买上也是非常谨慎的。想要"征服"他们，你需要一套行之有效的方案去帮助他们消除恐惧。

一个科学的恐惧激活并消除方案必不可少的步骤有哪几个？在这里借鉴营销学家罗杰斯（Rogers）的"动机保护理论"并进一步扩展到应用领域来进行说明：

第一，用一个合适的宣传广告吸引消费者注意。吸引人们注意的方式有很多种，在这里选择用广告的方式告知消费者，某件事情在他们生活、生命中的重要性。所谓"合适"就是你的广告让消费者所产生的感觉不能过度夸张，也不能无关痛痒，要让消费者觉得某件事所带来的威胁对他们来说很重要。你若能清晰地指出做或不做某件事的后果，人们会更容易把注意力集中到你所提供的信息上。

例如，一个武术培训班的目标是推销儿童武术课程。为了引起消费者的注意，他们在大街上冷不防地把和父母一起逛街的孩子与父母拆散，让父母以为孩子被掳走了；然后，再向父母展示课程介绍单页。

很显然，这样的宣传方式会让很多父母和孩子愤怒和厌恶，因为这样的方式让他们感到惊恐、无聊又不人道。而一个合适的宣传方式是，用大大的条幅和安定有力的背景音乐来引起带着小孩逛街的家长的注意："好身体是孩子一切好运的开始，让孩子赢在起跑线！您担心孩子身体不够健壮而影响学习？×××武术学校帮您完全卸掉这份担心。"

第二，让消费者意识到"它随时都会发生在我身上"来唤起恐惧。人们本能上都是看重眼前而不重长远，发生的可能性很小、远期的威胁是很难引起消费者恐惧的。这就是为什么无论卖儿童正姿护眼产品的商家如何强调"眼睛是心灵的窗户，我们需要长期保护"，仍然不能引起家长和孩子们购买产品的兴趣。相反，当商家选择用"您最近给孩子测视力了吗？要注意哦，孩子写作业的姿势不正确，近视是分分钟的事"的产品宣传方式，则会让家长迅速产生"孩子存在近视的可能"的恐惧心理，进而购买正姿、护眼的产品。

第三，提供一个彻底消除恐惧的方案，告诉消费者应该做什么。如果消费者认为你的解决方案不能消除他们的恐惧，他们就会回避、否认甚至无视你提供的信息。所以，你要最大限度地让他们对你的解决方案充满信心。比如，一个做毕业生求职面试App的网站招揽潜在消费者的方式，不是只用提问句"你还在担心找不到工作""为面试发愁"这些话就可以，重点是要告诉他们这里有"300个CEO给毕业生的求职建议""500家企业文化理念"这样实在的干货。

第四，方案足够简单，容易执行。让消费者在执行方案上不费力、感到自信并不断有新的改变和收获。比如，一个很好的面膜宣传："每天睡前5分钟，拯救你粗糙、干涩的皮肤，还原一张青春胶原蛋白脸。"所谓简单就是不用花费大量的时间、精力，或者拼智商去学习，容易执行即为在操作上快速上手——"一看就明白，一学就会"。

唤起有效的恐惧，并快速帮助消费者消除恐惧是进行有效营销的关键，而不是利用消费者并愚弄他们。这个过程是需要精心设计的，你要通过语言和行动去引领客户，逐步帮助他们走出恐惧。

2.2 人们喜欢不确定带来的"小确幸"

朋友们想选个静雅的餐馆为你庆祝生日，最后定位在口碑都还不错的两家餐馆，两家都承诺可以为庆生提供优惠。其中一家直接告诉你所有菜品打八折，并且当日将免费赠送寿星长寿面；另一家则承诺除所有菜品打八折外，"由生日寿星当日亲自揭开本店赠送的神秘礼物"，你更愿意选择哪一家呢？很多人会毫不犹豫地选择第二家。

消费者的决策中不可避免地包含了一定的情感成分。上面这个案例中阐释了营销中一个很重要的因素——不确定性。虽然通常它会带给人们因必须冒险而产生的恐慌和担忧，但当它在一定程度上是可控的时候，它就会变得令人愉悦和向往，即消费者喜欢这种"犹抱琵琶半遮面"带给他们的惊喜感。

不确定性是如何影响消费者决策的？

众所周知，赌徒的典型行为就是输掉了还想赢回来——赢了还想继续赢下去；输光了都不走，借钱也要留下。为什么他们固执地觉得自己一定会赢呢？这在很大程度和他们认为自己完全可以操控下一次赌注的不确定性有关，他们认为下一步冒险会带来让自己感到快乐的结果。这样的心理在大多

数人身上或多或少存在，人们很享受短暂的小小冒险。

小小的冒险在一定程度上会满足消费者的新奇感。无疑，这样的感觉只能在第一次体验中才能找到，所以消费者们很珍视第一次经历留给他们的印象。很多人选择把自己美好的新奇经历用相册记录下来，以便在日后重温它。然而，这样的新奇感通常和一次性快餐一样，在消费之后就会失去。所以，消费者们想要不断得到这样的快乐感受，就需要不断进行新的尝试。如此，他们的消费行为便在强烈的主观感觉的笼罩下，不断以各样的新形式翻新。心理学研究者茉莉亚诺·劳伦（Juliano Laran）和迈克尔·提斯洛斯（Michael Tsiros）通过他们的实验证实了这一点。

研究者将实验地点选在了分别位于南美洲和非洲的两家餐厅，以那里的用餐消费者为受试者。消费者在点餐之前，餐馆服务员会推荐当日的特餐，并告诉他们如果他们点了这份特餐，将会得到餐馆赠送的一份礼物。对于赠送什么礼物，半数消费者被告知他们将得到一罐可乐，而另外一半消费者则被告知将会得到一罐可乐或者一包薯片。在点餐的过程中，服务员还会引导消费者看两种不同广告标语来引发他们做出决策。前一半消费者看到的是触发理性的标语："考虑下这个优惠吧！"后一半消费者看到的则是触发感性的标语："礼物里有对您的关怀和爱哦！"

结果发现，赠品不确定的方案并不会增加呈现理性状态下的消费者的购买欲望，而会让在感性状态下的消费者购买行为大大增加；在面对被告知赠送一罐可乐的优惠方案时，感性状态下的消费者对此兴趣寥寥。

处于感性状态下，不确定性的情境会增加消费者的购买意愿，加速消费者做出决策的速度。因此，如何把握好对"不确定性"的使用，保持让消费者体验到新奇感，对营销人员来说是不得不学的一堂课。

如何利用"不确定性"提升销售业绩？

处于感性模式下的消费者期待不确定性带给他们惊喜感。因此，打开他们钱袋的方法就是为他们提供足够的惊喜感。那么，如何营造出消费者想要的惊喜呢？

第一，从物质层面为消费者创造惊喜。惊喜的代价不一定要很大，只要你额外给出的超出消费者的期望值，你的营销就会对消费者产生很大的吸引力。随机性的赠品、非周期性的降低价格、一个非预期的免费体验、增加产品的贴心小功能等，都会让消费者产生足够的兴趣。

第二，从情感层面为消费者制造惊喜。这里用几个简短的案例说明：

> 某火锅连锁店：在洗手间安排不同气质风格的大爷、大妈给消费者递上干净、柔软的毛巾。当你从一脸慈祥的大爷或大妈手里接过热毛巾的时候，那种温暖的体验会瞬间触发很多人的人生过往，让人不禁想起家的温馨、爸爸妈妈的爱、爷爷奶奶的呵护关怀等。

> 某饮料公司策划了一场粉丝与偶像真实"面对面"活动：消费者喝饮料可以赢门票，并可以用积分兑换优惠券；足够数量的优惠券就可以拿到自己偶像的演唱会门票，而且每场演唱会都是明星云集；消费者们的消费积分决定了谁的偶像会出场，让消费者同时也是歌坛粉丝们享受了一场期待已久又有意外惊喜的音乐盛宴。

> 打时令菜招牌的某酒店：在"不时不食"的原则基础上，还加了一个规矩——时令菜三个月一换，绝不重复。这就意味着，你今天桌上的菜品在三个月之后就再也吃不到了。这样的营销策略，让很多消费者不惜坐飞机也要过去体验一下一年只能吃一次的菜品。

文艺情结、怀旧情结、年代情怀等，以上这些并不是你可以照搬操作的全部创意，这只是消费者情感需要的冰山一角。你只要找到他们一个小小情感需要的支点，然后把它精彩地演绎出来，就可以很顺利地利用它提升营销业绩。

2.3 怀疑催生新商机

当一个笑容满面而素不相识的推销员出现在家门口的时候，大多数人的反应是什么？很多人会客气地拒绝，更有甚者会出言不逊直接让推销员吃"闭门羹"。很多人认为对推销员和他们的产品保持戒心是天经地义的事。为什么消费者们会把各种推销当作无聊的"杂音"，毫不犹豫地将之消除呢？

因为消费者们认为自己遭遇了太多的销售陷阱，不知道哪些人还值得信赖，他们对一切产品都保持怀疑态度。你说自己的产品如何好，我看不一定吧？你怎么证明你的产品足够好？所以，一味地强调产品如何好、服务如何周到有时并不会招来消费者的"宠幸"。即使你有足够的耐心和热情，可还是免不了被消费者"以小人之心度君子之腹"。那么，当遭遇消费者怀疑的时候，该如何破解呢？

怀疑背后的真实心理是什么？

在心理学上，上面提到的现象可以被解释为消费者的"投射效应"，即消费者在主观上不自觉地将自己的感情、意志、特性投射到别人身上，用自己的标准去衡量别人，认为别人就是这样的。

> 心理学家罗斯在他的实验中让80名参加实验的大学生在"愿意背着一块大牌子在校园里走动"和"不愿意背着一块大牌子在校园里走动"中做选择。结果发现，那些选择背着牌子在校园里走动的大学生会不自觉地认为其他的大学生也会乐意和他们做一样的行动，而另外一些拒绝背着牌子在校园里走动的大学生则认为大多数同学不愿意背着牌子在校园里走动。

因此，我们所看到的消费者的行为表现，其实在一定程度上都是对他们内心真实需求的一种表达。每个消费者会不自觉地选择给自己最佳利益的选择，在投射效应的作用下，他们所看到的东西只是他们想看到的，他们愿意听到的内容也是他们想听到的。

你会发现，在和消费者互动的过程中，他们的怀疑其实是一种强调，他们在强调他们需要一种东西来缓解内心的不安。他们抗拒你推荐的产品，不代表他们完全不感兴趣，而是需要你持续地引导，给他们心中的疑问一个合理的解释；他们挑剔产品，总是围绕一些问题纠缠不休的时候，是他们害怕自己赢得的利益和好处受到损失。消费者的怀疑对成交并不总是破坏性的，你可以通过合理运用，用怀疑来催生新的成交机会。

怎样让怀疑成为消费者的消费动力？

消费者有时会对你的努力完全无视：他们不回你的短信、电话不接、短信不回……总之，他们表现出来的心理就是反感和不解。你愤怒、生气，觉得消费者怎么个个都粗鲁无理？其实不然，出现这种现象是由于你还没有进入对方的内心，也不了解你的消费者在想什么。在这样的情况下，他怎么能无端地就配合你演你所期待的"快速有效成交"的戏码呢？我们先看看这个例子：

> 这家进口水果店位于拥有7000多住户的一个小区，隔壁是一家幼儿园。从开张半年内倒贴到一年内销售额达150万元，从亏到盈之间，店主都做了什么？
>
> 第一步是"吸粉"。通过宣传单页进行宣传，主题为"免费吃进口水果"。内容不提水果价格，而是标明赠送水果单价；不提地址，而是用"小区幼儿园隔壁"；然后是所有进口水果明细；最后是个人微信二维码。在单页中，商家告知消费者：扫一次码即可获赠一个进口水果，并承诺可以把赠品送货上门。如此就让潜在消费者们确信"水果店送进口水果，他们是认真的"，同时避免了有些想"浅尝辄止"的人因为好面子而不好意思领取赠品的尴尬。这样经过一个月的免费赠送水果活动，水果店拥有了2000多成员的微信群，而且店主对这些潜在消费者的了解还细化到个人对水果的喜好、吃水果的习惯。
>
> 第二步是通过微信互动打开消费者封闭的内心，也打开销路。不定期地在微信群内发关于水果的营养类知识，这样每次都会打动一部分人而不遭到屏蔽。

店主还时不时地在微信群里发布一些风格不同的店内即时发生的事情。比如，员工的工作照、开车送货前的忙碌等，让消费者们进一步产生同理心：多么熟悉啊，这就是我们身边实实在在的一种生活，也更放心购买他们的进口水果了。

了解消费者，让消费者愿意了解你的产品，你才可以让他们走进你的世界，接受你和你的产品。具体操作，可从以下几点展开：

第一，讲好一个故事，用人类的猜忌心吊起他们的胃口。故事越简单越好，有时是一个句子，甚至有时只要一个高度概括、亮眼的词汇就够了。一个高效的故事能够让消费者迅速在头脑中产生画面感，从而让他们意识到自己的现状，引起他们对故事内容的共鸣。比如，当人们听到"国外一男子一本万利，卖150万个石头宠物净赚600万美元"时，他们下意识的反应就是想搞清楚：这是真的吗？这些人是怎么做到的？这样的情况是否适合我来做？……当他们有这些疑问的时候，他们内心的警戒系统已经开始松动了，你就有让他们继续了解产品或服务的机会。

第二，帮助消费者知道的更多，把他们抽象的需求具体化。花时间了解消费者的类型和需求特点、他们最容易接受的营销方式等。当你把消费者的这些抽象需求做到可视化以后，你就可以很清楚地看到吸引某个类型的消费者最关键的产品优势是什么，让消费者潜在的需求明显化，把他们的缓慢的需求变得紧迫起来。通过你的努力让消费者意识到，关于产品，他们所知道的比他们想象中的要少，就会大大降低他们的戒心。

第三，使买卖双方信任度匹配，逐渐让他们看到一直想要的"证据"，然后连点成线，穿珠成串。信任度匹配就是你期待消费者做出什么样的回应，要与当前他们对你所建立起来的信任度相吻合。如果你的要求超出了他们心中对你的信任价值，那么消费者对你的要求就会无动于衷。反之，他们对你的信任远远超出了要做出行动的难度，你们之间的交易就会顺利进行。所以，这时候卖家要做的就是了解可以维护的消费者的真正需求，把营销中的障碍和麻烦降到最小。在具体操作中，每一次接近消费者都要给他们一个合理的理由，让他们知道你是为他们负责，他们才会对你营销的每个"动作"都有回应。

2.4 愉悦感带来惊人业绩

愉悦感来自人们对满足的获取，它是人们生活的重要动力。在生理上，愉悦感的产生源于人们大脑释放出能让人感到快乐的神经递质多巴胺。当它在某段时间分泌得不够多时，人们会不自觉地重复之前引起愉悦的行动来增加它的分泌水平，以便快速找回原来的那种快乐的感受。

引起人类愉悦的情绪是多样的，每一种都是与人类共通的，每一种愉悦感受也不完全相同。就是这些愉悦的情绪，每时每刻都刺激着我们的生活。对愉悦感了解的越多，我们的受益就越大，因为我们的生活中不能没有欢乐。在这里，我们分别从感官上和心理上来了解愉悦感带给消费者的馈赠。

感官上的愉悦带给消费者惊喜

如果你去过这些地方，一定对这些画面和声音印象深刻：杂货店里柔和的暖光灯和有秩序的货物陈列，棉布衬衫店散发着的熨烫过的棉布的味道，西餐馆里屏幕上"滋滋"冒油的牛排，咖啡店里牛奶的滴答和搅拌机里咖啡豆相互碰撞的声音，面包店里新鲜面包松脆的噼啪响声……有时候让消费者念念不忘的只是产品带给他们的一个或多个感官上的细微刺激，这些感官上的刺激，让他们感到愉悦和惬意。

全球领先的市场调研公司明略行（Millward Brown）曾对登上《财富》杂志的全球500强企业进行调查，结果发现，已有超过35%的企业开始通过开发消费者感官来进行营销、扩展市场。感官营销不是以一种感觉为发力点，而是要尽可能多地给消费者多种感官上的体验。很多成功的营销事实也证明，一个产品在感官上给消费者带来的感官的接触点越多，就越容易让消费者对产品建立稳定的情感链接。所以，如果卖家能使产品同时为消费者提供多维度的感官体验，那将大大提高他们对产品质量和品牌价值的积极判断。

以色列一家健身俱乐部，曾经因做了一个充满创意的"做好挥汗如雨的准备"的活动而风靡一时。他们首先将此项活动要吸引的

目标消费者群体定位为喜欢喝低热量饮料的人，因为这些消费者非常注重自己的健康，担心自己一旦摄入的能量过高就会发胖，从而引发心血管疾病。

然而这些人可能没有意识到，健身也会达到同样的效果而且效果会更好。所以，当这些喜欢喝低能量饮料的消费者出现在酒吧或餐馆里，在点了低热量饮料之后，他们会得到一只装满了该饮料的特殊杯子。杯子上面是一个正在健身的壮汉，还有该健身俱乐部的活动主题："做好挥汗如雨的准备哦！"几秒钟后，消费者就会惊奇地发现这只杯子竟奇迹般地"出汗"了！当他们拿起杯子喝饮料的时候，就会有种在健身房大汗淋漓的感受。因此，他们就会不自觉地关注杯子上的信息，加深了他们对该健身俱乐部"运动健身"理念的理解。在面对一只"挥汗如雨"的杯子时，他们会感到新鲜、有趣，伴随而来的需求便是很想亲身体验一下健身流汗的滋味了。

当某一种或某几种感觉在目标消费者们的习惯中，被附加上了一种正面的感受的时候，接下来他们就会更愿意亲近能实现他们这样感觉的产品或服务。从一种感官体验开始，逐步加入其他的感官体验，让这些感官体验产生情感上的联想，激发消费者特定的愉悦感，加速消费者采取行动。这就是为什么在沐浴露广告中，常常会看到浑身缭绕着热气又满身泡沫的模特，做着慵懒、放松的动作。消费者会觉得身临其境，体会到沐浴露给他们带来的美好享受。

心理上的愉悦让消费者无法忘怀

消费者的逻辑是"只买自己想买的"，然而消费者对有形东西的消费动力，常常躲不开心理因素的影响。因此，如果在产品中有可以满足消费者需要的心理爆点，那么就能让消费者感到开心，甚至无法忘怀。

第一，激发消费者难以遮掩的兴奋。

消费者有效的心理兴奋会表现为他们全身都准备好跃跃欲试、思维活跃、感官十分敏感、情绪高昂。而让消费者兴奋起来的方式有很多种，但是从本质上来看，无一不是为消费者提供了让他们迅速快乐起来的元素。有时表现为让消费者感到实惠的促销，如一块钱买十块钱的价值；有时可能是让消费者心花怒放的"玩法"——获得服务或赠品的互动方式很新奇、刺激；还有时表现为让消费无法拒绝的幸运事件等。

  元旦将近，某超市开展名为"摇钱树"的促销活动：凡在该超市购满39元的消费者都有一次亲手摇树的机会，然后得到一个幸运号码，凭借号码当场领取与号码匹配好的礼物。也就是说，消费者要得到什么样的礼物，要靠自己的运气。那么到底有多少份礼物呢？中奖的概率大不大？超市根据那一年的数字"2016"，准备了2016份礼物，即消费者们总共有2016次摇到礼物的机会。每次摇树都会有礼物；最后一份礼物送完，摇奖结束。每份礼物都预示了新一年的好运，这样就极大地调动了消费者参与摇树领奖的热情。

  活动的效果比想象中还要成功，花季少女得到了每天可以陪她入睡的"大白"，中年大叔搬回了期待已久的液晶电视，还未谙世事的萌宝宝摇到了外婆最需要的足疗仪……

这家超市经济实惠的礼物外加对新年好运的期待与快乐元素相结合，让消费者兴奋起来，既实现了利润创收，同时也让消费者感受到了实实在在的快乐。

第二，使消费者产生与众不同的自豪感。

  身为设计师的小梅准备结婚了，她花了半年的时间做准备。婚礼场地选择了拥有湖光山色和草坪的某风景区。若干套风格迥异的礼服和婚礼用的甜品图案都是她亲自设计的，婚纱照也是选择了一家可以自行调整行程的全球旅拍。"我就是要为自己办一场终生难忘的婚礼，它的一切都应该是独一无二的。"小梅说。

对很多年轻消费者来说，消费"我值得拥有，但你无法拥有"的产品，会让他们感觉十分自豪。为了达到这一点，很多人想尽办法，以相对经济的成本来填满自己对个性化的需求，在消费理念上被概括为"轻奢"。比如，为了永远不撞衫，有的姑娘真的是"不省心"啊：从面料设计到每一粒纽扣，都要自己亲自去逛街拍照，然后把自己搭配起来的样式告诉裁缝。这样，她们自然就穿出了永远也没有同款的衣服。因此，那些能提供限量版、有独特造型、印记唯一的品牌和产品很受年轻一点的消费者欢迎。它们将提供给他们与众不同的体验感，那是一种对他们身份的认同。

2.5 期待比满足更有效

街边有一家小小的粽子店，由一对中年夫妇经营。因为人手有限，每天他们只能制作500个左右的粽子，不接受网购，也不接受预订。可就是这样，每天来买粽子的人还是会排起长龙，人们竟然不在乎排两三个小时的队等着热乎乎的粽子出锅。有后来的买不到，就会悻悻而归，合计着自己的时间安排，争取第二天一定早早过来。

人们很悠闲吗？不是，都市的生活节奏很快，两三个小时相当于半个工作日了。有人调侃：有人排队说明东西好呀，队伍越长就越说明人们非常期待得到它。那些没有当即买到粽子的人，真实的心理是什么？

越难以得到越想拥有

害怕失去某样东西的情绪在很大程度上影响了人们的决策行为，这种感觉在实际生活中对人们行为所产生的激励作用有时甚至超过了得到同样价值的东西。它让人们觉得，还没有得到的总是最好的。下面我们来看从心理学角度是如何解释这种行为的。

心理学上普遍认同的观点是当人们获取某物的机会变得越来越有限时，人们也就相应地失去了一部分自由。而当人们的自由选择受到限制或威胁时，人们就会更想通过争取到这样的自由或享受与失去的选择相关的产品、服务来捍卫自己向往自由的愿望。

表现在实际的行动中，就是越是买不到越是期待。越是难买到的产品，或是越没有体验到的活动，消费者在心理上给予其的期待就越高。当有些消费者觉察到自己可能会失去某样产品或服务或必须通过竞争才能获得的时候，就会变得不安、激动，甚至失去理智。这个时候，消费者产生了对产品的渴望，他们愿意付出多于产品本身价值的钱买到它。

你了解很多卖家搞的"一元竞猜"活动吗？有一家零食店把这个活动做到了巅峰。他们将活动改称为"夺宝游戏"，并限定参加的人数。店家规定，在即将到来的半个月内，每个光顾小店的消费者只要加付1元就会得到一个号码，然后把所有得到号码的人加到一个微信群里，凑够300人就有了300元。然后在活动即将结束的那天，邀请一个参与活动的消费者抓阄，并录制抓阄过程视频，发送到群里。谁的号码被抓中了，谁将得到大家凑起来的300元的水果。

只要拿出1元，就可能拿到300元的回报，这调动了消费者的参与热情，他们会时刻关注有多少人参加了这个活动？最后会花落谁家？这是一种强烈的期待。同时，消费者们还会在这个群里认识新朋友，等待的时候开开玩笑、聊聊家常。这种感觉，好玩又刺激。

如何让消费者保持期待？

想要让消费者对你的产品保持兴趣，要了解怎么做可以引起他们持续的兴趣。想钓到鱼，就要像鱼儿那样去思考。在具体实施中，有哪些吸引人的技巧可以帮助卖家长久地俘获消费者的"芳心"呢？

第一，让消费者意识到他们目前的购买是一个未完成事件。一个小孩子会坚持不懈地找回变形金刚丢失的那一块，因为有了那一块，变形金刚才完整。当消费者得知他们还可以通过消费新的产品使自己目前的状态变得更完美、提高档次时，他们就会对这样的消费充满期待。因此，卖家需要做好产品之间搭配的分析，你得知道对消费者来说什么样的产品搭配是最适合他的，是最完美的。比如，对于决定要买一条晚礼服的女士，如果你能提供一款穿起来和女士裙子肤色气质都搭配的鞋子，那么你就能够再卖一双鞋子给她。

第二，抓住消费者的特定要求，制造需求。"你吃什么、穿什么、用什么都代表了你自己。"这句流行语很本质地说明了产品在某种程度上承载了消费者的梦想。在消费者实现自己梦想的路上，有很多里程碑式的点——这些点就是等待被满足的需要。例如，一个目前相貌普通的女孩的梦想是成为一个舞台上闪亮的模特，那么她需要的很多：健康有活力的身体、好皮肤、

形体训练、化妆技巧、镜头感、富有魅力的宣传图片等，每个需求都可以为相关行业实现创收。

　　第三，为产品增加更多让消费者渴望的成分。将产品的所有卖点都事无巨细地如实告诉消费者，可能不仅不会一下子吸引到他们，反而会招致他们的厌烦：怎么这么啰唆？如果只清楚地讲明产品的一两个好处，其他的卖点在消费者眼里就是更大的甜头。因此在营销中逐步地展现产品新功效，会让消费者更渴望得到你的产品。别忘了，只有出于意识上的渴望和认同才代表你的商品会真正成交。

2.6　神秘让消费者好奇心爆棚

　　蚊子有多少种死法？动物是怎么睡觉的？喝水可以预防感冒吗？怎样可以拯救你的黑眼圈？……这些看似无厘头的问题，如果把它们分别安插在某个产品上，你就会发现这些问题有了实际解决的必要：新型驱蚊喷剂、宠物床、高科技饮水机和眼部按摩器。

　　当让消费者对你抛出的问题产生兴趣，也强烈地想知道答案的时候，你就在成功的路上走了一半——这就是善于利用人们好奇心的好处。

关于好奇心，这些你知道吗？

　　我们大概都有这样的经历：身边有一个正在讲故事的人，而你也正入神地听他的故事。如果此时他突然停止不再讲了，这个时候，你会焦急地请求他继续把故事讲下去，因为你非常想知道接下来发生了什么。好奇心是人天生就有的。因为有了好奇心，人们在面对一些问题的时候，本能地想分解重组，然后一探究竟。

　　好奇心是人们在对某些事物感到陌生，或者对其特性不了解的时候，内心就会想添加对该事物的信息到大脑中。在好奇心的作用下，人们不想自己被任何对自己有利的信息排除在外。因此，你会发现很多消费者对产品的更新信息表现得"贪得无厌"。

　　消费者对产品的好奇心并不是总能引起让买家感到愉快的结果。当卖家想要推出的新产品颠覆了消费者对该产品原有的认识时，你就要小心了。虽然关于产品新的信息会让消费者产生好奇，但他们同时也需要同样多的信息来解决内心产生的困惑，调整内在的失衡，这并不是一个愉快的过程。

通过增加消费者对产品的知识获取量，来让他们顺利产生愉快的好奇心。他们想知道更多、了解更多，对产品信息"欲求不满"，总是不断有新的问题冒出来，甚至对卖家穷追不舍。营销主要就是引发人们这样的好奇心，一个基于好奇心的营销设计会充满诱惑力和神秘感，让消费者在求解的道路上逐渐进入产品的"陷阱"。

人们习惯于被什么样的"好奇装置"所吸引？

如何引发消费者的好奇心的确让很多卖家抓耳挠腮，苦思冥想却很难找到点子的问题。对于这一点，我们先来看一个跟消费者"捉迷藏"的比萨店成功大卖的案例：

> 这家比萨店位于澳大利亚的墨尔本市，取名为"隐藏的比萨"。不过店家开张吸引消费者的方式和大多数店家不太一样：他们宣布在开张后半个月内，店主每天都免费送一个比萨给一位幸运顾客，但是他们的宣传单上没有任何关于比萨店地址的信息。这就意味着，能成功找到店址并成功成为幸运顾客的消费者才有机会得到免费比萨。因此，"隐藏的比萨"的这一新鲜招数，把免费促销变成颇有趣味的寻宝游戏，吸引了很多消费者参与。很多人想知道这神神秘秘的比萨店到底是啥样，而那些得到免费比萨的人会觉得自己超有成就感。他们拿到比萨的瞬间欣喜若狂，都要拍个照，发个朋友圈纪念一下。
>
> 就是靠着消费者这份追根究底的好奇心，短短半个月内，"隐藏的比萨"成功吸引了数千名消费者前来消费，或者打电话咨询。

能够唤起消费者好奇心的，很大部分来源于卖家产品所给予他们的新异性。好奇心可以帮助你让消费者认识到，他们有必要学习某种新的知识或技能，以便让他们的生活变得更自信和美好。上面这家比萨店是牢牢抓住了人们"能找到店家的都是胜利者"的想法，才使得他们的这一招无往不利。

　　然而由于不同的消费者有着不同的兴趣点，对产品的信心和期望水平不同，他们对卖家提供的"好奇装置"的理解会有不同，因此他们的反应可能不尽一致。因此好奇心的"引发装置"要有灵活多变的引发好奇的"点"，让消费者平静的心绪掀起波澜。这里我们从以下三个方面来入手：

　　第一，用悬念让消费者保持"饥饿"。比起需要满足的喜悦，信息缺失所产生的不愉快感会瞬间吸引消费者的注意力。如果你能告诉消费者，他们目前获得的产品价值并不是全部，或者他们所了解的产品并不是产品的真实面目，那么他们接下来就会奋力找出那些未知的因素，这就是悬念的魅力。悬念引发好奇的方式有很多：让消费者产生"明知山有虎，偏向虎山行"的感受，让消费者觉得他们"正身处困境"，而你是他们最好的"军师"，是与产品搭上关系的神秘人物等。

　　第二，让趋同行为引发好奇。人们的行为会受到身边人言行举止的影响。对于不断有人加入的一个组织或活动，人们就会产生强烈的也想加入的想法。人们该行为的发现源于心理学家Asch的实验：他让一名工作人员站在街角保持望天的姿势，起初只有很少的几个人加入，以同样的姿势望天。然而随着加入这个队伍的工作人员人数增多，加入望天行动的行人也越来越多，甚至达到人流量的半数。想想看，如果某段时间你发现生活中总是有一个产品，上班看到有人在使用，餐馆吃饭有人在讨论，回家的公交车上有人在向朋友推荐……对于如此一个"无处不在"的产品，你还能做到淡定地忽视吗？

　　第三，用精细化营销营造好奇氛围。如果消费者看到某样商品上写着"本产品只针对部分人开放，满足×××条件的消费者方可购买此产品"，他们心里的好奇心是不是迅速被调动起来了？人们刨根问底的天性这个时候显露出来。那些满足了购买条件的消费者会觉得："为什么只针对我开放呢？我要好好看看，弄清楚究竟。"而那些"被排除"在外的消费者则会想："凭什么我就不能买这个？"结果一研究，"被排除"者会发现还真不适合自己，而非常适合自己身边的亲朋好友。把产品进行精准定位，也相当于把目标消费者群体进行细分。这样的细分越精细，越专业化，再加上贴切的宣传信息，就越能吸引到消费者。

2.7 "散压"感让顾客瞬间放松警惕

在营销中,"顾客就是上帝"是很多商家坚持的信条,他们认为只要把服务做好了,生意就好了。在很多情况下,大众更倾向于把消费者看作弱势的一方。然而,很多时候令营销人员大感不解的情况就是:明明感觉和消费者非常谈得来、和和气气,他们也表现得"很喜欢""很看好"你的产品,他们甚至可以毫不犹豫地为你填写客户信息卡,但是最后就是不能成交。他们会以各种各样的理由来拒绝你:"回头联系你们""我还需要些时间考虑""我需要和××商量下"……你看不清他们的底牌,也无法继续争取更多的周旋机会。该如何破解消费者的这类行为?

你了解的只是消费者信息的"冰山一角"

当商家苦苦地研究消费者,试图去摸清对方的底牌,继而准备去讨好消费者的时候,消费者也同时在警觉地观察着这些"虎视眈眈"准备和他们成交的卖家。那么,常见的干扰消费者、使他们产生顾虑的原因有哪些呢?

第一,消费者对产品兴趣不足。

面对卖家的推荐,他们婉拒背后的潜台词是:你介绍的这个功能我早就了解了,你的介绍我没听懂,对产品的信任度还没达到购买的地步,对你的营销方式不喜欢。遇到这样的消费者时,需要你进一步巧妙地提问,通过倾听消费者的表达来确定他们目前属于哪种情况,并给予相应的回应。比如,对于"你介绍的功能我早就了解"这类比较自信的消费者,我们可以通过沟通进一步了解:您使用过该产品吗?有没有遇到不太顺手的情况?

第二,消费者不愿意改变自己的习惯。

已经形成的习惯和积累的经验很难被瞬间改变和颠覆。这类消费者通常有着比较固定的消费习惯和偏好,他们之中的很多人有着自己钟爱的品牌。即使其他的同类产品出现了更新的功能,也不太容易改变他们的选择。

第三,消费者认为产品不能完全满足自己目前的诉求。

人们的诉求纷繁复杂,想要健康、安全、被称赞、被羡慕、高效工作、

有影响力等。但如果你的产品和消费者目前的心理诉求不吻合，就无法戳中消费者的内心，他们就不会买账。试想，一个想购买健康绿色产品的消费者，可能对正在打折售卖的非绿色环保产品兴趣不大；一个讲求穿戴随意、舒适的女士，可能对贴钻的细高跟鞋无感。人们对能够充分满足自己目前需要的产品渴求，而对那些处于需要边缘的产品容易说"不"。

第四，消费者认为自己的财力不够。

他们可能会告诉你"这个价格太贵了，以我现在的经济实力消费起来有些困难"，或者"××家的可比这个价格低多了"。其言外之意就是，如果你可以给个合适的折扣或者提供额外的价值，那么我是可以考虑购买的。碰到这类消费者，需要营销人员投入更多的耐心解释产品的核心价值，或者在一些利益上做出让步，同时还要准备好和消费者打价格"拉锯"战。

心理账户是消费者观念上的"钱袋"

美国教授理查德·萨勒（Richard Thaler）提出了心理账户的概念。他指出，人们除了银行中的实际账户，在头脑中还存在心理上的账户。人们会把自己的经济收入在心中归入不同的账户：通过辛勤劳动换来的薪水、年终奖以及买彩票中奖的钱等属于不同的收入来源，他们的消费方式也大为不同。辛勤的汗水换来的钱，花出去的时候会十分小心谨慎，精打细算。而买彩票中奖的钱属于"天上掉馅饼"，他们会花得毫不吝惜。

与心理账户对应的是，在人们的头脑中也存在不同的消费账户。比如，买房、吃饭、穿衣、娱乐、人情往来、个人提升、看病买药等。每个消费项目上都有相应的储蓄预算，而且两个消费账户间都是单独计算得失，不会轻易转账。这看起来让人感觉有些不可思议，可在实际中，绝大多数消费者无法摆脱心理账户的影响。那么，在实际中如何充分利用人们的心理账户来助力营销呢？

第一，把消费者可以得到的优惠和好处分批给，而损失则集中扣除。优惠分批给会让他们的兴奋感叠加，获得两次200元的优惠会比一次性获得500元大奖的兴奋感强得多。损失集中扣除是为了减少他们痛苦的频率和强度。比如，某样产品涨价，一次涨价100元要比分两次涨，每次涨价50元更容易被消费者接受。

第二，找准消费者的"内部参考价格区间"，巧用打折"感动"他们。消费者在购买产品之前会对产品的价格有一个自己的判断，叫作"内部参考价格"。卖方就是要尽量提高他们的内部参考价格值，使产品的实际价格与其趋近。因此要观察消费者对产品的熟悉、了解程度，如果他们在这方面了解的信息比较多，那么你给出的折扣就会吸引到他们；如果他们对产品不够熟悉，那么你对产品定位的实际价格可能会成为他们内部价格的参考。打折也有秘密，价格数额较大的产品直接告知优惠的实际数额比较有效。比如，10万元的交易，告知打八折不如直接告知优惠2万元效果好；反之对于小额的交易，告知折扣率比直接告知优惠实际数额有效。

第三，用情感消费锁定消费者。人们在情感上的投资往往会高于其他方面的花费，人们需要用消费某些产品来达到与不同的人沟通感情的目的。比如，母亲节的康乃馨、父亲节的礼物卡、情人节的玫瑰花和巧克力、儿童节的玩具等。只要你能满足消费者与某些人建立的情感联结的愿望，他们就会开开心心地购买你的产品。

第四，提前消费，预付账单，消费起来不为难。消费者花钱的频率与花钱的痛苦体验是成正比的。比如，做头发，花一次钱做半年头发和花六次钱做半年头发哪个感觉更好？如果店家给出更多的优惠，如办理半年会员将享受两次免费头发护理，而单次消费没有这个优惠。消费者会怎么选择呢？当然是选择办会员，因为头发总是需要做的嘛。

2.8 "找回曾经的美好"让人无法拒绝

一个旅游爱好者打算去体验一下高空玻璃栈道的魅力，但是当他双脚踩在玻璃栈道上以后，看着脚下秀丽的山峦和茂密的森林，竟然完全没有欣赏美景的兴致，而是忽然感觉肾上腺素爆棚，全身战栗，几近晕厥。原来，他早年因某种原因产生了严重的恐高症。

而当前这个场景和当年的情景十分相似，他就瞬间回到当年自己恐惧的情景中。此时的他只想迅速逃离现场，当然也就无法体验空中玻璃栈道的魅力了。

人们体验到的情绪，常常是对过去某种情景的重复。而当一个人沉浸在某种情绪中的时候，情绪就是他的方向。营销中就是要承认和正视消费者这样的情绪，如果你能把某种消费者熟悉的情绪或氛围和产品结合起来让消费

者去感受，那么一旦他们进入这种情绪中，你的产品的存在感就加强了。

情绪是改变消费者状态的催化剂

一颗大白兔奶糖、一串糖葫芦、一支奶油小冰棍、一包干脆面、一首曾经风靡大街小巷的X-style等，通过这些现实中小物件，这些感官上的记忆得以在消费者的头脑中重新浮现，这些都是童年开心而温馨的印记。很多人选择去能勾起自己美好回忆的地方消费，在那里感受曾经满足的时光，回想那些自己珍视、在乎的人和事，也让自己身心变得轻松喜悦。

这就是重温过去情绪的妙处，情绪会改变消费者对某些事情的看法，也会改变他们判断他人行为的方式。而这些过程都是在不经意间发生的，消费者会坚持自己这种"情绪化"的做法，而不会对自己的情绪提出质疑。那些能引起人们回忆、激发人们采取某种行为的人、事物或情景叫作"心锚"。它推动消费者不断地以各种方式谈论、接近、选择并使用某种产品。

可以引发某种情绪状态的心锚有很多形式，大多能带给人们感官上刺激的人、事、物、场景、声音、味道以及人们的某些思想、观念都可以形成心锚。它一旦形成，就如同一个开关。一旦遇到这些特定的、诱发回忆的情景，心锚就会自动启动。比如，很多人喜欢看《欢乐喜剧人》中贾玲、沈腾等自己喜欢的笑星。即使还没看他们的表演，心里也会产生想要笑起来的兴奋。如果你能将消费者的正向情绪和产品某个部分捆绑在一起，当消费者再次体验某种过去的强烈的积极情绪时，那将成为"配合"你建立关系、消费的最有力的催化剂。

如何建立和使用心锚这个"心理按钮"？

建立和使用心锚这个"心理按钮"并不仅仅是把积极、愉快的感受和产品简单拼接到一起就起效，而是需要建立一个完整的操作系统。这个系统每个环节之间的链接越紧密，操作起来就越容易，对消费者的影响作用就越大。建立心锚的过程，通常有以下三个步骤：

第一步，寻找适用的锚点情绪。每个目标消费群体都有专属于他们的生活方式，了解他们的生活习惯有助于对该群体"亲消费"情绪的锁定。比如，共鸣就是在实际中被使用率最高的"亲消费"情绪之一。这种情绪是建立在有相同的习惯、经历或回忆的基础上的，如高中时代的单车、大学时代的社团、工作后的加班咖啡，这些会引起很多消费者对那些经历过的日子的怀念，就会有很强的代入感，使卖家快速获得拥有这种情绪的消费者的支持。

适用而优质的锚点情绪是正面且强烈的情绪状态，同时可以和产品有融洽的结合。一旦以适当的方式将其触发，就能引起消费者的正面情绪。通常不太好确定消费者的心锚，但可以通过开展一些活动，如疑问解答会、兴趣或经验分享会来捕捉它。比如，一个旅游机构，可以定期邀请一些用户以分享照片、写游记、回忆感受的方式来重温让自己感觉最快乐的旅游时光，然后经过数据分析得出本机构让用户发生率最高的积极情绪，这些情绪就可以作为锚点情绪与产品或服务进行锚定。

第二步，准确定位心锚的启动键——诱因。诱因即能够引起某种积极情绪的一个引子，最理想的方式当然是让产品本身成为诱因，但因为产品有诸多复杂的功能和特点。消费者对产品的这些功能特点的偏好不同，因此把产品本身作为诱因需要长期情绪积累。但是没关系，我们可以先建立更细致的锚点诱因来逐步将产品转变成为诱因。这些更为精细的锚点诱因可以是人的一个动作、手势、眼神、说话的口气，也可以是声音、灯光等外界的物理条件，也可以是人的肢体动作和外界环境的组合。

但是无论是单一呈现还是进行组合的诱因，都要能够很清晰地被消费者迅速地接收，并且能够明确把这些刺激和别的感官刺激区分开来。因此，诱因应该是独特的，每次呈现的方式应该是固定的，能够同时充分调动消费者的感官。比如，一个跑步机的卖家对每次在跑步机上开心地跑得大汗淋漓的免费体验者提供一条带着苹果清香味的毛巾，如此免费的体验重复几次之后，消费者在闻到苹果的香味时就会想起自己在跑步机上畅快淋漓的快感，也就会想起跑步机。无论你打算主打产品的痛点、泪点、笑点还是萌点，场景化的诱因与这些情绪越是精准越容易建立起稳固的心锚。

第三步，持续强化锚点情绪和诱因以及产品在头脑中的链接。在营销策略中，可把选定的正面情绪的状态和诱因产品反复呈献给消费者，多次的重复就会加固这些组合的刺激在大脑中的印象，产生特定的反应。比如，父母一辈的人在听到"五星红旗迎风飘扬"的歌词后就会觉得精神振奋，因为他们曾无数次在这首歌的旋律下精神饱满地开始某项活动；如果把该歌曲和老年健身器材宣传相结合，那么将大大提高健身器材在这批老年消费者中的销

售量。而对80后和90后的消费者来讲，听到儿时熟悉的动画片片尾曲则会激动和喜悦，那是每次完成家庭作业后放松的时光；如果某款跳伞设备和该曲调结合，轻松的感受会让年轻的消费者们更愿意通过跳伞的方式重新体验儿时的自由。

重复整个情绪的链条唤醒心锚并不难，但在心锚成功建立起来以后，要寻找机会不断强化加固，这样被唤醒的积极的情绪才不会变淡，才会持续贡献心锚的效果。

2.9 你得敢陪消费者一起坐"情绪过山车"

一位名叫大卫的男士因购买的面包片切得不均匀而愤怒地在该面包店的Facebook页面上投诉：这就是我在贵店买到的面包片，你们看看这样的面包片怎么能拿给绅士们吃呢？我太太对我买到这样的面包片也感到很愤怒，她甚至质疑我用这样的面包片做出来的三明治也好吃不到哪儿去！我可什么也没做啊，为什么要忍受这样的事情呢？希望你们对如此失败的产品给出让我满意的回复！

面包店是这样回复他的：嗨，大卫，我希望你已经处理好你老婆的脾气了，因为这两片切得不均匀的面包片确实无法做三明治，但却可以当作一个很棒的宠物头套呢！你可以把地址私下发给我们吗？我们会想办法帮助你处理。

大卫：你是在嘲笑我吗？！

面包店：绝对不是的，请静候佳音。

然后大卫不久后就收到了面包店送过去的切得整齐的面包片，这让大卫很感动，原来愤怒的情绪也就烟消云散了。

大卫的要求看起来有些小题大做，但是面包店还是非常幽默和不失风度地与他沟通，最终也让面包店多了一个忠实的粉丝和消费者。要把产品卖给消费者，卖家要面对的不仅是他们知识层面的要求，还要调节好消费者的情绪层面的变化。调动消费者情绪是一门艺术，情绪沟通的过程也是一场情绪上的较量，只有把握消费者情绪的变化，我们才能在情绪的沟通中处于主动地位。调动消费者的情绪，不仅是通过一定的方式方法把消费者的积极情绪调动起来达到其情绪升温的目的，还包括把消费者的负面情绪排解，让他们冷静下来。

改变情绪的因素有哪些？如何使用？

了解情绪会被哪些来自外界或自身的因素所左右，了解这些因素会在什么条件下对情绪的改变产生影响，会影响到什么程度，对科学而理性地调节卖家自身的情绪以及消费者的情绪都是无往不利的。这里从以下两个方面来展开介绍：

第一，明了消费者目前情绪的主题是什么很重要。高兴、欣慰、感动、厌恶、愤怒、恐惧等，这其中的任何一种情绪在某种情境下都可以成为情绪的主题。有些情绪对消费者来说是比较朦胧的，有些甚至是还没有明显表现出来的。但是只要有合适的情境，特定潜在的情绪就会被激发出来。而这些能够激发出某种主题情绪的信息要和主题相近，和主题越接近所唤起的情绪就越强烈或者越能够加强该情绪。比如，奢侈品的店家想要卖出更多的奢侈品，就要给消费者营造出高贵、典雅、霸气、有内涵等的情绪主题；而让消费者相信他们需要通过消费这样的产品来衬托自己的气质，就需要在靠近这些情绪主题的事情上做文章。在店内邀请模特示范奢侈品的使用、有情调而柔和的音乐、进行精心形象修饰的服务人员、把名贵的物件作为奢侈品的陪衬呈现给消费者……所有这些除了奢侈品本身之外给消费者带来好感的人、事、物都是与主题相近的刺激，可以加深消费者对产品的积极体验。

对于那些对成交气氛不协调的情绪，如愤怒，可以通过转换主题情绪对其进行排解。具体操作上可以通过改变环境，让愤怒的消费者暂时离开或做点儿与愤怒无关的事情，让他们的愤怒情绪不再持续；要么就是通过给他们呈现能够产生愉悦感觉的刺激（画面、声音等），使他们从不冷静的状态中抽身出来。比如，当一个购买高清水晶屏电视的消费者向卖家愤怒地抱怨自己买到了"残次品"的时候，卖家可以通过重新测试电视，并在电视中播放如小宠物、小宝宝等可爱的视频来有效地平缓客户的愤怒情绪。

第二，通过调整情绪的密度去影响消费者情绪。情绪的密度即在一定的时间段内，消费者反复体验到相同性质的情绪经历数量。五杯浓度相同的糖水，真实的甜度相同，但是喝第一杯时所感受到的甜度与喝第五杯时所感受

到的甜度有很大差异，你会感觉糖水越来越淡了。这说明反复地给消费者制造同样的惊喜，消费者对惊喜的感受就会越来越淡，甚至到最后没有反应——这便是"经验递减法则"。因此，限制相同的消费者情绪在短时内重复出现的频率，用不同的情绪取而代之，就会产生截然不同的效果。

一家软件公司想与一家大型连锁汽车配件公司在信息管理上达成合作。同时和他们竞标的还有其他几家颇有实力的公司。在做竞标项目汇报时，有的公司展示的是该公司的信息管理方面的实力：系统平台、三维管理工具、详细的物料清单；有的公司从细节部分展示，虽然细致但是不够全面。这些力求把自己"最美的一面"呈现给合作方的公司，最后都没有竞标成功。他们把展示的重点放在反复解释和证明自己的实力方面，给汽车配件公司的印象是琐碎而沉闷的，他们的实力好似和自己有关又无关。

竞标中胜出的公司是怎么做的呢？他们用之前的公司展示的各项技术直接做出了一个可视化的视频，让合作方的管理者以视觉的方式了解到该公司可以在管理上做到清晰、透明。这种做法正中合作方的下怀，一下就调动起合作方的积极情绪和合作的信心。展示结束后，汽车配件公司就敲定了与他们的合作。

当产品本身就可以满足消费者需要，同时也有很强的营销价值时，了解购买者的情绪并把情绪作为营销中可使用的资源，关注消费者的感受和情绪变化，然后以此为参考去调整营销方案，对产品的销售和传播将是巨大的助推。

03
需求引爆消费欲望

　　菜农老韩在蔬菜大棚里栽植小番茄，果实成熟后按市场价每500克12元的价格售卖。

　　菜农小李把小番茄分株栽种在花盆里，然后在植株生长旺盛的阶段连盆带植株一起售卖。虽然每盆售价三十多元，但消费者依旧络绎不绝。

　　菜农大刘把自己的番茄种植园变成一个亲子采摘园，领门票进园采摘，门票轻松卖到成人五十多元、儿童二十多元，且只在节假日开园。消费者采摘到的小番茄将按重量以市场价收费，每次都是人满为患，利润比老韩的小番茄翻了五倍。

　　任何产品都是为了满足消费者的需求而存在的，然而为什么同等品质的小番茄被消费者"宠幸"的方式差别如此大？这源于人们的需求具有多样性，性质不同的需求在人们心理上的重要程度不同，人们愿意为满足不同需求的产品付出时间、金钱等资源也就不同。心理学家马斯洛认为，人有生理、安全、归属和爱、尊重、自我实现五大方面的需求。本章将围绕这五个方面对消费者的需求进行分析。消费者对他们需求的表达，可以帮助卖家审时度势，从需求的角度提升产品的价值。

3.1　求实是消费者的普遍动机

　　花几十块钱可以去影院重温下二人世界浪漫的时光，可有些宝妈会觉得

与其这样做还不如给宝宝新添一套更可爱的餐具，因为电影看完了钱就没了，宝宝多一套更好看的餐具才更实在；几百块钱可以买张偶像演唱会门票，有些姑娘会选择用这些钱给自己添一套质量过关的工作套装，因为心情美丽一天不如穿在身上的美丽有价值……

对于一些消费者来说，"买一捧玫瑰花不如吃一顿麻辣鱼火锅实在"。他们只相信自己的眼睛和理性，只买对自己或家人来说有用的产品，而不会轻易购买那些看起来不能即时就有效果的消费品。求实的心理让消费者们在消费的时候更愿意接触关于产品的事实，而不是停留在对产品的感觉和想象阶段。因此要打动这类消费者，就要让他们从心理上认可你的产品，也认可他们自己的需求。

消费者想"花钱就能办到"什么事？

有时候要弄清一件事的本质是什么，要从和事实相反的事情中去寻找后果。因此要知道消费者想要的到底是什么，可以从他们的牢骚抱怨中发现：星级酒店Wi-Fi信号总是断断续续、洗手间水龙头一扳就坏、餐馆上菜"龟速"、休闲娱乐场所几百元的包厢连个果盘都没有……这些总结起来，无非是如下几个方面：

消费动机之一，实用且耐用。

这是消费者最普遍的消费动机，他们在选购商品时注重质量和功能，喜欢感觉舒适又经久耐用的产品。追求产品的实用性通常是消费者在购买生活用品或消耗品时所持有的心态。像厨房里的纸抽、清洁地板用的清洁剂、油烟机上的吸油纸等，他们不太会计较一些不影响使用功能的细节，如颜色、款式等。追求商品实用价值的消费者比较讲究所要购买产品的信息、性能的真实可靠性，突出产品的实惠、坚固耐用、轻便、可靠贴心等字眼会对消费者更具吸引力。

某旅行箱卖家为了证明自己产品的品质保证，在销售网页上附上测试视频，针对旅行箱各方面的性能进行现场高空跌落、防水、抗压以及防弹等实验。高空跌落试验是把旅行箱拿到二十米的高塔上往下丢，箱子里面放的是一个玻璃杯子。箱子落地被打开后，发现里面的杯子是完好无损的；防水试验是把手机和充电器放入旅行箱，然后丢在海水中，直至完全被海水浸没，过五分钟捞出旅行箱，而里面的手机和充电器的表面完全是干燥的；抗压试验是把相同的旅行箱放在卡车轮子下面，然后启动车子，让轮子碾压箱子，结果箱子只是轻微变形；防弹试验是把笔记本电脑放在箱子内，然后封闭好箱子用猎枪射击，然后打开箱子，笔记本电脑毫发未损。

对于经常出差、旅行或搬家却因箱子半路坏掉而充满了愤怒与焦虑的人们来说，这个视频里的旅行箱简直就是完美的旅行搭档，瞬间帮助他们解决了诸多担忧和焦虑。

消费动机之二，操作简单且快速有效。

一键查杀、七天变美、半个月找回好睡眠……快速的生活节奏让消费者们同样期待自己能够通过购买某种产品，立竿见影地解决自己遇到的麻烦。如果你的产品没有在他们预期内产生效果或发挥作用，他们就会立刻不买账。通常消费者所看到的产品介绍中的每句话、每个词，都应该是经过前期大量的测试、调查、讨论和斟酌所得出的结果，所有的这些前期的努力都是产品实际效果和热销的保证。这样的能够提供高品质，同时又可以轻松上手，减少消费者时间成本的产品将受消费者热捧。

某款红参弹润精华美颜霜，采用仿生弹性膜技术与特殊持久配方，搭配创新的小蘑菇粉扑的组合，仅用8个月就突破了5亿元的零售额，成为美妆行业内的超人气单品。它的热销是凭借简单好用、妆效持久这几个特点而广受欢迎的：闭着眼都能上妆、15秒遮瑕、8小时持久不脱妆，轻松解决了爱美女性们对"快速、便捷上妆"，以及化妆效果的质感的需求，实现轻松又快速美颜的效果。

消费动机之三，价格具有弹性。

消费者大多希望尽量从产品中得到更多利益，无论购买什么产品，都期待能从价格上得到优惠，至少要"物有所值"。一般这类比较在意价格上的优惠甚至"锱铢必较"的消费者的消费行为，与他们的经济能力有限或节俭的消费习惯有很大关系。

他们都比较强调商品的性价比，对产品的价格变化也很敏感。比如，在几款价格相近、功能也相近的产品中，他们宁愿选择质量过关且价格低的商品，因为省下来的钱，哪怕只是几十元，也可以做别的投资；而如果产品在

价格上没有多少可谈的空间，他们就会希望在产品的功能上做文章，不管是会不会用到的功能，只要能多买到一个就算是赚了。因此，各种折上折、优惠券、清仓处理等促销的活动会让这些精打细算的消费者购买兴趣大增，继而决定"大出血"。

3.2 消费就是要买存在感

一个面容姣好、洋溢着青春气息又略带羞涩的素颜妹子进了一家化妆工作室。一进门，她就问："请问化妆师在吗？"

正在研读美妆杂志的美女化妆师答："在的在的，请您先来这边坐！"

双方坐定，化妆师很亲切地问："你能告诉我为什么想要化妆吗？"

女生无奈地说道："我这辈子最常听到的话就是'你叫什么名字来着？'我曾经犹豫了好久，终于鼓起勇气和喜欢了两年的学长打了若干次招呼，但每次都被问：'你是新生吧？叫什么名字？'有一天我遇到了曾经参加一个社团的社长，本以为他还会记得我，就很热情地上前打招呼，不想却是自己'自作多情'了！人家回应的是：'同学，有没有兴趣加入我们社团？'我说：'那个，学长我是本社团上一届的×××''呃，怎么之前好像没见过你啊……'这种存在感为零的状态我真是受够了！"

上面女孩子遇到的情况只是生活中的一瞥。这种被忽略、不被用心对待、不被正视的感觉很多人都遭遇过，他们因此会奋起改变自己，用各种方式让自己实现从"丑小鸭"到"白天鹅"的蜕变，让别人再也无法忽视自己所焕发出的光彩。从这个角度讲，消费者为什么消费呢？那就是他们对现状感到不安全，他们愿意通过消费去改变自己，以找到存在感。因此，消费在某种程度上是一种表达自我诉求的方式：赢回在别人印象中自己本来的身份和角色、品位、喜好、价值，或得到自己应该得到的待遇等。

什么情况让人们容易丧失存在感？

存在感包括了个人对自己当前状态好或不好的感知，也包括了他人等外界因素对我们行动的有效回应，这种回应也会被认为是一种气氛。它的强度有时很强烈，有时很微弱，回应的质量上也有高低之分。人们对自身的感知，以及外界所提供的气氛，都会使其产生不安全感，进而影响他们的存在感。那么，那些让人抓狂，得不到肯定的情况有哪些呢？

第一，对身份和角色定位的不安全感——大众心理上的"中年危机"。

一篇名为"1992年出生的已经正式步入中年"的帖子迅速红遍网络，其源于联合国把"青年"定义为"介于15岁到24岁之间的群体"，那么25岁以上的人就是"中年人"。此后，年轻人"怕老"也成为大众热议的话题。看看众多网友对这个话题的回应：

70后：还觉得自己正值当年，却发现网络上自己已经进入"可以退出历史舞台"的年龄了；

80后：原本觉得自己还是个孩子，结果已经成为"油腻的中年大叔/大妈"了；

90后：00后都已经成年了，00后马上跨入大学校园了，00后都已经开始用几千元的护肤品了，我觉得自己老了！

可见，人们从心理上并不情愿进入按年龄划分的"中年"。那么，什么是"中年危机"？这个问题可以从两个方面理解：首先是生理方面，虽然人们还感觉正值壮年，但前额眼角出现皱纹、掉头发、身体发福等身体上的变化，让人们感觉青春不再，从而产生心理上的落差；从社会角色角度看，人们虽然拥有了家庭、丰富的社会阅历，但也清楚认识到了自己的局限，而且面对一拨又一拨更年轻的人加入竞争的局面，自己所拥有的一切看似坚不可摧，但内心已有些力不从心，不知未来该如何继续下去，也对曾经奋斗的成果提不起兴趣，因而有焦虑、不甘心等情绪产生。这是一种精神上的困境，让人们迫切地想脱离内心的不满和厌倦。

中年的危机感并不是那些年龄上奔三、奔四人的专利，很多年轻人也由于快节奏的生活、工作压力、世人推崇的成功价值观以及社会比较而产生了对步入中年的恐慌，害怕自己不再年轻却事业未成。人们最初的态度无论是调侃、戏谑还是自嘲，最终都渗透着对现在的焦虑、无奈及对未来的迷茫，害怕失去自己的社会地位，担心自己曾经的光环不再。因此，很多人想要通过寻找新的生活方式来释放这些焦虑，热衷购买贵重的物品就是最常见的一

种形式。

腾讯联合另外两家网络平台共同发布的《2017年中国奢侈品网络消费白皮书》调查发现，目前中国已经成为全球第二奢侈品消费国，消费者的年龄趋于年轻化，从原来的35岁降至25岁；且高学历的男性的商务性需求甚至超过了女性的爱美需求，成为消费主力，占总消费额的51%。其中，有将近一半的消费者年龄在30岁以下，他们几乎是在刚毕业的年龄就已经开始消费LV包、古驰包了。

研究报告发现，整体奢侈品消费群体正在变得更新潮，他们喜爱的活动不是购买汽车、看财经日报，而是看电视剧；他们手机中钟爱的App大多是健康养生、旅游、通信、美食、星座测试等。这些生活方式帮助他们摆脱"油腻/中年"向"小鲜肉/年轻态"努力。

对于很多消费者来说，消费高品质的产品是为了证明并维持自己的角色形象或是社会身份，也有很多人用消费未来教育增长见识和获得存在感。在营销中，如果你能帮助消费者完成他们存在感的建立，让他们重新得到身份的认同，他们就会更容易接受你的产品推荐。

第二，对产品品质的不安全感。

消费者对自己将要购买的产品，要求在使用过程中有安全保障、不出问题。例如，是否有化学成分，是否在保质期内，是否会引起过敏反应，有无漏油/漏电现象等情况。这是他们对自己的生活质量和生命的看重，他们同样也期待自己的生命安全得到卖家的尊重。从这个角度来说，产品让消费者用得舒适，用得安心，就会让他们找到存在感。因此，给消费者提供产品大数据的信息，用数据给他们安全的保证，有利于帮助他们迅速做出购买的选择。

3.3 满足顾客"多重自我"进入热销

柯柯是名牌大学新闻专业毕业生，现在是一名报社记者。在业余时间，她喜欢去不同的地方旅游，并把自己的感受写在博客上和大家分享。随着博客点击量的增加，她被几家连锁青年旅社找到，并成为这些旅馆的长期"旅行体验师"，为一些旅游爱好者提供建设性与针对性的建议。业余她还会参与一些关注失学儿童的志愿教学活动，为这些失学的儿童送去心灵的关爱和知识的启蒙。在朋友眼中，她是妥妥的"斜杠青年——记者/旅行体验师/志愿者教师"。

"斜杠青年"的概念是由《纽约时报》专栏作家麦瑞克·阿尔伯首次提出的，意为在八小时工作之外，充分利用自身的技能、专业优势做一些喜欢的事情，并因此而赚得外快的一个群体。在强调创造力和知识爆炸的时代，很多人已经开始不满足于仅仅保持单一的职业和兴趣爱好。他们更希望通过拥有多重的职业和身份来展现自己的能力，实现自己的价值。多元的身份让他们的生活变得更多元，不断在更深的程度上更新知识结构，在更广的范围内传播他们的思想。

"斜杠青年"实现了把知识和技能变现，让自己活成一个队伍，让兴趣成为一种谋生方式。很多年轻人都想拥有这个身份，有调查显示，在18~25岁的人群中，有80%以上的年轻人想成为"斜杠青年"。在这个现象的背后，其实是人们在心理上需求外界对自己多重身份的认同，实质就是要在不同的领域、圈子中找到自己的归属感。

归属感是什么概念？

归属感，简单来讲就是个体被他人或群体所认可和接纳，感觉到自己是其中一员时的感受。相同肤色、人种、国籍、兴趣爱好以及共同的经历和成长背景相似等特征都会让人们产生一定的归属感。

归属感会带来价值和资源，常常是金钱无法衡量的，它潜移默化地影响着一个人的思想和行为。当一个人属于一个群体以后，他在自己想做事时产生事半功倍的效果。

一个母亲给了正在商学院读MBA的儿子30万美元去炒股。很多朋友不理解，为什么不把这些钱用来给儿子去选修更高端的课程，而是让他拿着钱去"玩"？母亲是这样解释的：也许儿子觉得现在只有学习、周围的几个同学以及他们课程合作的公司和他有关系，但实际上，他需要和整个世界建立联系。他需要学习一点点地建立起自己的圈子，股市就是很好的学校，可以让他和世界产生关系：他需要了解股市公司信息，学习政府的政策，分析当前国际形

势……在这整个过程中，他会认识更多优秀的人，学习到更多行业的非行业知识，对看到更广阔的世界产生更大的热情。

高水平的归属感给人的感受是"融合"与"同在"，这是让人产生亢奋的动力，带给人们的当然是正向的回馈。很多人热衷于加入某些群体，动机也在于此。

如何通过建立归属感影响消费者

当很多年轻人在努力练就"十八般武艺"想打入一些圈子的时候，他们收获了更多的资源，看到了更多的风景。然而，对于这些目标，"斜杠青年"们如何把他们的兴趣和能力圈变成营销中的能量场，实现归属感背后的热销呢？

第一，以相似性为突破点，在消费者之间建立桥梁。相似性在很多层面上都可以找到：相同或相近的价值观、生活习惯，相似的经历、嗜好、专业，甚至是对某个电视节目的喜爱都可以让个体对相应的群体产生向往和加入的愿望。如果这个群体能给予个体认可，那么这个群体就会被个体认可，从而该群体的整体氛围就会影响到个体成员衣食住行的方方面面。

某新型国际知名金融中心是由原来的郊区农村改建而来，而聚集在这里的数十万摩登的都市白领主要是85后、90后，外地人超过半数。其中，有相当一部分人在来这里工作之前和这里没有任何交集。那么，如何留住人才，让这些"注重生活品质"的年轻人找到归属感，满足其精神上的需求就变得十分重要了。

因此，金融中心展开了一系列的文化交流活动，如微视频竞赛、摄影展、时尚界大咖云集的时装秀等，目的是让这些都市白领在下班后除了看直播、打游戏消遣外，还能通过这些活动交到志趣相投的朋友，充实闲暇时间。同时，此举还可以增加他们对工作和生活环境的认同感，在这里找到家的感觉。

随后，金融中心逐渐利用碎片化的时间对白领们进行文化上的传输，如听交响音乐会、观看演出等。继而，在进行充分的调研后，先确定不同白领群体存在文化消费需要的空间，然后有针对性地把不同领域、不同风格的艺术表演引入金融中心，"吊"出潜在的消费者。

第二，用参与感引发消费者之间的情感链接。如果一个群体活动能让其中的个体成员清楚地感受到他的行为是有意义的，并且能够给他人带来积极的影响，那么他的参与热情就会大大提升。例如，曾经被人们反感的干什么都要排队（银行、火锅店、咖啡馆等）的行动，现在在很多年轻人中已经开始变成一种"享受"——一种比商品还重要的"寻找认同感的社交运动"。与一群特定的人在特定地点扎堆排队，参与消费特定的消费品牌，这种共同的认知基础让消费者彼此产生亲近感，甚至可以毫无保留地分享自己所知道的内部消息。如此一来，参与热情引发了积极的情感联结，每次购买的行动，都是等待中的兴奋感的积累过程。

3.4　消费者乐于充分使用自己的"特权"

　　盛夏的滨海浴场是很多人吹吹海风、散散暑气的好去处。到海边的游客都希望能清清爽爽地在海浪中享受海水浴。天气越炎热，滨海浴场越是人满为患，人多得像"下饺子"。海边的浅水区变成了"游泳池"，人们不得不面对着陌生人"面对面"的尴尬。然而就在不远处另一个区域的人们却非常悠闲地躺在水清沙细的沙滩上，在遮阳伞下喝着啤酒，同时也品尝着来自大海的盛宴。为什么同是海边，享受到的海边资源差距如此大？因为那些喝啤酒吃大餐的消费者是持有VIP消费卡的，而"下饺子"这片沙滩上的人持有的是普通消费卡。

　　那些持有VIP卡的消费者，因为购买了VIP消费卡，他们便有权利享受更轻松、更闲适的海边资源，毕竟这是那些持有经济实惠的普通消费卡的旅游者所不能体验到的。当然，这样的服务是建立在更高的消费标准基础上的。可是，还是有那么多人会不惜花重金，让自己拿到这些"特权"。

什么是消费中的特权？

　　一个高中老师用一个简单的纸团游戏让他的学生们深刻地理解了特权的含义：他给坐在教室里的每个学生发了一张空白纸让他们揉成纸团，教室前面的讲台上放置了一只纸篓。学生们的任务就是坐在自己的座位上尽力把纸团抛进讲台上的纸篓。在学生开始抛纸团之前，老师告诉他们："现在，你们每个人都代表了社会普通的

一分子，你们可以通过把纸团抛进这个纸篓来进入上流社会。"

　　每个人都抛出自己的纸团后，很明显，那些坐在前面的同学更容易顺利地把纸团抛进纸篓，成功"晋级"上流社会。有些坐在教室后面的学生抱怨起来："坐在前面的同学离纸篓近，抛进去的概率当然会大于我们这些坐在后面的同学了！这不公平！"老师总结道："特权看上去就是这个样子，它让你离目标更近，因而成功得到目标的概率就越大。"

　　如上所述，这种让人们感到有权利获得一定优待或被豁免某些社会责任（如无须排队）的现象被看作拥有特权的象征，也是一种人们高层次的心理需要，它让人们产生一种因排他而得到某种产品或服务的优越感。

　　一些商家也正是抓住了消费者的这种需要，结合20%的消费者创造80%的利润的"二八定律"，对一小部分"重要客户（Very Important Person，简称VIP）"悉心呵护：银行的VIP客户有专门的接待人员；航空公司为VIP卡持有者安排专门的候机室；某款游戏中VIP玩家在游戏中有把低等级玩家"踢出"游戏团队的权利……也正是这些小小"特权"满足了人们成为多数人中拥有特权的"少数人"，而成为一些企业和卖家的营销利器。

可以从哪些方面让消费者找到特权感？

　　消费者是否能在产品和服务中找到某些特权背后的"优越感"，还要看商家如何展示特权。那么，商家应该如何通过给出"特权"的方式把他们的优势资源输送给消费者，并让消费者从中找到优越感呢？

　　第一，具有排他性的产品或服务。顾名思义，就是采用某些方法影响消费者，让他们无法完全参与到自主的商品购买中。这样的情况会经常出现在当一项产品资源有限或属于稀缺资源，而消费者的数量庞大的时候，难以做到均衡分配。此时，商家就需要通过设置一些"关卡"来限制、阻止某些消费者获得该产品，而把这些消费的机会给那些更优质的消费者。

　　在实际营销中，提高消费的门槛是比较常用的排他方式。比如，一个商家为产品设置不同的消费级别：常规卡、银卡、金卡等。随着卡的升级，持卡消费者的特权也随之升级：常规卡可以实现自由选购加节假日打折；银卡享受在常规卡基础上外加随时参加产品的抽奖和打折活动；金卡持有者随时可以享受折上折的同时还有权利预订自己喜欢的产品，而且金卡的数量有限，只对前100名消费者开放。如此一来，银卡和金卡就成为一种身份的象征，毕竟这样的待遇并不是每个人都有。

第二，变得私人化的消费。 随着人们生活品质的飞速发展，流水线上生产出来的产品已经无法满足人们想突显个人品位的需求。人们更希望通过消费来展示自己，因此高品质的个人色彩、浓厚的产品和服务越来越受到热捧。让消费变得更私人化，会让消费者在消费的过程中更轻松、惬意地体验自己"一手塑造"出来的氛围和场景。

如果进一家店，你对听到的曲子感觉不舒服，要求店家换曲子有多难？现在，某网上音乐平台把这个请求变成消费者的"特权"：在这10000家店想听什么歌曲，你来定！这是这个平台推出的"万有引力计划"给消费者带来的"特权福利"：通过他们专门的点歌台，每个消费者都有权利改变店面背景音乐。

消费者可以通过扫描二维码的方式登录点歌台，从内容列表中选择自己喜欢的歌曲。每个被消费者点中的曲子在播放的过程中，后台会收集等待点歌的消费者的留言和评论，点中率高的曲子将成为下一首曲子自动播放。消费者在消费的同时还能听到自己熟悉、喜欢的曲目，丰富了消费体验，使他们的消费回到日常生活熟悉的情景中。商家用音乐和生活相结合的消费方式，有效地增加了消费者的黏性。

第三，组合的消费特权。 当某一个特权已经让消费者感觉"好处很多，何乐而不为"时，如果再让他们得到这样的信息——"这里有更多特权，你值得拥有"，他们就会对你提供的特权后的产品"爱不释手"。比如，一个可以给予消费者某项特权消费的商家，在消费者扫描二维码进入其公众账号的时候，让他们看到另外十几家商家的消费特权，这岂不是让消费者感到喜上加喜。

如此，卖家完全可以把与自己的产品或服务在内容、性质、形式、趣味上有联系但是不完全相同的其他卖家的特权消费信息同时展示给消费者，让他们享受多倍的"呵护"。比如，在生活中把孩子和宠物一起养的家庭不在少数，因此婴幼儿用品的商家可以与宠物用品的商家联手合作，为目标家庭群体提供优质又贴心的产品。

3.5 升级产品，扩大消费群体

大家都用过圈状盘旋的蛇形蚊香吧，当它刚刚面市的时候，其以使用方

法简单、易于携带、不用电、植物燃烧烟雾驱蚊、有淡淡的悦人香气等特点颇受欢迎。然而没多久就被更环保健康的电蚊香、杀虫剂和防蚊水所取代，老一代的蚊香市场迅速萎缩到一些边远农村。因为很多消费者已经不再看好它基础的驱蚊功能，且更不能忍受它呛人的烟雾。

在生产技术飞速发展，产品供给远远大于实际消费数量的时候，产品的更新换代成为必然趋势且周期也变得更短。过去消费者的要求点从数量（价格实惠）到质量（功能性）再到品牌（精神需求）的进程中不断演变，现在消费者的焦点又过渡到品质和舒适度上来。对于越来越"挑剔"的消费者，不断追求更好的品质和消费体验，成为一个产品持续发展的关键。

从心理学上看，喜新厌旧是人的本性。如果他们对产品不再有新鲜感和激情了，那么这个产品很快就会因为"过气"而被消费者淡忘。对时下的消费者来说，只要卖家们能给他们新的体验、新的玩法，就等于打开了一个新的消费市场。比如，书店开始展开"混搭风"——书店既可以看书也可以住宿，看书吃美食外加互联网媒体互动，看书兼学习摄影、花艺等。

受消费者喜爱的产品升级方式

产品的升级部分就是消费者的红利，如果你可以让消费者体验到一个"新世界"，不管是创新的大陆还是"改造"后的大陆，都会得到他们的认可和持续消费。着力于持续升级产品和服务，增加产品高品质的有效供给，将大大推动消费者更高质量的消费。那么，有哪些行之有效的升级方式呢？

第一，商家需要进行内容上的升级。

"让我们来告诉你买什么。"——在电商盛行的当下，人们热衷于在网上浏览，却对要买什么产生焦虑和茫然的心态。当有人尤其是消费者熟悉的亲人或朋友帮他们挑好了商品时，消费者要做的只是掏钱包付款那么简单了。"拆礼盒"就是这么一个活动——由上海某公司推出，让消费者花很少的钱就能和好友组队购买到可心的礼物。这个活动实质上是一个用户邀请用户，升级版的拼团消费。这样的消费方式很吸引消费者，整场活动为该公司增加了50000名新用户。

"生成图片"——乐趣在于产品功能的更新。某阅读平台在这方面做得比较成熟，即实现文字的艺术化和可视化，用技术上的升级让消费者在看到一些触动自己文字的时候，可以通过长按屏幕选中，继而使用"生成图片"功能把这些文字变成精美的图片，分享到朋友圈或其他的社交媒体。该功能让枯燥而单调的阅读变得更加文艺、富有情趣。

"剧好猜"——拿红包的新玩法。某APP上线的有奖竞猜活动，规则是用户进入首页，点击"马上选剧"后，会看到随机弹出的一部热播电视剧的视频片段，下面标注该剧名称。用户要做的就是通过把视频连同要发的红包数量和金额一起分享给好友，让他们猜剧名赢红包。担心这样得红包太容易？不用担心，发红包用户可以通过换剧、给视频添加变声、炭笔画、推镜头特效来增加难度。除此之外，用户还可以在"剧好猜"的页面中随意发挥创作自己的视频：或为经典影视片段配音，或模仿某些台词、对白但不发声，或对多部剧目混剪。这样，通过这种新玩法，把用户单纯的"撒红包"变成更有趣味、更有意义的社交活动。"剧好猜"也被用户们称为"高质量完成春节社交"的工具。

第二，商家需要致力于服务上的升级。

如下面这个事例：

市中心一家位于二楼的食品超市开业，货品品质高且货源丰富，价格也实惠，每个柜台都配备了经过专业培训的导购员，在开业后相当长一段时间内人气不佳。经过一段时间的观察，管理者发现"拦路虎"竟然是水泥楼梯！连一个壮年消费者拎着沉重的购物袋上下楼都十分不便，更不用说带着小孩的消费者了。

很快，一对自动扶梯在半个月内安装完毕，超市还配备了专门人员在扶梯两端负责看护。遇到老人和带孩子的消费者，专门人员会帮助拎包，并将其送出超市。因此，这家食品超市的人气很快旺了起来。商家能够体贴消费者的不便加以改进，消费者就会用消费行为回馈商家。

成为消费者成长的伙伴——给消费者更高的目标，你要陪着他们一步去实现。某品牌幼儿英语教育公司，使用升级后的"学习中心"服务体系陪伴用户向更高的标准出发。升级后，"学习中心"的主打是"学习成长伙伴"体系。这家公司配有专业而强大的服务团队，人数多达1500人，每天平均服务的频率超过10万次。升级后的"学习中心"的三大优势：第一，让孩子和家长在任何时间都可以在能连接到互联网的地方进行在线学习；第二，最优化的学习路径：整个在线课堂包括了课前预习、学习及作业环节，学习过程中系统会自动推荐最适合的辅助课程、公开课、阅读材料等；第三，学习和测试相结合：把兴趣和学习内容结合起来进行测试，学习效果会以大数据的方式呈现给家长和孩子，孩子英语能力上的成长在周期性的报告

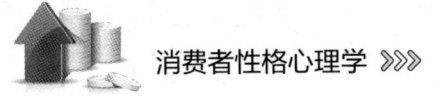

中一目了然。

3.6 将需求转化为购买动机

人们购买一种产品是因为他们有需求，即为他们处于某种缺乏状态——可能是身体上的缺乏，如对某种色香味俱全的食物充满向往；也可能是心理上的缺乏，如想通过美容院的汗蒸让颜值回到少女时代等。随着越来越多的人对"需求是怎样影响我的消费乃至影响我的整个生活的"这个话题产生浓厚的兴趣，了解不同层次需求的运作规则也成为很多消费者和营销人员的一大兴趣。

需求层次之间的关系是怎样的？它们是如何起作用的？

在马斯洛的"需求层次"理论中，人类的五种需求（生理、安全、归属和爱、尊重、自我实现）可以分为两类：低级需求（生理、安全、归属和爱）和高层次也即发展性需求（尊重、自我实现）。两种类型的需求由低级向高级不断发展。一般情况下，当低级需求得到满足之后，人们才会追求更高层次需求的满足。

人们对生理和安全上的需求比较迫切也比较容易满足，如饥饿的消费者只需求食物就可以满足；疲惫状态下的旅行者只需求一家舒适的旅馆就可以满足；购物场所配备保安让顾客们感到更安心。但是这种身体上的缺乏状态一旦被满足，它对人的激励作用就会降低，甚至消失。这时候，高层次需求就会成为主宰人们行动的主要动力。

然而，高层次的需求之所以不像其他需求那样迫切，是因为它们的满足需要更多的前提条件。比如，一个人想要得到尊重或获得一种"身份感"，只要身边与其互动的人对他表示尊重和认可就能满足他这个需求。而想要"四海之内皆兄弟"，那么就需求接触更多的人、体验更广的舞台，通过诸多的方式交流，不断建立彼此的信任感，因此过程更复杂也需求更长时间。

很多从低层次逐级体验到高层次需求的人发现，虽然低层次需求更可触知或更可观察，但给人的动力有限；高层次需求虽然需求更多的外部条件才能满足，但是满足的空间几乎是无限的。比如，时下的"活到老学到老、终身学习、终身奋斗"的观念就是自我实现的一种体现。

无论一个人在消费什么产品，都离不开生活中的"衣食住行游娱"。每一种需求都无意识地存在于每个个体中，只是当前优势的需求会成为推动个体去消费某样产品的最强劲动力。消费者也正是在不断地消费中不断地更新自己内心深处的需求，展现自己的尊严和追求以及自己所坚持的理想和信念。

营销，要看准消费者眼中的需求层次

同是一款洗衣液，超市打折降价之后受到一些家庭主妇和注重节俭的老年人疯抢，而那些高薪水的白领一族却对促销无动于衷；某款凉茶，力求经济实惠的主妇们对其不"感冒"，但因为其杯子上萌萌的文艺的卡通画，以及多变的口味搭配，让白领一族为之疯狂，不惜花数小时排队抢购，甚至出现了"凉茶黄牛"。

上面提到的是销售中经常出现的情况，某类群体热捧的产品在另一类群体中却没那么具有吸引力。原因很简单，这两类群体处于不同的需求层次，他们看待产品的心态和想法也不同。越是能满足高级需求的产品，让人们产生的满足感也越强大、越持久，因此消费者在心理上所能接受的定价也越高。因此，消费者眼中的需求层次比我们所了解的理论上的"需求层次"更重要，商家只有针对消费者当前的优势需求，从产品的角度给予有效的刺激和带领，才会让消费者更容易产生购买动机。下面是商家准确定位消费者优势需求之后，为产品量身定做合适的营销策略而实现畅销的例子：

> 某品牌方便面：作为低端的产品，方便面是为了填饱肚子，花哨的包装和复杂的料包并不是消费者关注的焦点，因此他们把主要的消费者群体定位在了农村的普通劳动者。他们在包装上进行简化，价格上也力求做到经济实惠，以每袋0.6元出售。用了短短三四年的时间，这一品牌的方便面的年生产量翻了100倍，固定资产达2.5亿元，跃居全国方便面销量第三。
>
> 某雪糕品牌：把品牌与爱情结合，将目标群体定位为对爱情充满憧憬与幻想的年轻女性群体，浪漫的情调和美味的食物组合让这个品牌的雪糕店铺成为情侣约会的好去处。品牌把情侣间"在彼此眼中独一无二"的情感需求唤醒到最高水平，不仅增加了情侣消

费者之间的情感链接，也把他们更牢固地锁定在渴望、尝试和享受中。

某运动品牌：成功的路从不缺少困难挫折，但只要你站起来重新出发，反复练习，总有一天你会成功……这种奋斗式的品牌精神，成为很多有梦想爱运动青年人的共同心声。理解并支持年轻人的梦想，做他们坚实的后盾——这就是每次其新品上市时门店前总是会排起长龙的原因。

找到客户的优势需求，再运用一些营销方法，推出满足人们需求的产品，让消费者对产品的"饥饿感"越来越强烈，他们接受产品的速度也就越快。这种饥饿感是通过把需求满足过程本身作为一种"稀缺资源"，人们对于越是难以满足的需求渴望越强烈，越愿意花心思去得到——"求"的过程越艰辛，"得"到后就越有成就感。

曾经风靡一时的电影《金陵十三钗》在前期的宣传上，发布了若干款海报，但却对图片的核心信息讳莫如深，甚至因为两个配角演员公布了定妆照而解雇了他们，这就让观众们对其内容产生了无限的想象和猜测。当人们强烈地想知道"内幕"的需求被挑起来以后，也正是电影上映时。结果电影票房大卖，观众风雨无阻，甚至在夜里也排起长队；哪怕票价高达120元，仍然场场爆满。

因此，了解不同层次消费者的需求，制造合适的刺激氛围，调整产品和消费者需求之间的供求关系，将消费者的需求转化成购买的动机，才能在增加产品人气的同时，收获高的营销利润。

3.7　时尚元素聚焦吸引力

走在大街上，无论是成熟撩人的多褶大摆裙，还是浪漫的田园小碎花裙，无论是皮质流苏、手工绳结、复古珠串，还是简单的Polo衫搭配牛仔裤等，各种穿衣搭配风格，都可能成为街拍中抢眼的时尚元素。我们把这些穿着抢眼又悦目的男士、女士称为"时尚先生（时尚小姐）"；也有不少人为了让自己的穿衣风格变得更时尚，提高回头率，花费大量时间去学习如何进行服饰穿搭。那么，时尚是怎样影响人们生活的呢？

时尚早已不等于时装

在移动互联网浸泡中成长起来的80后和90后，把微信定位系统、自主点餐系统看作餐饮业的时尚，把共享单车、共享充电宝等共享经济当作生活中的一种时尚，很多App的使用者觉得在问答交流平台上提问题刷帖子是一种时尚。时尚所涵盖的方面早已远远超出了时装界，逐渐渗透到我们生活中的每个角落。甚至，我们的情感表达、思考方式以及选择都显示了一个人的时尚品位。

时尚可以吸引眼球，但时尚并不是用品牌或奢侈品堆出来的，时尚源于人们对生活的审美。不难发现，我们身边总是有那么一群人，他们知道哪些东西最适合自己，他们思维活跃且对当下的消费热点感知敏锐，他们在一次次的消费经验中形成了自己的风格。随着年龄的增长，不管他们穿什么，用什么，他们都能展现给人们的美好而自信的状态，让他们成为其他人所崇尚和效仿的对象，继而使他们的风格一步步成为主流认可的审美方式。

总体来讲，能勾起人们时尚感的元素首先要符合时代趋势，能得到一定数量群体的认可和拥护。时尚在当下已经延伸到我们身边的普通用品：办公桌上的小盆栽、手机壳的颜色和设计，都能成为一个时尚元素。然而随着80后、90后的年青一代消费者开始进入社会工作，他们也逐渐成为消费时尚的主体。如何用升级的消费模式去打动他们，成为众多商家必须面对的问题。

打动年青一代的时尚组合有哪些？

当娱乐性消费成为大众消费趋势时，其必然会带来一系列消费连锁反应。消费趋势的变化也带动消费心理的变化，销费者对时尚的要求不再是消费大牌和高档奢侈品，而是变得更复杂化。未来营销趋势是"组合"式营销。

第一，注重时尚和娱乐结合。

一家时尚与娱乐产业的品牌管理公司的创始人兼CEO在采访时说道："不管奢侈品牌也好，大众时尚品牌也好，都要做好一个准备：怎样去跟娱乐结合，做好一些新的玩法。"该公司刚刚与美国一家设计界权威机构签署了历时数年的合作协议，目的就是要把本土市场与国际化创意整合起来，服务大众时尚品牌。

为了测试不同区域时尚消费者群体的现状和市场的可接受度，他们从

一线城市到四五线城市展开对消费者的走访和调研，然后把时尚产品与娱乐明星、网络红人以及影视公司等娱乐界的资源相匹配，实现时尚和娱乐的跨界组合效应。这样的组合不单单是让娱乐明星来代言品牌，而是让他们更深层次地参与产品的设计和生产等环节。比如，演员黄晓明与知名设计师联手打造服装品牌M-77，歌手周杰伦参与小米手机供应商1More的耳机设计。

兴趣部落是某互联网供应商以一款聊天软件为基础而建立起来的兴趣公开主题社区。他的主题分类众多，游戏、情感、城市、兴趣、运动、明星、动漫等，各个年龄阶段的用户都可以在其中找到志趣相投的同伴，互通有无，因此有很强的异步社交和扩散上的影响力。明星不但可以在这里吸引到更多粉丝，他们和粉丝们的互动也带动了直播、AR等技术融入兴趣社交和社区类产品，从而大大提高了粉丝们关注的热度。一次"明星空降兴趣部落"的活动，就使该部落的互动过亿。

要把时尚和娱乐跨界整合做到极致，就要求营销方对将要整合的资源有深刻的理解，清楚其背后的逻辑是什么，要用不断变化的资源去推动产品不断出现在消费者的生活中和视野中，这样就能够持续抓住消费者的注意力，将产品做强。

第二，注重时尚和科技结合。

把时尚和科技进行深度融合，把时尚的审美演绎出新高度，是当下很多时尚界的潮流做法。时尚的设计加上高科技的功能，使产品不仅满足了大众对审美的需求，还拉近了产品与大众的距离。因为好看、有范儿又高端的产品带给消费者的不仅是智能化，更是时尚感十足的"量身定做"。比如，美国服装界的经典拉尔夫·劳伦（Ralph Lauren）推出能够跟踪记录人的心脏速率和体能消耗值的Polo衫，方便了运动员训练过程中各项体能标准的监测。

除了可以外置佩戴的设备，女士们用来变美的化妆产品也变得越来越时髦：眼妆可以控制室内照明；美甲片可以开电子门锁；将下头发可以让朋友定位自己当前位置……这些兼具时尚和数据智能的产品正改变着人们的当下，也将改变人们未来的生活方式。科技融入时尚，不仅为产品增加了附加值，也因此而催生出更多的新产品，使时尚产品焕发新的生命，成为新的经济增长点。

第三，将风格独特的"复古"引领时尚。

随着生活节奏的不断加快，人们的审美心态也快速发生着转变，时尚流行的周期逐渐缩短。纷繁交错的时尚元素不断进入人们的生活，让人们产生了浮躁的感觉。人们更愿意消费一些自己熟悉、能给自己带来片刻安宁的产品，如复古的产品。

复古是时尚界不老的话题，"旧"中潜藏着巨大价值。这些有复古元素介入的时尚产品，通常具有风格经典、材料品质好的特点。消费者除了对"老"有文化上的接纳之外，还有对曾经的工艺匠人的敬意，因为复古商品拥有无法超越的做工和设计。时下被称为"Vintage"（古着）风的盛行就是很好的证明。人们在Vintage风格的店中会找到心仪的某个时代的精品来丰富自己的生活。有些品牌为了满足一些忠实的粉丝这样的需求，会推出某个年代产品的复制版。

3.8 怀旧心理拉长消费战线

某快餐品牌新春营销牌主打怀旧，邀请新生代偶像组合与30年前的偶像组合隔空对唱，唤起两代人对偶像的记忆，把青春、偶像和怀旧串在一起，让人们集体回到过去。

就连2018年的春晚，也把怀旧作为主打节目：王菲、那英再次同台合唱《岁月》，而这是她们继《相约1998》后时隔20年在春晚舞台上的重逢。她们的表演，也勾起人们对自己20年时光的回顾。怀旧已经成为当下人们精神上的一个关键词。为什么人们会扎堆回忆过去？

怀旧背后有人们真实的精神需求

心理学对怀旧的定义是"一种对于过去事物的偏好"，任何人们所经历过的人和事物都可以成为怀旧的对象。虽然一开始人们对怀旧的认识始于离家在外游子的"思乡之情"，但随着更多研究的兴起，怀旧的积极作用被发掘出来：它可以从某种程度上满足人们在精神层面对亲密感和归属感的需要。

当人们在新的环境中出现不适应而感到不满、恐惧、焦虑时，在心理上和美好的过去建立起链接会缓解人们的这些消极情绪，让人们平静下来，不再感到孤独，并且从积极的角度认识自己。当人们对当下的经历感到烦躁不

安、百无聊赖的时候，怀旧会帮助他们找到更多生活、生命的意义，然后使他们重新振作起来。

怀旧是一种传染性的情感。当怀旧的对象转化为具体可以消费的某样产品时，怀旧这种情感作用会附着在产品上。市场营销学的权威人物菲利普·科特勒提出了"怀旧营销"的概念，认为用怀旧元素去刺激消费者，让他们产生怀旧的情怀可以唤起消费者记忆中的共同符号，从而引发购买行为。

如何把怀旧变成商机？

当个体消费者的怀旧变成群体的情感共鸣时，营销就有了在这里生根发芽的土壤。成长在网络时代、成长环境优渥的新生代消费者，他们怀旧消费的原因会比其他年代的消费者稍微特殊一些。他们不是单纯追求归属感，而是需要在一定程度上缓解紧张和生活的压力。

新生代销费者会为生计疲于奔命，但他们更向往过去无忧无虑的慢节奏时光；面对现实中掺杂了过多物质利益的交往，他们更羡慕曾经简单、质朴的纯真。怀旧成为人们面对现实中的遗憾和不满时的心灵庇护所。虽然生活并不完美，但是人们还是想极力去证明自己没有变，还是曾经那个自己。如果有产品让消费者们反复确认这个"事实"，那么这些产品对他们来说就有了非凡的意义。具体该如何做呢？

第一，群体的共性回忆是最佳的突破口。人们倾向于怀念与重要的他人的互动经历，或者与他人一起经历的具有重大意义的事件或时刻。这些具有怀旧情怀的消费者群体受到共同情感记忆的触发，形成群体性认同，而这些共同的怀旧形成了群体回忆。这些拥有共同经历和回忆的人就是主要的怀旧消费群体，虽然市场可以小众，但在数量上，群体的数量越大越容易调动他们的怀旧情感。

第二，选择适合的传播方式进行传播。不同的目标群体集体回忆的主题不一样，而且不同年代的消费者所能接受的怀旧营销的表现方式和内容也不尽相同。在传播方式上，赋闲在家的父辈们偏爱通过电视、广播来获取信息，社会精英们更偏爱微信、微博、博客等渠道。当然，这些并不是绝对的，也有些潜在消费者喜欢通过纸媒来了解信息，如小众期刊、杂志等。在传播内容上，选对消费群体的怀旧符号很重要。

3.9 物质追逐的反面是对心灵的释放

物质极大地满足了消费者们大部分的需求，也正是因为这样，消费者在心理上对产品的期待越来越高。他们已经不仅仅要求产品有好品质，能带动情绪，更希望消费产品的过程也像在完成一个愿望或者完成一个梦想。沃尔夫·伦森是一位丹麦的未来学家，他表示："在未来的25年里，人们从商品中购买的主要是梦想、故事、传奇、感情及生活方式。"梦想是人们需求层次中最高层级上的需求，也是"自我实现"的一种表现。

菲利普·科特勒最近也在一次访谈中提到，继以产品为中心（1.0），以消费者为中心（2.0），以合作性、文化性和精神性为中心（3.0）的营销界面以后，他们发现"自我实现"已经成为当下消费者最重要的需求，因此正准备推出自我实现的4.0营销战略。

如何理解自我实现？

人们内在的缺乏一旦被外在的满足物所填满，对涉及个体内部真正发展的发问就开始了，即为自我实现的问题。自我实现是通过把一个人的能力发挥到最高水平，并因此实现个人的理想和抱负后所产生的心理上的巨大的满足感。

追求自由意志的是"自我实现"人身上的一个显著特征，并且始终伴随着他们的成长。在自由意志的影响下，人们在思考问题的时候会很清楚地把自己和周围的环境与文化氛围区分开来，他们希望靠自己潜在的能力去发展自己和持续成长。达到自我实现的人所表现出来的另一个特征就是可能会有"高峰体验"，这其实是一种短暂的、豁达的、极度快乐的体验，是一种趋于顶峰、超越时空、超越自我的满足。

很多针对消费者行为的研究发现，在面对日益多样化的选择时，消费者会更倾向于去选择让他们靠近自己的信仰、能实现自己的愿望和深藏于内心梦想的产品。比如，在功能齐全、款式众多的洗发水中，人们更愿意选择让自己能够"魅力自信"的那一款。因此，产品营销的未来就是要处理好消费者现在具有强烈个人色彩的"缺失的元素"——梦想。在尊重个体差异化的基础上去实施营销，为消费者提供可以帮助他们实现梦想的产品。

如何引导消费者为梦想消费？

帮助消费者实现梦想，需要营销者思维上的变革。这不仅要洞察消费者在"自我实现"的路上所表达出来的不同节点，同时还要去满足这些节点所代表的实际需求，帮助他们实现自己的价值。这是当下营销界要面对并必须解决的问题。那么，应该从哪里入手呢？

首先，给消费者体验梦想实现的机会。 接触产品对于消费者来说并不难，激发他们内心深处的热情，让他们勇于追求自己的梦想，乐于购买你的产品才是关键的技术环节。因此，吸引消费者的不只是产品本身，更是它带给消费者的非同一般的体验。商家要诱发消费者隐藏在内心的愿望，一方面要让他们对产品建立独特的印象，引发他们追求体验的决心；另一方面要给他们提供平台去体验自己封尘已久的梦想。

在我们的周围总是不乏这样一群人：他们做着平凡的工作，过着普通人的生活，但是他们始终怀揣着一份并不平凡的梦想，他们十年如一日地对某一首歌、某一门技艺等保持着热爱和憧憬，也正是这份执着和热爱让他们相信梦想有一天会实现，生活会变得更美好。他们渴望有一天，自己就是舞台上自信而闪亮的主角。

《中国梦想秀》就是这样一个可以为他们圆梦的舞台。从2011年到2015年，共做了九季。其中前两季主要是明星助阵帮助追梦人完成他们的梦想，第三季开始以追梦人为主角，他们出场后进行才艺表演，然后告知观众自己的梦想，由台下三百名"梦想观察员"投票，最高票数的24名追梦人有机会实现他们的梦想。第五季开始有大批的公益企业代表和名人加入"梦想观察员"阵容，使得追梦人可以现场圆梦。其间节目也做了一些规则上的调整，使一些暂时还没有圆梦的追梦人也拥有返场的机会。

因为有了公益元素的加入，帮助朴实而有梦想的人们完成他们的心愿，《中国梦想秀》被大众评价为"全国最具正能量的电视节目"，收视率成为同时段节目的冠军。

其次，让梦想总是在路上。 简单讲，就是在一个产品的营销中，以消费者目前的需求为基础，向消费者引进有价值有意义的梦想去引导消费者的需求，从而赢得消费者的满意度和购买率。著名汽车制造商雪佛兰最为著名的广告词为"NEVER GIVE UP"，这一句话其实也是其实现百年造车梦想的前进动力。雪佛兰在营销过程中注重这一理念的宣扬，并拍摄了一组同题品牌宣传片。在这一宣传片中，一个坚定有力的男性声音这样说道："'永不放弃'，当赛车手路易·雪佛兰说出这句话时，他深知若要成为常胜将军，就必须找到一种难以被对手超越的优势。"影片中这样一锤定音式的首句，将雪佛兰所信奉的理念深深地植入了同样永不言败的精英们的脑海之中。雪佛兰打造"永不放弃"宣传片的这一营销策略，便是将自己的品牌故事同人们所追求的梦想合二为一，使人们认为雪佛兰的经营理念与自己的人生价值观高度契合，从而能使自己的人生变得如同雪佛兰这一百年品牌般，不断追求年轻化，前行在追求卓越的道路上永不停歇。

04
态度左右消费节奏

两位消费者都打算买几罐可乐缓解口渴。消费者A认为可乐差不多都是那个味儿，开罐以后会冒出一大团泡沫，解渴，感觉清爽。于是他想也没想，直接打开冷藏柜随便拿了两罐出来结账。但是两罐可乐因为品牌和口味不同而价格上有差异，这让消费者A不悦了：一样的容量，为啥价格不同？那我都换成这个价格便宜的好了！

消费者B则比较喜欢尝试口味独特些的可乐，如胡椒味的、杏仁味的。他在冷藏柜前仔细观察了几分钟，终于发现有一款名为"香草黑樱桃"味的可乐，立刻一脸兴奋地一连拿了好几罐：好东西要分享给小伙伴们！虽然这款可乐被他的朋友们评价为：巨贵、口味奇葩、简直就是带气的急支糖浆等，但这些"打击"并没有让消费者B对尝试新款可乐感到气馁。他认为，只有不断尝试新的才有更多机会拥有好的！

态度不同的两个消费者的消费行为决策也完全不同。很多时候，消费者在记忆中已经或多或少有了对产品或服务的态度。他们记忆中的态度会在购买产品时发生作用，帮助他们解决当前面临的实际购买问题，适应当前的购买情境。因此，消费者的态度在一定程度上具有功能性，它对消费者的行动有着推动或阻滞的作用。

想要让消费者的态度成为产品营销的助力，商家就要解决很多问题，如消费者对产品的喜爱程度怎样？与竞争对手相比，如何展现产品在某个属性上的优势？积极的评价是否就意味着令人欣慰的市场份额？如果产品在竞争中处于弱势，除了不断更新产品，还可以通过什么样的方式影响消费者？……本章将从态度的本质、形成、改变三个方面展开对消费者的态度的解析。

4.1 消费者的态度就是你的安全感

> "快快快，帮我转到东方卫视！"正在洗漱间敷面膜的妻子突然催促丈夫把电视中的体育新闻切换成家庭剧《我的前半生》。因为自从她偶然间看到其中一个片段之后，就被跌宕起伏的剧情和细腻的情感波澜所感动。最关键的原因是，这部剧讨论了一个当下比较深刻的社会问题：女人做全职主妇现实吗？所以，她不但每天都在追这部剧，还张罗着要买DVD版的补回之前落下的情节，俨然是这部热播剧的忠实粉丝。
>
> 而丈夫喜欢看的是体育财经新闻，他觉得那才是真正有效的信息，他觉得妻子喜欢的电视剧简直就是"不切实际"的事情。所以，他虽然不会阻止妻子去购买DVD光碟，但是他本人是绝对不会浪费时间和金钱在这个上面的。

如上面的例子中的夫妻，消费者对于某种商品或服务是拒绝还是接受，是回避还是购买，在很大程度上取决于消费者的态度。消费者的态度是什么？简单来说，就是消费者对于某件产品或服务所持有的认识上的正面或反面的评价、情感上的感受及行为意向。因此，态度是一个综合体，由认知、情感、意志三个方面组成。每个成分都对态度的形成和改变有重要影响，但其中能量最大的是情感。人们会自然而然地喜欢并购买让自己感到欢欣的产品，虽然其在功能上可能并不能带来什么实际的收益。

随着产品的不断升级，消费者也变得越来越理性。他们对产品、品牌的态度上的变化，呼唤商家以实际行动展现出与其品牌所呼应的共享价值，给消费者带来更有意义的体验和经历。因此，弄清消费者态度的特性和功能就变得很有必要了。

消费者的态度有哪些特性？

了解消费者态度的特征，可以帮助营销方有效地从消费者的一些语言和

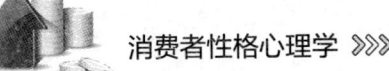

行动的细枝末节中捕捉他们对产品的真实反应，从而为下一步的营销做好信息上的准备。

第一，态度的指向性。

无论消费者表现出的是具体的态度（赞成、反对、喜欢、拒绝），还是笼统、抽象的评价（还好、还不错）都具有一定的指向性。比如，某个消费者对曾经消费过的某家店铺的评价主要集中于他数个月前所买的产品，以及享受到的服务方式，那些和产品有联系的一切细节都会在一定程度上影响消费者的态度。

第二，态度的主观性。

态度本身是消费者的内部心理活动，并不能被直接观察到，而是要通过其外显的行为和意向来推测，因此具有一定的内隐性，并不是所有你看到的态度都是准确无误的。比如，一个想要购买台灯的女士因为灯具店员的忙碌而被忽视，她可能不会立即发脾气走掉，而是盘算着在价格上找到平衡来缓解自己被冷落的不快。所以，她可能会不太客气地说某个台灯（她看中的）有这样或是那样的瑕疵。

第三，态度的相对稳定性。

消费者对某件产品的态度是他们根据自身需要，建立在对产品的认识、感受以及环境的影响等各方面的信息之上的，需要经历一定的过程才会形成。因此，它带有强烈的情感色彩，并具有稳定性和持久性，并不是短时间内就可以改变的。

第四，态度的可塑性。

消费者的态度并不是与生俱来的，而是个体在与周围人或事物互动中不断学习形成的。他们会因为不断加入的新的知识结构和情感体验将其修正、逐渐系统化。态度受个人欲望、知识和个体经验的影响，而这些都是不断变化的。因此，消费者的态度在一定程度上是可塑的。比如，在亚健康时代，那些在饥饿年代被人们不得已用来充饥的野菜因具有降血压、清神、醒脑、助睡眠等功能而被称为"天然绿色药剂"，在亚健康一族中炙手可热。

消费者用他们的态度在表达着什么？

根据心理学家丹尼尔·卡茨（D. Katz）的态度功能说，消费者的态度具有以下四个功能：

第一，效用功能。

消费者倾向于对那些可以给自己带来好处的产品或活动持积极态度，这是人们趋利避害的天性所致。消费者会用客观情境与自己当下需要是否相符合的态度为自己争取到更多利益（好的服务、降价、赞美等）。

第二，知识功能。

态度可以帮助消费者综合有关产品的知识性信息，不管是产品正面的信息还是反面的信息，或许客观或许不客观，但它们对消费者态度的影响有时甚至会比产品本身真实可靠的信息更大。比如，一个正在打算购买新鲜花瓣，用于自制酵素实现养生美容的中年家庭主妇，在看到电视节目中营养专家对"酵素不是万能宝贝，自制误食误用有风险"的讲解后，决定不再购买花瓣，转而直接购买信得过的美容产品。

第三，价值表达功能。

消费者还可以用态度表达他们的核心价值观念及对自己的评价。在20世纪七八十年代，花格子衬衫和喇叭裤代表了勇敢创新与时尚；在21世纪，很多人对偶像明星的追捧，则折射出这一代对自信和无畏的渴望；而现今的00后则淋漓尽致地展现出千禧一代的追梦、魔幻和萌。

第四，自我防御功能。

当消费者出于保护自我形象，使自己免受威胁或贬损，维持心理平衡时也会形成特定的态度。比如，一向崇尚穿戴朴素、自然、舒服的白领女，某天会因为要参加一个音乐会而购买缀满了水晶亮片的紧身礼服，蹬上时尚的高跟鞋盛装出席音乐会。这个态度的转变就是为了适应优雅、庄严的音乐会氛围。

一般一种态度的功能不止一个，但在购物情境比较复杂的情况下，起主导作用的功能一定是一种。因此，只要卖家能鉴别出对消费者来说的主导功能，就可以在此后的营销及产品的传播中对产品的该功能属性进行强调和突出。

04

态度左右消费节奏

4.2 寻找合适的宣传手段

在信息飞速发展、各路媒体层出不穷的时代，大众群体也在这些媒体信息的冲击下不断进行分化。不同性格特征、不同思维方式的消费者，越来越能精准地定位自己所热衷的品牌。消费者群体的分流也正逐渐改变着产品的宣传方式。因此在现实中常会出现这样的广告宣传效果：就像存在"代沟"一样，一些大张旗鼓的产品宣传让一伙人已经沸腾了，而另一群受众则完全不感冒；一些人可以对宣传中的产品侃侃而谈，而另一些人则完全不懂；一些人很喜欢，另一些人则宁愿敬而远之。对于变得越来越"窄化"的受众群体，营销人员该如何重新让产品焕发活力，努力扩大产品的传播范围呢？

好的宣传只做一件事

"经常用脑，多喝……"（某核桃植物蛋白饮料），"味道好极了"（某品牌咖啡），"有××，没污渍"（某品牌洗衣粉），这些宣传语有一个共同的特征，就是它们都是在相当长一段时间内保持不变，以至于听了上句随口就能补上下句。就是这种"始终如一"的传播方式形成了对消费者心智上的占领，让产品宣传广告不再是口号，而是制造出了消费者迫切的需要。目前比较成功的宣传形式有以下几种：

第一，用不变的主题。

即在产品宣传的过程中，无论选择什么样的表现形式，内涵始终都保持不变。不管有多少个宣传模块，信息的核心都是指向产品的某个最大属性。一旦该宣传的主题渗透进消费者脑中，他们就会忽略掉和产品主题联系脆弱的其他信息，即使那些信息看起来具有同样的诱惑力。

宜家是源于瑞典的家居品牌，在中国内地之所以家喻户晓，除了因其极简风格受欢迎外，还源于该品牌的独特宣传方式——图册版的家居产品目录《宜家家居指南》。他们在每本家居指南中会收录大约12000件家居产品，均以图片的形式呈现。这本图册的目的是通过图片向人们宣传一种生活态度：向往美好生活。这一情感上的主题也恰恰符合当时瑞典大部分中产阶级对生活的期待，他们希望对"美好生活"的向往和追求可以成为他们自身的文化和价值观，因此宜家也非常希望这样的价值观能够渗透到生活的每个角落，包括渗透到对家庭的装修和家具的布置中。这种对美好生活方式的追求也逐渐成为世界性的需求，这也促使宜家品牌从国内漂洋过海扩散到全球。目前，宜家在全球43个国家和地区拥有349家大型门市。

不变的主题也是一种扬长避短的宣传方式，将值得传播、受欢迎的产品内涵传播出去，放大产品或品牌的相对优势，可实现营销的目的。

第二，抓取用户的碎片化时间。

有效的产品宣传在本质上就是"抢占"消费者投在产品上的有效时间。理论上讲，占用消费者的时间越多，营销的效果就会越好。可是用户的碎片化时间非常有限，他们能够留给产品宣传的时间也很短，如果你的宣传没有很快引起他们的兴趣，就会失去他们。即使同样甚至是调整后的广告再次出现在他们面前，他们还是会毫不犹豫地再次"屏蔽"，因为他们更相信自己上一次的选择。

在实际的宣传策划中要明白一个事实：虽然消费者可用的碎片化时间有限，但他们的需求是完整的。如果你可以将他们碎片化的时间串联在一起形成完整的积极体验，还是可以实现成功宣传的目的。因此，碎片化下的传播内容应该是以短小精悍、新鲜有趣为主的。在宣传的手段上，可以把宣传内容以插播广告的形式，放到人们感到无聊又不得不面对的活动中（如上下班路上），或人们注意力集中时间比较长的活动中（电视剧剧中"不可跳过"的广告）。

第三，借势来"包装"产品。

所谓"借势"即为在宣传中把消费者置于一个愉悦的氛围中，以轻松、娱乐的方式潜移默化地让其接受产品带给他们的认知，无形之中提升产品的知名度和品牌形象，最终促成产品的销售。在具体的实施中，把产品与一些大型的事件、知名人物、热销产品、重要的节日、消费者习惯或者态度等关联起来，可以提高消费者对产品和品牌的关注度。这里用两个例子来说明——

玩转杯子的咖啡界大佬：世界地球日免费送咖啡，跨界联合另一商家提供限量版玻璃咖啡杯；持续20年在圣诞节前夕开始把装咖啡的杯子换成与节日相映衬的红色纸杯，并限量；美国大选期间，它则把装咖啡的杯子颜色换成绿色，寓意团结，且在杯子上勾勒出

一百多位不同文化、不同种族的人物形象。该款咖啡杯为这家咖啡公司带来了巨大的关注度和销售量。

"跟年轻人一起玩"的凉茶： 有着百年历史的某凉茶品牌，为了培养新一代的消费者，着手让品牌实现"年轻化"：外观上脱胎换骨，把原来陈旧的暗红调成活力四射的亮红；传播上把原来广告中的中年人吃火锅、烧烤时喝凉茶换成青春靓丽的小鲜肉们跳街舞、玩音乐时喝凉茶；推广上，与一些视频网站合作，投资当下播放量数一数二的网络大剧；产品更新上，推出"越热越爱"系列"态度罐"，对消费群体定位更具体。

借势包装可以增强产品和品牌的形象，在策划和执行中要注意所要借的"势"要与产品有很好的结合，进行借势之后的产品给目标消费者群体的感受，应该与他们对产品的预期是和谐、一致的。

4.3 用"培训"拉近和消费者的距离

科学家曾进行了一个很有趣的社会心理学实验：

实验设计者把参加实验的人分成两拨，让他们执行相同的任务——反复地拧螺丝钉。然后设计者告诉这些人："我希望更多的人可以参与这个实验，所以请你们告诉身边的人这是个有趣的实验。"唯一不同的是，在结束实验时两组人得到的报偿不同：第一拨人得到80美元，第二拨人则只得到1美元。

在这些人完成实验任务，拿到报偿并以"有趣"为由成功地邀请更多的人参与这个实验之后，实验人员又让他们填写一份问卷，询问实验任务是否有趣。结果却发现，那些拿到80美元的人更倾向于认为实验任务很无聊，而拿了1美元的人则更倾向于认为实验真的挺有趣的。

为什么事实上同样很枯燥无聊的工作在两拨不同测试者中出现了截然相反的评价？事实上，对于实验中要求"告诉身边的人实验很有趣"这件事上，两拨人都"撒了谎"，那拨拿了高报偿的人清楚地知道他们"撒谎"是为了80美元，所以对实验任务的真实态度不会改变；而另外一拨拿了低报偿的人则会怀疑自己是不是真的为了1美元去"骗人"了？所以他们会倾向于用改变对实验任务的看法来平衡自己内心的不协调：我一定没有骗人，实验确实很有趣，值得去参与，因此他们的态度就发生了转变。

上面的这个心理学研究中说明人们对一件事不同的参与（被对待）方式会影响他们对这件事的认识，甚至改变他们对这件事的态度。在营销中，要让产品有更大、更广的市场需要改变消费者对产品的认识，拉近消费者与产品在认知上的距离，而这些都需要通过大量前期的准备工作——"培训"来实现。

几种有效改变消费者对产品认知的方式

质量、包装、说明书、赠品、每次沟通的邮件及营销团队成员，都可以成为产品的"宣传员"，起到培训消费者的作用，改变消费者对产品的认知方式。那么，常用的比较有效的方式有哪些呢？

第一，给理想状态新标准。

向往更丰富、完美的生活是消费者永恒的追求，这种理想状态来源于消费者内心的期望。现实状态是消费者对自己当下感受及处境的认识。当对现实的感知与期待中的理想状态产生差距，并且这种差距达到一定程度的时候，消费者的内心就会产生强烈的不满足感，继而激发起他们觉得这是个"应该解决的问题"而做出某个消费决策。

消费者想要改变现状愿望的强烈程度很多时候取决于现实状态和理想状态的差距。差距越大，改变的愿望越强烈；问题越重要，消费者的决心越大；问题越紧迫消费者做出改变的决定越迅速。因此，不断调整消费者内心理想状态的标准，能够让消费者不断产生改变现状的需要、解决新问题，让自己向更好的状态迈进。

比如，在大众以瘦为美、推崇"魔鬼身材"的时代，"魔鬼身材"也成为很多爱美女性毕生的追求。很多人甚至义无反顾地花费巨资，只为拥有好身材。在这种观念的影响下，完美身材的标准也在不断刷新：从锁骨上面可以放硬币、放鸡蛋、有马甲线，到比基尼桥，再到后来流行起来的A4腰。每次新的标准一经推出，都会掀起一股减肥消费带来的狂潮：减肥餐、瘦脸洗面奶、高效跑步机等。

第二，让产品信息传递方式更多元。

基本的原理就是：消费者对产品越了解越喜爱。因此，帮助消费者提高对产品的介入度，会让他们更重视和思考自己与产品的利益关系。尽管这样做可能会因为某些不可控的客观原因，导致不同消费者对产品的介入水平和介入后所产生的效果存在差异，但商家依然可以通过提供多元化的产品信息传达给消费者，引发他们对产品更高程度的关注。

学习是加深消费者对产品认知的最好方式，而且学习的方式可以多种多样。在具体操作中，可以采用邀请消费者参与产品生产制作、进行关于产品的有奖竞答等多种形式。商家在选择信息的传播方式上，可以根据消费者群体特点选择与群体匹配的方式。

第三，改变信念。

消费者会因为产品对自己有用而去购买，如此一来，产品卖出去的主动权就在消费者的需求上。而这个需求的空间是有限的，重复购买的概率很小，也就限制了产品的销量。要解决这样尴尬的处境，卖家在营销中可以通过改变消费者对产品的信念来营造一种消费产品的社会氛围，提高消费者对产品的使用率。

一个冰激凌店的营销方式可以给我们带来一些启发：原来以儿童为重点消费群体且"物美价廉"、包装简单的儿童甜品，装在迷你杯中再配上印着优美的字体和雍容华贵的配料说明后，摇身一变，成为成人们的一项高级消遣，价格当然也水涨船高。容器变小了，格调变高了，为何消费者反倒更愿意掏腰包了？这就是对产品"重塑"的效果。冰激凌在功能上有了更多的意义：通过休闲、聊天、交友来缓解孤独，为人们带来快乐，增进感情，等等。

第四，强调重要性。

当某个东西对人们来说是必不可少的，或者它变成了帮助人们完成某项任务（工作）的必备品，那么即使在使用（消费）它的过程中会面对一些烦恼和困难，它也不会在人们的生活中"退居二线"。让人们意识到某样东西在他们的生活中是最不能缺少的，缺少它就会产生身体或心理上的不适感，这样可以增强人们对这个物品的重视。比如，吸烟对人们的身体健康无益，但是对于一些在工作中遇到压力的人来说却必不可少，他们常常需要通过吸烟来给自己解压、放松，让自己很快恢复高效的工作状态，所以这些人会对那些严肃得有些惊悚的反吸烟宣传视而不见。

4.4 正向情感加快出单

伴着轻松又柔和的音乐，一个颜值爆表的当红明星表演了一段他专属的"×氏舞蹈"，然后手拿一款市面上消费者还不熟悉、销量也不大的食品，将其放到了靠近脸的部位，用迷人的声音和眼神告诉屏幕前的粉丝观众：××××拉面，是我喜欢的味道！看到心仪的"欧巴"这温柔又帅气的推荐，屏幕前的很多女粉丝都控制不住了：吃面，一定要和"欧巴"吃同款的拉面！在屏幕之外，该产品的销量和市场也在不断上升和蔓延。

电视机里几乎每天都在播放着与上面这个例子类似的广告。"产品+明星脸"的组合在营销实战中屡试不爽的原因在于该模式形成了一个固定带动消费的刺激——反应链，在心理学上称为经典条件反射。

以情感为基础的刺激反应链原理

经典条件反射是俄国心理学家巴甫洛夫在一系列动物实验中总结出来的刺激——反应链。把一个刺激（响铃）和一个奖励性（得到食物）或惩罚性（电击警告）刺激多次绑定呈献给信息的接收方，最后会使信息接收者形成这样一个反应：即使单独呈现刺激（响铃）时也会引发其反应。既然这是个通过整合身体和记忆等各个方面的综合学习获得的反应链，它就存在消退、可恢复、泛化（对类似的刺激也会发生反应）的现象。因此，经典条件反射经常被应用于营销、培训、心理治疗等很多领域。

消费者群体是当前或潜在信息的搜寻者，他们会根据自己的消息来源建立自己对产品理解的逻辑，而这直接影响他们对产品的选择和购买决策。根据经典条件反射原理，营销方可以把产品和某种引起积极情绪感受的对象（商品、商标、名称等）组合后，反复、多次呈献给消费者，使消费者和产品之间建立积极的知觉联系，从而让消费者对商品、商标、名称等产生某种特定的积极情绪。

这种积极情绪会因为重复呈现次数的增加而加强，最终变成一种惯性情绪，甚至会达到这样的效果：只要消费者看到或听到产品就会感到心情舒畅。即使这样的情绪由于时间流逝而出现消退，也会由于刺激信息的重新出现而得到恢复和巩固。在这个过程中，如果之前引起积极情绪的联结足够

强，那么引起与该情绪类似的刺激信息，同样也可以引起这种积极的情绪，即出现了泛化。比如，商家在节日营销活动中使用《铃儿响叮当》为背景音乐来唤起人们为家人、朋友购买圣诞礼物的欢快心情，以后人们即使听到和这首曲子节奏类似的曲子也会产生快乐的感觉。

如何拉近消费者情感的距离？

对产品的喜爱程度会促使消费者以更直接、更投入的方式介入有关产品的一切活动和信息。如果卖家的营销方案能让消费者在短时间内就确定某产品是他所喜爱的，那么将会大大降低产品花在前期公关上的成本。那么，把什么样的信息用怎样的方式呈现出来，最能拉近产品与消费者的情感距离呢？

首先，可以使用带有情感色彩的样板。

人们对自己熟悉的人、喜欢的人比较容易建立起信任，产生积极的情感，如很多影迷、歌迷对自己偶像代言的产品爱不释手。外表上的特点、个性上的魅力，也会让消费者在不熟悉的情况下迅速被吸引而形成积极印象。在邀请名人代言时，和消费者在心理上距离更近的样板（如影视演员）比专业性的样板（音乐家）给产品带来的积极效益更大；产品和代言人形象气质匹配的宣传效果更好；暗示性的认可比明确的认可更有效。

比如，一家咖啡公司为向消费者全面推出一款新型胶囊咖啡机，在全球各地拍摄风格不同的广告视频。结果发现，带动消费效果最好的一个视频的主角是一个拥有众多粉丝的男影星，其温文尔雅、稳重的气质和新款咖啡机的理念十分协调。这则广告的播出，让那些像他一样整天在世界各地飞，虽然有着高收入与高品位的生活条件，但没有时间打理生活细节的消费者群体找到了既节省时间又不降低生活水准的产品。

其次，可以增加与消费者的接触次数。

一些研究发现，当某些产品信息适当地重复出现在消费者生活中的时候，更容易改变消费者对该产品的态度。也就是说，随着消费者对这些信息接触频率的增加，会增加消费者对产品的好感。因此，对于一些原本在认识上并不能引起消费者很大兴趣的产品，可以不通过改变消费者知识结构的方式，而是通过增加其接触的方式改变他们对产品的情感，以此改变他们的购买态度。

增加接触次数，并不一定就是固定地以某种方式反复呈现，才能达到效果，也可以更换接触方式。比如，很多商家花费重金去印刷精美的宣传单页、宣传册等，然而当这种方式的信息传播使消费者和产品有了第一次接触之后，可以改换其他更有趣、更丰富的沟通方式和消费者维持关系，如电子邮件、信函等。

> 一个卖饮水机的商家是这样做的：通过网络广告宣传寻找潜在客户，并告知对方如果感兴趣可以留下联系方式，卖家会免费邮寄一份饮水机的详细介绍信息（第一次接触）；邮寄资料，并附带问候信函（第二次接触）；电话询问，向对方确认资料是否寄到，并进一步询问是否有疑问并给予解答（第三次接触）；用电子信函的形式邀请对方参与产品展览会（第四次接触）；消费者到场观看展览产品（第五次接触）；电话回访，感谢消费者参加展览会（第六次接触）。

想想看，一个和产品走完了六次不同接触旅程的消费者，拒绝买一台该商家饮水机的概率大还是购买的概率大？当然是后者了！

最后，可以让产品传播信息变得更感性。

比起那些中规中矩的知识性介绍、专业的评价性广告，情感性的内容更能增强产品信息的吸引力和持续性。虽然这些感性的内容并不一定会让产品在传播上变得更有说服力或增加可信度，可是这些内容可以让消费者变得更活跃，使他们继续更全面地了解广告的核心信息。可以让产品传播信息变得更感性的方式有很多：温馨、幽默、富有情趣、亲切感、厌恶、恐惧等，恰到好处地使用这些传播"调味剂"会吸引消费者更多的注意力和增加人们对整体传播方式的接受度。比如，某品牌的冻酸奶商家给酸奶冠上"品尝初恋的味道"之名进行宣传而大卖，因为无论是想要回忆初恋还是期待初恋的消费者们，都想一尝为快。

4.5 信任就是最好的口碑

为了最大限度地获取消费者的青睐，商家们也是拼尽了全力：医药公司选择穿着白大褂的业内权威人士来分析和介绍药物效用；网购网站用大

数据证明消费者"选择我，准没错"；减肥会所直接贴出减肥前后的对比照；旅行社则直接拍摄灵活多变的视频告诉消费者"这是让你绝不后悔的行程"……

这些来自不同行业的营销方所做的努力都是在做一件事——向消费者宣传"我是值得信赖的，选择我吧"。然而，消费者在选择信任（放弃）这件事上，无一例外存在一个共同点——他们都缺乏安全感。信任是消费者对产品背后商家行动的判断和预期，他们希望购买的结果不会侵犯自己原有的利益。信任会简化营销双方的沟通模式，促进双方建立起合作关系。然而这种关系建立的前提是你要排除阻碍消费者建立信任的因素，让消费者觉得你是值得信任的。

消费者不信任的原因是什么？

F先生是一家公司的软件编程人员，对工作环境的要求比较高：安静、没有人打扰——这样他就可以很快进入自己的工作模式。然而，最近他被一家信息公司不断打来的电话、发来的信息闹得不胜其烦。

原来，他最近一段时间每天早上九点都会准时收到该公司打来的电话。电话内容重复不说，有时还是一天三次。已经声明过不需要，但是对方依然"穷追不舍"：他刚刚和颜悦色地告知不要再打了，没过多久对方竟然换了人再次打过来问询。F先生提出抗议，得到的对方回复竟然是：我们公司打这类电话的人员比较多，出现重复打的情况也是无法避免的。可想而知，这家公司固执的"执着"带给潜在消费者的不是慢慢喜欢，而是让其产生了抵触，甚至是厌恶的情绪，由此消费者对其产品的信任感就会一落千丈。

很显然，这种具有很强的、侵略性的推销方式，让消费者感到自己的工作和生活被严重扰乱和入侵。在抗议后收到"这样的情况无法避免"式的解释，让消费者感觉到自己被强盗逻辑背后的并不专业的销售团体所操控。他们完全没有从消费者需求的角度入手，所以出现了市场定位的失误。在沟通方式上，销售方没有给消费者很好的接触理由，而是一味鲁莽地告知消费者"这是你需要的"。可想而知，这样的做法不仅会失去潜在的消费者，还会因潜在消费者对产品的负面看法而影响到更多潜在消费者拒绝购买该产品。

如何把信任变成消费者的选择？

复杂的商战让很多营销人员感叹，获得消费者的信任和认可变得越来越难，因此，想要与消费者之间进行真正有效的对话也变得越发奢侈了。即使这是事实，但对于营销者来说，并不是说他们不需要去和消费者建立信任关系了，而是需要为此进行更多的努力。因此，在消费者信任的堡垒不断缩小、外壳变得更坚固的情况下，灵活地运用信任元素去扩大消费者信任的心理区域，才是成功营销的方向。具体的信任元素有哪些呢？

第一，避免消费者对卖家产生误会。

消费者更倾向于认同那些行为表现和身份一致的卖家。比如，在某育儿微信公众号中的咨询师，给人的印象应该是心态阳光、作息规律、育儿经验丰富的人，如果被公众号粉丝们得知他经常泡在歌厅、夜店里，那么他在公众号中输出的信息就会遭到误解，甚至是质疑。当在营销中已经出现一些信息导致消费者对产品或服务出现误解的时候，卖家该怎么办呢？

相对于商家的自圆其说，消费者更愿意选择在与自己利益一致的群体中寻找证据支持自己的判断。比如，一家旅行社网络上出现了差评，那么就可以通过增加更多正向的评价，来平衡差评在消费者心中产生的负面印象。好评数量越大，对差评的负面印象的削弱作用越强。因此，超过十个好评对消费者的说服力会大于一个差评造成的破坏力。当然，这样的好评是通过提升服务质量等各个方面来实现的。

另外，一个比较有效的避免消费者误解的方式就是列出消费者可能会感兴趣的所有问题，然后用数据来回答这些问题，让消费者有据可查。比如，对于一些购买足疗仪的老年使用者来说，他们常常担心的是足疗仪使用程序有些复杂，使用起来太麻烦。这时候卖家可以把购买者群体、使用者群体、他们购买的理由、使用的体验以及他们的评价反馈等数据呈现给未来的消费者，帮助他们找到自己担心问题的对策。

第二，适当使用坦诚法则打动消费者。

坦诚能够大大降低消费者的戒备心理。当进行产品优势传播时，适当地传递该产品存在的一些不影响使用的小"瑕疵"，消费者就会更愿意放下担

忧继续关注这个产品。对产品弱点的描述当然不需要任何证据，但是它传递的并不是该产品真的"弱点"，而是传递出营销方对产品的自信，引发消费者的信任。比如，"×××拉面"，百年老店，专做"最贵"的面！在使用这个法则的时候，要注意让你产品的"瑕疵"能够迅速引发消费者的认同，继而再根据实际情况调整营销策略，保持并加强产品优势。

第三，强调卖家与消费者之间的非利益关联。

如果某个人站在自己利益的角度去说服一群人是有利可图的，那么人们就很难相信他，因为一个不站在自己利益场说话的人才更容易被别人信任。营销本是一个利益交换场，因此，站在和交易没有利益关联人的角度发出的观点更容易被消费者信任。比如，一个餐馆点菜员是这样做的：在开始点菜之前，告诉顾客这里的菜分量很足，不用点太多菜；开始点菜了，在顾客要求推荐菜品时，告知顾客这里最有特色又风味俱佳的菜不是最贵的，而是哪几道菜。这让顾客觉得自己非但没有被"忽悠"，还能够吃到特色的美味。

4.6　你越专业，他越青睐

同样是卖化妆品，很多店家试图用降价促销来扩大销售量，但却遭遇到了消费者的审美疲劳，进而出现了营销寒冬。但为什么某一家化妆品商店所售卖的品牌化妆品却依旧走俏呢？这是因为他们有做营销的"专业精神"，仅在促销这个环节上就有很大的不同：为了有效利用立体空间展示促销信息，店家将立体促销牌和吊旗相结合，在门口和收银处放置促销堆头，在门柱上贴精美的促销包装，甚至将店里的报警器也变成促销的"宣传栏"；他们没有把促销吊旗挂得"满天飞"，而是选择在最显眼处悬挂几个吊旗，这样就减少了促销信息的重复问题；在结账方式上他们也更宽容，支持多元支付方式，让消费者更方便、快捷地购买心仪的产品。

塑造专业化的品牌形象、清晰的消费者群体定位是这家店比其他店拥有更广阔市场的原因。专业化的营销人员按理性行动，不按感情去做主观判断。他们懂得尊重消费者，以消费者为中心，不会轻易地把自己要卖东西给消费者的想法强势地推给消费者，告知消费者"你的思想落伍了""你们的模式需要更新了"。营销中专业知识和技能是成功营销的基础，它让营销方能够从更深的层次上触摸到商业本质，敏锐洞察市场需求，对当前的消费趋势做出判断，提出创造性的营销方案。

如何用专业化说服消费者？

专业化的营销呈现给消费者的是知识、智慧及方案上的全面覆盖，让消费者接受并享受企业提供的业务。这里主要从信息源的专业化和个体与情景因素的专业化两个方面分析。

首先，信息源的专业化是商家进行说服工作的第一考量。

第一，综合性的知识储备。 专业化的信息源可以增加产品信息在消费者心中的可靠性，所以综合性的知识储备更能带给消费者心理上的安全感，进而产生对于产品的依赖心理。如何让你的营销在知识层次上变得更专业、具有更强的吸引力？下面这个网络宠物狗粮卖家的做法就很值得借鉴：

最开始的时候，这家店主把自己的名字作为店的名称。后来他发现对狗粮的推送在相当长一段时间内没有什么进展，因为一个人名和狗粮很难引起消费者需求和兴趣方面的联想。在请教一个专业的营销顾问以后，他开始大张旗鼓地改造自己的网络店面：

首先是把网店的名称改为××宠物狗粮专家。名称的改变迅速起到了效果，一天之内有几十个人私信他进行询问。可是店主并没有立刻回应，因为他明白这个时候不专业的回应会给消费者造成消极的第一印象，他就会因此而失去这些消费者。他开始通过网络去整理并建立专业的信息库：全世界的宠物狗的品类有多少；目前在国内驯养量最多的狗有哪些品种；这些宠物狗的适应方式、生活习性、饮食结构是什么样的；随着地域和季节的变化需要做出哪些饮食上的调整；等等。然后，他将这些庞大的信息分主题写成专业的帖子，再根据专业的信息把宠物狗的品类和适用的狗粮类型进行匹配。

比如，原产于美洲的吉娃娃，由于其体型和食量小，但新陈代谢较快而容易饥饿，因此需要少食多餐（每日3~5次），以干的狗粮为主，适当配合肉类、蔬菜。由于吉娃娃不耐寒，所以喂食前要把肉类煮熟、切碎，用温开水调和后喂食。两个月内的幼犬，应吃

泡软的狗粮，两个月以后改换吃颗粒状狗粮。吉娃娃到了新家之后，在两周内最好不要改换狗粮类型，而是沿用原来的品牌，等其适应新环境以后再逐渐加入新品类的狗粮。

用专业知识"武装"后的这家狗粮店，一年内就增加了几百万的销售额。专业的信息就在那里，会用的人就能把它变成财富。用专业的信息说服消费者，并不只是一股脑儿地把全部专业性知识倾泻给消费者，也要根据消费者对产品的了解程度做适当的调整，方可达到最好的说服效果。比如，对于知识水平比较高，对自己的购买决策比较自信的消费者群体，给出关于产品正、反两个方面的信息会让消费者更容易产生客观、公正的感受；而对于知识面比较窄、对产品不太熟悉、对营销人员的建议比较依赖的消费者，只给他们介绍产品的积极面的信息会帮助他们做出判断。

第二，把握好信息的强度。不同强度的信息会让消费者产生强度不同的情绪状态，继而对其消费态度的影响也有不同效果。什么强度的信息是最合适的？这要根据要突出产品的属性和要宣传的主题来定。

比如，一家电子烟商家想利用恐惧心理去让消费者放弃实体烟，选择购买电子烟。他们给吸烟爱好者呈现的是一张图片，上面印有被腐蚀得面目全非的肺和一口被烟熏得黄黑的牙齿。他们想用这些强烈的信息让消费者产生恐惧和不舒服的感受，从而接受电子烟。但是没想到的是，很多吸烟者并不以为然，仍然购买实体烟，因为他们觉得这样的图片让他们恐惧过度，反而会唤起他们的警觉和质疑。在行为上，他们会选择回避或忽略此类信息，或转而认为："那么多人吸烟，也没见多少人后果这么严重！""那是别人的肺和牙齿，和我没关系！"

其次，商家需要进一步思考个体与情景因素的专业化问题。

消费者希望可以把某样商品和拟人化的生活方式联系起来，把消费某样商品变得更场景化，继而让他们因为消费该产品，内心产生一种自豪感。比如，对于某些宠物爱好者，他们在心理上是把自己的宠物当成家庭成员、亲人一样看待。宠物的吃喝玩乐都要有讲究：宠物要有自己的餐桌、餐具、服装、玩具、零食、保健品，要定期洗澡、美容。所以，那些可以让宠物过上拟人化生活的产品哪怕再贵，在这些消费者眼中也是必需品。

爱狗的M女士每当看到可爱的狗狗衣服，总是控制不住要买下来。她说："狗狗寿命短，它把一生都给了我，所以我一定不能亏待它！"另外，让宠物狗拥有像人一样的生活方式，也让她感觉比起别人家的宠物，自己家的狗狗更有尊严。凭这一点，让她颇感自豪。

4.7 让消费者离不开你的好

关于新老消费者对企业销售业绩的贡献量，一些西方营销专家的研究发现：一个老顾客贡献给企业的利润是新顾客的16倍，而企业每争取一个新顾客的成本是留住一个老顾客成本的5倍。尽管如此，企业的利润也不能完全靠老顾客来"撑腰"，也需要不断寻找，把潜在消费者变成老顾客。

然而，在产品同质化越来越严重的今天，想要成为行业中胜出的那一伙人，就要把每一次和消费者的联结做成极致的服务体验，这样才有他们后续的消费。如何用极致的服务来撼动消费者，是营销方长久以来一直困惑并不断探索的问题。

应该如何理解服务这回事？

产品营销只有将服务做到深入人心方可留住消费者的心，因此，当今同行间的竞争已经从技术和质量层面转移到了精神层面。好的服务是和消费者保持同一节奏，让他们形成依赖感。那么，该怎么理解服务呢？

一般来说，人们把核心服务、便利性服务和支持性服务视为基本服务的三项内容。比如，一个酒店所提供的服务中，住宿就是核心服务；而为了让住宿这项服务的体验变得更好，增加的前台、房间卫生等附加性服务则被称为便利性服务；支持性服务，是指那些可以提高服务价值或竞争力而出现的服务，如订餐送餐、机场接送等。

这些有需求的消费者又会因自己所处的环境和自身所具备的经济条件而在需求上存在弹性空间，因而消费者对服务的需求也是弹性的，这也正是服务行业所面临的挑战。那么，服务一定要做好的意义在哪里？

首先，服务是对消费者利益的追加，能够维护和满足消费者利益，赢得消费者对产品和品牌的忠诚，让他们重复购买；其次，不满意的消费者总是比满意的消费者拥有更多的"朋友"，因此他们对消费者群体具有意想不到的破坏力。这里面不单单有他们不满情绪的蔓延，还有竞争对手充分利用这些不满逐步蚕食竞争者的原因。因此，你要么快速弥补消费者的不满，要么

就会永远失去他们；最后，服务也是变相地告诉消费者他们"不总是对的"的一种方式。当消费者和产品的设计品位、理念出现差异的时候，服务就是巧妙地改变他们想法的好办法。

什么样的服务让消费者舒服到离不开？

消费者不喜欢被推销，但很少有消费者会拒绝可以帮助他开阔视野、丰富生活的服务；消费者不喜欢私人的事被别人刺探，但很多人会因为别人意外的关心和祝福而感动；消费者认为做与产品有关的服务是分内的事，而提供与产品无关的服务则是真心关注他们。服务，如何做到极致？

第一，实现服务精准化。

"海底捞你学不会"成为服务界的传奇，说明高质量的服务会大大提升商业效率，然而服务的精准化，是比"海底捞"更有力量的服务。下面是日本一家西餐厅Casita把服务做到精准的例子：

> 店员能亲切地叫出顾客的名字，闺密聚餐相谈甚欢时不经意间发现餐巾上竟然有自己的名字等，此类令顾客惊喜的事已经司空见惯。这家店为制造不同的惊喜给顾客，有一套完整的服务流程：从顾客开始打预约电话的一个月前，店家就开始对每个预订的顾客进行一次针对生活习惯的采访，目的在于收集他们的口味、喜好、对食物搭配的要求以及是否有宠物，甚至对他们来说重要的节日等信息。在顾客光顾店面的前几个小时开始详细分析、制订个性化的服务方案，让每个顾客都感到自己被特殊对待。就是因为有这样的服务，虽然价格昂贵（晚间餐起价8400日元），但这家店虽从不宣传却一直门庭若市。很多日本的餐馆也想学会这家餐厅的服务理念和方案，因此对同行的培训也给这家餐馆带来了不菲的利润，每次培训费用高达数十万日元。

让消费者生日得到意外惊喜、思乡情绪得到慰藉、急难的事得到快速解决，这些精准化服务的核心都是对消费者此时此刻核心需求的准确定位，然后给予最大限度的满足，让消费者充满感动。

第二，赋予消费者可掌握的技能。

当消费者对做某件事具有高度的渴望，可是却由于缺少技术、技巧而不得不搁置时，如果你能教会他们掌握这门技术，他们就很可能选择你提供的服务。这也是帮助消费者形成高品质消费理念的过程，帮助他们从盲目、低质量的消费中脱离，形成有自己品位的、成熟的消费习惯。比如，一个不了解威士忌却很想在酒吧里娴熟地用术语点威士忌的人，很兴奋地参加了威士忌品牌店举办的酒类品尝活动。在这里他不仅感受到不同威士忌酒品的色、香、味上的刺激，还学会了关于威士忌的术语，以及学会品尝出不同酒品风格上的差异。当他离开活动会时，就具备了一定的品尝和鉴定威士忌的能力，未来他购买威士忌的频率会大幅增加。

第三，畅通沟通渠道，直面消费者投诉。

投诉是服务中不可避免的，很多商家对投诉感到恐惧、厌恶，因而极力限制和遮掩。殊不知这些做法并不能从本质上解决问题，因为问题就是存在故障（不畅）的因素。即使它们现在被掩饰住了，以后还会出现。

消费者之所以抱怨，多数是因为他们正在享用的服务中存在影响，甚至威胁到他们安全的外在因素。比如，住酒店时，客人发现有人在公共休息区域穿着浴袍、衣衫不整地煲"电话粥"，或去餐馆吃饭发现有人带着危险品点餐。这些抱怨提醒了服务方要改进服务的现状，如引进潜在危机处理服务（保安提醒、安装保险柜），从而提高消费者的满意度，防止消费者忠诚度的下跌。

第四，提高一线服务人员水平。

基层服务员的素养和服务意识决定了服务的质量和口碑，因此，对一线服务人员的服务水平应有明确的衡量标准。有效衡量一线服务人员的服务标准包括以下几点：从消费需求出发，具体明确且得到员工认同；有重点且有一定灵活性，让一线服务人员有挑战、发挥的空间；有奖励和考核的制度和不断改进调整的策略，能够帮助一线服务人员不断提高服务质量。

4.8　恰到好处地使用差异化

这是一家饮品企业的营销方式：当大多商家在跟着市场卖流行的时候，它大张旗鼓地输出产品上的怀旧情结；当别的商家尝试打价格战来吸引更

多消费者时，它推出营养价值更高的新款饮品；当很多商家受不了降价亏损时，它给消费者提供"戏剧性"的免费机会；当别的商家把消费者奉为"衣食父母"的时候，它主张"我们是朋友、伙伴"……结果他们不仅没有因为营销方式的不同而失去消费者；相反，他们得到了稳定的消费者群体。

想要留住消费者，卖家不仅要能够长久、稳定地满足他们的某项需要，还要让消费者意识到：你与众不同，同时也无可替代——这也是差异化营销最终想达到的效果。同是营销某类产品，差异化的营销可以让你"鹤立鸡群"，让你的产品从质量、功能、服务等方面都具有非替代性。

产品的核心价值、包装外观、赠送优惠是消费者对产品定位的三个基本点，因此差异化的营销可以围绕这三个方面展开。企业可以在产品的价值、形象、推广方式等多个方面进行营销创新，从而使产品在市场中获得领先优势。

受消费者欢迎的差异化营销有哪些方式？

让产品"和而不同"，让消费者一旦产生某项特定需求时，就会首选你的产品，这就是差异化营销。差异化营销也是不断为消费者提供增值价值的过程。无论前期的营销策划如何高深、复杂，消费者所感受到的还是和他们息息相关的销售终端表现。受消费者欢迎的差异化营销方式有以下几类：

第一，价格上进行补偿控制。

"薄利多销"是很多商家所选用的差异化营销方式。很多时候，同样品质的产品，只要比同行便宜那么一点点，也可以增加很大的销售量，带来更多的利润。但这种用让利来盈利的方式并不是放之四海而皆准：低价虽然短期奏效，但长期下去很难维持，而且存在损失品牌威信力的威胁；高价可以给人高品质的印象，但消费者多属于情景性的冲动购买，一旦离开刺激购买的环境，就会失去再次购买的动力。

那么，既希望价格不影响销售，同时又想要把产品卖出其本身的价值，企业该如何打好价格战呢？在价格上进行补偿控制的方式比较容易让消费者保持兴趣、持续购买。我们来看下面这个医院的例子：

> 一家医院亏损严重，需要在一些医疗服务和药品上进行调整来改变持续亏损的局面，这就意味着，一些医疗服务和药品要涨价。

那么，如何做到让患者既能接受涨价，为其"买单"，又不影响医院在大众心中的品牌形象呢？

经过一番协商讨论后，医院最后决定在所有进入"涨价名单"的服务和药品之间进行调整，提高那些价格低、常用药和医疗服务的价位，然后把费用昂贵的药物和治疗服务降价。这样，原来一般人享受不起的医疗服务因有更多的患者群体可以承受得起，变得更大众化，增加了高价医疗服务和项目的使用频率和利润；而曾经低价的常用药物和服务由于常用，且价格的涨幅在患者及家属可接受的范围内，因此没有引起太多的负面舆论。

进行补偿控制的做法比较适用于需要做出重大的营销决策改变的情况，涨价和降价同步使用，这样一头涨价、一头降价的共同的对冲作用，可以减少、平衡两头的副作用，让消费者比较容易接受价格上的调整。

第二，文化制造差异化。

为什么很多人去北京一定要去王府井吃上一次风味小吃，品尝一下全聚德的烤鸭？因为在很多人看来，王府井代表着"老北京"，全聚德是"正宗北京烤鸭"。他们很喜欢王府井的历史沧桑感和全聚德的历史：王府井起源于元明时期的小村落，可谓古老；全聚德烤鸭的火种保持140年不断，可谓正宗。

这些独具特色的文化可以有效吸引消费者。产品不仅继承着历史，也连接并扩展着未来。企业可以让消费者把对文化的崇拜和敬畏聚焦到产品上，让其为这种情感埋单。

第三，独特体验带来的差异化。

商家通过给消费者感官上的刺激，创造情感体验，带动消费者思考，改变其生活方式——通过这些体验，让消费者成为品牌的一部分。

位列全球国际品牌前列的迪士尼就是这样一个力求给消费者创造独特体验的商业品牌，每年有数百万慕名而来的游客前来游玩。迪士尼给人们一个童话般的世界，主题多样的景区，如"美国主街""梦幻世界""未来世界""美国河""动物树""冒险乐园""米老鼠童话世界"等，内置许多独具特色的娱乐性建筑，如米老鼠的

小房屋、小宫殿、小风车等。孩子们到了这里就像体验爱丽丝漫游仙境一样，乐此不疲。在游戏项目上，迪士尼注重给消费者制造参与的机会，通过一系列游戏设施和表演，让孩子在早已预设的轨迹和效果中与不同人物一起去探险，培养了孩子们一定的社会适应能力。在服务上，设有旅客接待站，提供免费童车和婴儿车，带宠物的消费者还可以把自己的宠物寄养在迪士尼预备好的狗舍中；园内还有专门供残疾人使用的轮椅。

迪士尼致力于研究消费者，也在不断的探索和改进中形成了系统的"游客学"，因而也使很多消费者流连忘返。

第四，多品牌营销之间的差异化。

很多大的品牌集群为了使旗下的多个品牌之间避免出现市场重叠，就通过功能、包装、宣传等方面最大化地强调同类产品中不同品牌之间的差异，让每个品牌都塑造出鲜明的个性。比如，宝洁公司对旗下的11个品牌之间进行不同的命名和包装，形成了不同的受众市场：同是洗衣粉，去污力强价格略高的"碧浪"主要针对高收入家庭，去污力过关但价格适中的"汰渍"则针对平民家庭；同是洗发水，"潘婷"追求的是"去屑、健康、柔顺"，而"飘柔"的定位则是"无处不在的自信"。

差异化的品牌营销减少了消费者在同类产品不同品牌上比较的精力，每个品牌突出的特征减少了消费者对产品认识上的阻力，使消费者根据自己的需要出发，快速定位自己喜欢的品牌，并对商家建立起信赖感。

4.9 奇缺提高消费兴趣

一名美国男子安德鲁的营销招数：他在eBay网上发信息声明，如果有人愿意出价，他将出租自己的额头作为广告宣传栏；出价最高的人可以将要发布的公司名称或广告语写在他的额头上，一个月之内他将不会洗掉它。你猜他能成功把额头租出去吗？能得到多少钱？让很多人感到惊讶的是，他不仅成功出租了自己的额头30天，而且获得了37000美元的出租费用，且还有很多商家排队等待和他签约。

"把额头变广告栏"的方式可谓新鲜、奇特。在安德鲁之后，陆陆续续有很多人开始愿意出租自己的身体部位作为广告信息栏，如脑门、胳膊、孕妇肚子等。为什么身体部位变成了炙手可热的营销阵地？因为像这样可利用的地方奇缺。奇缺让某些产品变成了供不应求的货品，导致消费者处于"饥饿"状态，从而最大限度地激发出消费者的购买欲望。让人欲罢不能的"饥饿营销"到底是怎么回事？

"饥饿营销"并不神秘

"饥饿营销"在市场营销学中的定义为：产品营销方有意调低产量，以期达到调控供求关系、制造供不应求的状态、维持产品高价出售和获得高利润的目的。在形式上，一般是在产品的供求上制造不平衡来影响售价和销量。产品的创新是"饥饿营销"成功的硬件，因此，要想使"饥饿营销"成功地持续下去，就需要时刻关注产品的缺陷和不足，进而修补和改进。

"饥饿营销"充分利用了消费者的好奇和逆反心理，戏剧性地强化了消费者的购买欲望，同时抢购的气氛也会让产品在消费者之间无意识、自发性地传播，吸引更多的人关注该产品。限量的产品和供不应求的需要使产品在一定周期内价格保持稳定，从而使卖家具有稳定的利润。"总是缺货"也给消费者"这个产品比较可靠，不然怎么会总是缺货呢"的印象，因而很好地维护了品牌形象。某品牌手机就是成功使用"饥饿营销"的方式，创造了半小时卖掉20万部手机的纪录。

用奇缺做营销是否适用

虽然"饥饿营销"成为当下流行的营销方法，每个成功的案例都很耀眼，但它也并非完全适用于所有企业。因此，一个企业选择使用它之前要做好充分的准备，结合自己企业的实际决定是否采用这种方法。下面是几个参照的原则：

产品在同类产品中是否具有无法被模仿和复制的优势，毕竟消费者希望通过排队和竞争购买到手的产品是具有明显优势和实用价值的。

产品在消费者群体中，在心理上是否有足够的关注度和广泛的关注面，即它的受众群体是否同质（如都追求时尚、好玩），是否足够多。

在营销过程中是否有足够的宣传做保障，因为适合的宣传媒体、宣传时机和呈现方式都和"饥饿营销"的效果密切相关，而关于"外漏"信息度的

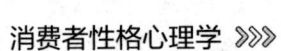

把握，太多则让消费者觉得没有秘密而失去兴趣，太少则提不起消费者的兴趣。

强大的品牌影响力也同样重要，消费者会因为想要得到知名品牌产品而去扎堆排队抢购，名牌到手时会产生一种惬意和自豪感；而当品牌不够响亮时，消费者抢购的热情就会降低，他们可能会认为为那样的品牌去做疯狂的事不值得。

已经成功盈利的营销范式

在买方市场的光景之下，以奇缺为出发点的营销方式虽然不是新事物，但正确地使用它对企业盈利的增长仍然具有不可忽视的推动力。下面是两个比较成功的案例：

案例一：突破传统——怪中有料。

一个巧克力棒企业突破了传统糖果在传播上的主打浪漫、尊贵、甜蜜的一贯作风，以幽默、诙谐的方式激发消费者对品牌的联想。

该企业创造了专属名词"饿货"并配以不同款的表情包装：戏剧化的、瞌睡的、呆滞的、迟钝的、暴躁的、抠门的、傻傻的、傲慢的等二十多种因饥饿而产生的各种"症状"，由这些"症状"引起的"副作用"也被"热心"地标注在包装上，并用这些黑色幽默式的描述性词汇造句表达：朋友，你饿了，这完全不是你啊，你看你都变××（瞌睡）了啊！商家充分利用"网络控"的年轻群体之间流行贴标签的心理，让产品成为年轻人拿来吐槽的对象。借助热播剧中主演丰富而经典的表情，融入历史元素的诙谐、恶搞创意广告塑造品牌形象。该广告成功地向消费者传递了这样的理念：饥饿来袭时，人们会失去自我，变得烦躁、易怒、抠门等，而这款能量棒是"消除各种饥饿的理想解药"。

案例二：可控曝光——不把产品一次拿出来。

手机行业"饥饿营销"最常用的推出新款产品的方式：制造将要推出的新款手机的各种热门话题，成功吸引消费者；通过视频直播、网络互动或是跟帖等方式举行发布会，并给出新款产品的部分信息；展开预售或订购的活动，并给消费者一个足够长的等待期；让消费者开始在网络上、实体店进行排队抢购；把新款产品的粉丝聚到一块儿做互动分享，把消费者对产品的关注度推向高峰。

这样的营销循环每隔一段时间就会出现一次。虽然每一拨的产品预售量都是几百万，但是每次预售都是人满为患，还有很多人拿不到产品。在消费者眼中，这样人人都在抢的手机一定是个好东西，所以这拨买不到下拨就接着抢。

　　企业在"可控曝光"中得到了哪些好处？首先，企业得到了第一手的消费者市场反应（喜欢或是不喜欢，太贵了或是价格合理等），从而调整价格和正式面市时间；其次，吊起消费者胃口，让他们坚持等待新品上市。这样，就延长了此品牌手机产品的生命周期。但由于这样的周期的有效性有限，所以需要后续的产品能够很好地接上上一个产品的生产周期；只有这样做，才能将消费者的需求顺利转移到后续的新产品上。

05
弱点制造卖点

生活中有些司空见惯的现象：到了体育彩票站，几乎每个人都相信自己会成为拿到大奖的幸运儿；听偶像演唱会，头戴发光头箍、手拿荧光棒，捧着写有偶像名字的灯牌并且疯狂地喊偶像名字的人才是真歌迷；看NBA球赛，穿自己喜欢球星的T恤和限量款的球鞋才倍有范儿……

各种活动、赛事开展的背后，也是各路商家逐鹿的战场。仔细研究就会发现，一旦当产品在某个场景下能够满足消费者的某样心理上的渴望，消费者们便会不假思索地认定该产品就是当前的必需品。而通常能够制造这种心理渴望的，是人们人性中的一些弱点。因此，好的营销也是一次次地利用人性中的这些特点所进行的修炼。本章将从人性中的懒惰、嫉妒、贪婪、难抵诱惑、随波逐流等九个不同角度，分析这些特点如何影响产品的营销。

5.1　懒惰，其实是勤劳者的商机

讨厌整理房间打扫卫生偏偏又爱干净，这样的问题困扰着很多人，于是各类家政服务便逐渐流行起来；不想做饭，又不想因为出去吃饭而花大把时间打理形象，于是外卖成为这些人每日的必需；上班太累，无暇整理衣柜熨衣服，但每天还要穿戴整齐，于是"懒人衣橱"成为这些消费者的福音——每次只要把衣服挂进去，衣橱会自动喷发蒸汽，只需20分钟就能让原来皱皱巴巴的衣服变得平整如新……

随着生活节奏加快，人们越来越倾向于追求简约、舒适的生活方式，喜欢把更多的空闲时间留给自己。因此，一些让消费者可以任性到"花钱就能解决问题"的产品和服务也应运而生。虽然消费者的某些需求看起来有些无理，但往往他们总能如愿以偿。也正是这些能帮助人们节约时间的产品和服务，在某种程度上打造了很多生活中的"懒人"。

"懒人"们有他们自己的"生活哲学"

洗碗机、扫地机、自动燃脂机、多功能切菜机等，大多数的新产品、新技术在不断满足人们"方便快捷"的诉求。面对智能化产品是否会让人们失去自主行动和思考能力的质疑，"懒人"们有他们自己的解释哲学：拥有并使用更多智能化的"生活助手"并不意味着生活会变得松散、拖沓、没效率、好逸恶劳，而是为了追求更方便、快捷和舒适的生活——这是一种生活的技巧，更是一种新的消费理念。这些产品或服务简化了消费者的生活，也给他们腾出了更多的时间用于做更有意义的事。

各类生活的"助手"最终的目的，是要"为有钱的人节省时间，让有时间的人感到舒适"——要么满足消费者对效率的追求，要么满足消费者对感受的期待。因此，从物质的角度来看，"懒人"消费产品最直观的表现就是降低了消费者的时间成本，从而提高了消费者的整体生活和工作效率。比如，一个总店的鞋店销售员可以用快递把某款鞋子派送到分店而不必亲自跑一趟，利用这个时间可以多接待数位顾客，拿到更多提成。

从心理的角度来看，"懒人"消费中消费者更专注消费过程中的体验。因为人们的感受经常会发生变化，又很难量化，所以对效率、价格、时间的要求不敏感。如果商家能准确地读懂这些"懒人"的心理，并能充分满足"懒人"们在服务效率和体验上的需求，就会牢牢地黏住这些消费者。

谁是"懒人经济"买单者？

"懒人经济"背后的消费者并不是一群好吃懒做的人；相反，他们通常拥有不同的职业，也具有一定的支付能力。为了节省时间提高效率，他们乐于体验不同的产品和服务。主要有以下几类群体：

第一，生活节奏快的上班族。

平日生活忙碌，但又不愿意因此而降低生活品质的上班族，往往强调用感官去生活，在消费上要求拥有高效舒适的体验。他们更希望工作之外的时间用来做自己喜欢做的事，而不是被烦琐的家务捆住手脚。这样的消费理念与当前智能化家居强调"科技带来便捷"的初衷不谋而合，因此成为带动消

费的增长点。

比如，很多加班族会因为睡眠紧张而没有时间做早餐，但经常空着肚子上班会使工作的效率大大降低，因此，一款全自动早餐机就解决了这样的尴尬：消费者不用花时间磨咖啡豆，不用把面包切片抹奶油果酱，也不用把鸡蛋打开搅匀。消费者只要把原材料原封不动地放入锅体中，按下按钮，就可以享受到热腾腾的现磨咖啡，外加一份烤好的吐司面包和两面金黄的煎蛋式营养早餐。这些智能化的厨具不仅让做饭变得快捷，也大大降低了"做饭"的难度，缓解了上班族因做饭而产生的焦虑。

除此之外，VR技术、无人驾驶汽车、扫地机器人、智能门锁等一系列高科技数字化产品的出现，可有效将忙于工作的消费者从烦琐的家庭事务中解放出来，满足了他们舒适又个性化的需求，让他们的居家生活变得更简洁便利。因此，此类产品也受到上班族的热捧。

第二，赖在沙发上的"手机宅"。

米面粮油有人扛上楼；感冒发烧有人送常用药；想要吃零食打发时间，有人帮你做超市代购……不难看出其实很多消费者的内心都住着一个"宅"的自己。这些人往往年纪不大，但是懒得去为一些生活上的细节操心，希望通过"管家式"的产品或服务来为自己做好一切活动的前期准备和安排，让他们可以无拘无束地在沙发上享受自己的休闲时光。在互联网时代，打开手机下载外卖软件和购物软件就可以解决一切的消费方式，已经成为常态。

这种手机购物的方式得到的往往是"产品+跑腿"打包的服务，因此需要消费者支付"跑腿赏金"。只要消费者所支付的赏金足够，负责跑腿的人就能把想要的东西速递到手中。比如，在一些大学生群体中，一种可以直接购买物品的微信群在逐步扩大，如"水果群""汗蒸群""凉粉群""时尚造型群"等。只要消费者在群里面发布需求和相应赏金，就会有人接受任务，把货品速送到发布者手中。

对于"懒人"，如何"惯着他"？

"懒人经济"的依托就是人们看似懒惰的习惯，可通过互联网的发展不断地扩大"懒人"们需求的空间。对于"懒人"，只有更好地迎合"懒人"们不断升级的需求——惯着他们，你才会有更多的生存空间。可以从哪些方面着手呢？

首先，简化消费流程。 在纷繁复杂的消费流程中，"懒人"们通常对选择自己想要的产品感到有压力，简化的消费流程就可使他们的需求点和其相匹配的产品和服务对应。他们不需要做出太多判断，就可以享受到满意的消费经历。比如，一个妈妈般关爱的旅行社，按照不同旅游爱好者的喜好制定风格不同的旅行路线和食宿酒店，让消费者在旅行"菜单"中轻松定位自己喜欢的套餐，一扫二维码就完成费用支付，到了出发日期有人上门接着去机场，到了住处有人帮忙打理房间和饭食；消费者要做的就是舒舒服服休息，清清爽爽出游，美美地拍照。

其次，给产品做减法。 很多人在营销中喜欢用不断地增加产品特征元素和功能介绍的方法，期待以此吸引消费者的眼球。诚然，这些新增加的内容确实会吸引一部分点击量，但通常是以降低原有特征元素和功能介绍的点击量为代价的。这种复杂会给"懒人"们造成选择上的干扰，让消费者很难发现戳中他们"痛点"的价值和功能。给产品在特征元素和功能介绍上做减法，就是要剔除一些让消费者分心的项目。在把产品介绍给消费者之前，商家需要对特征和功能是否值得保留进行准确判断。如果增加一个产品元素或特征所消耗掉的成本要大于它所能带来的效益，那么就要剔除掉该元素或特征的展示。

5.2 利用好他们的嫉妒心

如今，微信、QQ等社交软件中的"朋友圈"充斥着人们的生活。每天当人们开始刷新社交平台页面的时候，看着朋友们发布的各种高端消费、有情调的"浪费"或者是有趣的阅历的时候，再脑补下他们优渥的家世背景、出色的履历，这些戴在对方头上的光环常常会让有些人内心失衡、五味杂陈。

很多人喜欢一如既往地在社交平台中"分享"生活中的各种美好，但并不是所有人都热衷于欣赏并送上祝福。一项针对某社交平台的心理学研究发现，随着人们在该平台上浏览的时间增加，他们对生活的总体满意度会下降。为什么会出现这样的现象呢？这是因为当人们越多地看到身边人的光鲜亮丽的生活时，就越会或多或少感到不舒服，即人们产生了嫉妒心理。

为何人们见不得别人"晒幸福"？

从心理学角度来看，嫉妒是一种人与人关系的体现，由于觉察他人享有

幸运和利益而感到不平，并想要占有这些利益。这种心理表现为对相应的"幸运者"或潜在的"幸运者"怀有冷漠、排斥、贬低等心理。其源于人们以自己为原点和中心而展开的比较，并期待自己在这场比较中拥有或占据最大的利益。具有嫉妒心理的人会下意识地认为某种资源（如名牌包、荣誉等）是稀缺品，一旦被别人拥有就意味着直接降低了自己拥有这种资源的可能性，因此会感到不开心。

嫉妒并不是在随机或盲目的比较中发生的，它产生于特定的社会比较环境中。人们通常在以下几种情况下会产生嫉妒的感受：

第一，比较中双方的相似性。

对身边各方面条件和自己都差不多的人，对方在比较中的获胜更容易使人们感到不能接受。人们普遍认为既然这个人和自己在社会阶层、教育背景、生活背景等各方面都相似，那么自己同样也有机会得到这些的，为什么偏偏是他拥有这么大的好处（财富、运气、成就等）？比如，两个家世、教育背景和个人资质都差不多的闺密，其中A与家世、教育和脾气都好到爆的钻石王老五约会，而B则正在和普通的工薪族约会。那么在强烈的对比之下，B很容易产生强烈的不平衡心理：我哪方面都不比她差，凭什么我找的男朋友没有她的优秀？！

第二，事件与自己的相关程度。

当对方在自己非常在意的某个方面比自己更优秀时，更容易让人们感到痛苦和不安。在潜意识中，人们会因为对方的优秀而对自己在这方面的价值产生怀疑，继而产生嫉妒心理。比如，在大学生群体中一些对手机品牌比较看重的人，当发现室友或同学手里捧着更先进型号的手机玩某款手机专属游戏时，就很容易感到落寞。用一句通俗的话说，人越在乎什么，越容易被什么所"伤害"。

第三，因主观判断带来的不公平感。

在与别人做比较时，更倾向于把别人的成功或优势归于他们的"好运气"，而"我"没有如此成就或成功是因为遇到很多客观不利因素的阻碍。因此，"你"的成功或优势看起来也并没有那么值得尊敬和称赞。

这种主观的判断所产生的不公平感，常常因为得不到外界客观事实的支持而加剧。当人们无法证明别人的成功或优势是靠运气得来，而不得不承认他们是靠自己的才华、能力和努力得来的时候，嫉妒的感受就会加强。换句话说，如果人们觉得自己有能力实现或改变某件事的时候，就比较容易嫉妒那些在这件事上已经取得成功的人，也更渴望去拥有这种成功。

嫉妒心在消费中的表现为，不由自主地把自己所拥有的产品和身边的人进行比较，而且总是和那些拥有最好产品的人进行比较，并希望这场较量以"人无我有，人有我优"结束。

嫉妒如何驱动消费？

嫉妒虽然不怎么让人感到开心，总是让人们不想在一些事上输给别人，但也可由此激起人们对某些事物的渴望。人们希望通过拥有某件物品，用以达到心理上的平衡。因此，嫉妒也是一种驱动消费的动力。那么，在营销中如何巧妙地使用嫉妒这一心理来促进消费呢？

第一，利用同质人群的影响力激发出消费者对产品的占有欲。

首先，用变化感染其他消费者。当消费者得知和自己境遇相似的人在使用某种产品，并且还因此而享受着极大的好处时，他们会因希望自己不被那些"尝鲜者"落下而加入该产品的使用行列。比如，一个因过度肥胖而立志减肥的人使用了某款减肥产品之后，在一段时间内轻松瘦身10公斤，那么她周围的朋友便会很快加入这款产品的使用队伍中。

其次，限制消费等级之间的差距。等级消费制度本身就是一种诱惑，激发消费者进行竞争性的消费，不断为自己升级，从而使其产生一种因为得到更优质的服务的优越感。然而，当不同等级之间的差距过大时，就会导致处于低等级的消费者对于更高等级产生"望尘莫及"的感受。不同等级之间不能产生强烈的嫉妒感而生发出攀比性的消费行动，也就使消费者失去了继续升级的动力，导致其消费积极性的下降。比如，如果某款游戏只设有10个等级，规定每次升级需要时间（1年）、金钱（2000元）和精力（100%成功完成任务），游戏玩家所需投入的成本过多，就会让其失去继续升级的兴趣和动力。

相反，如果降低了升级的标准，那么消费者的升级热情就会迅速提升。同样是上面的游戏，可以把原来的10个等级划分成30个、50个，甚至更多个等级，从开始的免费到后来的5元、10元、20元……级别越高、装备越好，也就越显示出玩家的高超技术。这样的升级模式，游戏玩家就没那么大的成本压力，同时更高级别会给玩家们带来更大的信心和优越感，当然也就更愿意把这款游戏继续玩下去。

05

弱点制造卖点

第二，把实现目标的可能性"放大"以增强消费者的购买决心。

既然嫉妒会促使消费者渴望拥有并使用某样产品来保持、提升自己的身份地位和自尊，那么让消费者相信他们获取这种产品的过程并不那么艰辛，他们当然会更青睐你给出的建议，从而购买产品。

在一项来自荷兰某大学对于大学生消费iPhone这一现象的调查研究中，研究员给希望有iPhone手机消费经历的两组大学生分别呈现不同的信息：第一组同学只是单纯地观看对iPhone的介绍视频；第二组观看视频的同学则被研究员告知自己的iPhone手机是通过努力做兼职赚钱买的。结果发现，两组学生都表示愿意购买这个更"引人注目"的手机；在询问他们愿意为视频中的iPhone支付多少钱时，第二组学生愿意花更多钱（比第一组多75欧元）购买这款iPhone手机。

5.3 "羡慕嫉妒恨"中的商业奥秘

很多人申请了公众号，便开始不断在朋友圈里告诉别人自己有公众号了，让他们帮着刷访问量；一些博客上有些"名气博主"会特别注意自己博客的粉丝数量和文章转发量，这能说明他所提供的文章内容质量很高；某些人有机会去了巴厘岛，大多时间并没有享受阳光和海滩，而是在朋友圈炫耀自己的各种自拍照……

喜欢"有意无意"地把自己的优越感凸显给别人看，似乎是人类普遍存在的"潜意识"。人们想通过炫耀自己的某些优势来获得别人的尊重、羡慕和赞美，然后从这些外界给他们的回馈中寻找着荣耀与满足。然而，以上这些只是我们从直观上对"虚荣心"的解读。

"面子"带来利益转变

大多数人很难忽略别人的评价对自己产生的影响，所以人们喜欢炫耀自己所拥有的东西。对于自己没有的事物，会试图通过各种办法获得来缩小与别人之间的差距，挽回自己的"面子"。面子是一个人关注自己在别人心中的价值与地位的抽象概念，可以通过一些实际事物或现实场景进行展现。它建立在某些社会性的资源基础之上，而这些社会性资源通常体现在能力、成就、社会地位与所拥有的财富上面。人们想要在别人面前有面子，害怕丢面子。因此，在与面子紧密相关的消费行业都倾向于一个特点：人们非常舍得为这些产品花钱。人们很清楚，为面子投资能给自己带来丰厚的回报。有了面子，人们可以从别人那里得到更好的待遇和利益分配。

首先，面子消费可以帮助自己确立社会地位和身份。比如，某个饼干品牌和某款饮料声称是"只有国家队运动员才能吃的饼干和喝的饮料"。商家借此区分运动员群体与他人的不同，凸显出运动员优越的社会地位。

其次，面子消费在某种程度上是权利或财富的象征。然而很多时候，人们无法把自己的存款数目印在名片上来标榜自己所有的财富，所以他们用消费奢侈品来体面地传递这个身份符号。比如，住旁人无法企及的千万元别墅，开款型不同的豪华轿车，都能够成为某个人的财富和经济实力的证明。

最后，面子消费能够在一定程度上帮助消费者从心理上挽回"失去的面子"。一项来自康奈尔大学的研究发现，当人们感觉自尊受到威胁（如遭受失败挫折）的时候，更容易选择去购买名贵的物品来缓解心理上的痛楚。这种消费行为可以让自己看起来不那么"灰头土脸"，而是依旧自信满满，光彩照人。

面子有多大，市场就有多广。面子消费背后潜藏着巨大的商机。只要让消费者从你的产品中找到强大的满足感，商家利益就有了长久的保证。

怎样投其所好？

追求面子的心理让消费者讲究要在消费中占有商场中优等资源——更高品质的产品、更优质的选择机会，这样自己就处于社会消费的上层，可以进一步提升自己的价值感，在社交中获得更大益处。在实际营销中，基于面子的有效营销方式有：

第一，让"高端"成为消费品显眼的符号。

不论是社会的哪一类群体，其中总会有少数"人中龙凤"。他们获得了较高的人生成就，同时也需要用一些可视化的标识来展示自己的优越地位。因此，以优质的高端品牌为依托的高端消费，能够帮助这些成功人士拥有身份标签，帮助他们完成从"现实自我"到"理想自我"的跨越。

这些显眼的符号可以通过产品上的Logo表现出来，如古驰、卡地亚、爱马仕等品牌，一看就知道是什么档次的产品。除了Logo以外，使用特殊图案、个性化的颜色搭配以及产品的造型等同样可以传递出产品的高端品

位，暗示出消费者强大的消费能力。

第二，价格上"冷脸"激发消费者热情。

一些选择不打折的卖家在消费者看来似乎冷得"不近人情"，但就是这样才让消费者觉得自己的消费是有尊严、够面子的。当消费者觉得自己不是为了打折和特价来消费的时候，他们在消费的每个环节上都充满了尊严和自信。消费者往往会把卖家总是以打折的方式招揽生意的原因归于产品、服务等方面存在缺陷，购买这样的产品会降低自己所本应享有的消费质量。

价格不打折才会保证质量不打折、服务不打折。试想，请朋友去一家不打折、不特价、不发传单的餐厅吃麻辣小龙虾，与邀请他们去一个打五折的餐厅消费同样的小龙虾，哪一种方式会让他们感觉更受重视、更有面子呢?

第三，打造荣耀感以满足消费者的面子。

在乎面子会促使人们采取行动做成一些事。在消费中让消费者感到自己正在进行的行动是有价值、有意义、值得传播的正能量，那么他们就会在消费中获得荣耀感，继而拥有持续消费的动力，并乐于把自己的消费经历分享和传播出去。比如，有些俱乐部通过给消费者发徽章的方式，让消费者因为做出了某方面突出的努力而获得奖赏（如最佳人气奖），这些都可以成为消费者们津津乐道的"勋章"。他们不介意分享到自己的朋友圈，吸引更多的人来参与。

另外一种比较常用的方式是通过上榜机制来带动消费量。比如，某网络平台在愚人节开展让用户和粉丝上"热搜榜"的活动。只要用户在这天打开自己的账号，就会发现自己的名字登在"热搜榜"上。页面内容不仅有自己的个人奇葩新闻，还有数据上的热搜量和排名支持。这一做法让用户觉得自己"热"得十分真实，不由自主地截图向朋友分享。此举不仅让老用户美美地满足了膨胀的面子，也在无形中进行了二次传播，带动了其他用户加入这个网络平台的使用队伍。

5.4 别轻易挑战消费者的价格阈限

产品价格是买卖交易中的核心要件。根据心理价格阈限理论，消费者在做出购买某种产品决策之前已经对该产品的价格有了估算，即消费者眼中价格的阈限。价格阈限包含了从消费者所期待的最低价格到他们所能接受的最高价格，它是一个区间。

在所有营销组合中，在整个成交环节中，产品最后售出价格是唯一能产生利润的因素。然而，在价格上，买卖双方的关系是矛盾和对立的：消费者想以最低的成本获得产品，而卖家要最大化自己的利润。于是，如何给自己的产品定一个"合理"的价格、如何根据时间和环境等条件的变化调整产品的价格以适应消费者和市场机会，是商家过去、现在、未来都必须面对的定价决策问题。

商家喜欢使用的定价策略

在具体的议价定价过程中，最终呈献给消费者的售价应该是切合实际的，要能让消费者清楚他们花这么多钱可以买到什么。因此，价格要参考产品在消费者眼中的价值来定，而不能完全依赖产品在商家眼中的成本来计算。把消费者眼中产品价值感放得越大，那么他们对产品成本上价格部分的担忧就越少。若想提高利润，必须要做出牺牲一部分销售额的准备。那么，当今商家们正在使用的有效定价策略有哪些呢？

第一，非整数定价法。

逛超市的时候，我们不难发现这样一个现象：处于同一品类的蔬菜，以非整数定价的蔬菜（1.99元）销量高于整数定价（2元）。两者的价格只相差了1分钱，为什么消费者会觉得2元的更贵呢？

这源于人们在长期的进化中所形成的生物学上的特点，人们倾向于用归类或组块的方式去了解生活中连续型的变量（数字、时间等），如1小时、1天、1个星期等。比如，两个朋友所约定的见面时间一般会定在整点或半点上（9:00或9:30），而不是在这个时间段内某个零散的时间点上（9:18）。

这个思维上的逻辑体现在消费中，就表现为消费者们对商品的过度分类效应——人们会忽略整数之间连续的数值，给商品在价格上进行大概性的归类，把数量上相差无几的价格划入不同的价格区块。比如，同一款商品，如果定价为199元，就会被消费者归类到"一百多元"的低价区间里；而如果定价为200.05元，那么就会毫无疑问被归类到"200元以上"的高价分类中。除此之外，在识别数的时候人们习惯从左向右读数，这也同时影响着价格区块的分类。

很多商家正是成功利用了人们思维上的这些特点，发展出各式各样的

非整数定价形式来提升商品的销量。比如，一款筷子预算成本是2元，商家对盈利的预期是1元，同时又希望保持好的销售业绩，那么他们会选择把这款筷子定价到2.99元。这个价格会让消费者因价格在数据上的精确而提升信任，因感到"便宜"而产生购买的欲望。

非整数定价在国内外市场上都很流行，但在不同国家地区之间由于文化背景不同在运用上存在些许差别。比如，在北美地区消费者普遍认为双数比单数看起来多，所以偶数价格看起来比奇数价格贵。相比之下，日本消费者和中国消费者更喜欢偶数里所产生的特殊心理效应。比如，日本消费者认为偶数和"零"代表着对称、和谐、圆满；中国消费者偏爱数字"6""8""9"，这些数字代表了吉利、财富、长久。非整数定价主要用于功能比较单一、价值小、要求销售数量大、受众群体庞大的日常消耗品，对高档的消费品不太适合采取这种方式进行定价。

第二，可比价格区间。

当消费者对卖家的产品价值不是很了解的时候，他们内心对于产品的定价是犹豫和波动的。这个时候卖家适时提供合适的信息，有利于帮助消费者为产品锚定价位区间。这个区间是借助于同类产品中的高端品牌、终端品牌和低端品牌的款式和价格进行锚定。比如，最近通过转卖而市场火热起来的潮鞋"椰子鞋"，共8款，31种样式。其价格参考为平均转售价1103美元，最高价6000美元，月销量5万多双。消费者要找到"如何买卖椰子鞋最划算"这个问题的答案，就得参考前面的价格信息。

当消费者对产品已经锚定一个可比价格区间以后，卖出的产品价格靠近区间的下限会让消费者比较容易接受，反之则会受到消费者排斥。比如，一款大衣的可比价格区间是1000~10000元，那么如果产品品质各项都过关，定位在5000元以下会让消费者觉得比较经济实惠。一项研究发现，在同类产品消费中，人们倾向于购买中间的价格产品，而且三种对比价格的比率控制在3：4：6效果最好。再如，某咖啡厅的一壶咖啡定价为：咖啡A品类18元一壶；B品类25元一壶；C品类36元一壶。除去其他因素，在价格上最具吸引力的咖啡是B品类。此外，对一些高价精装版的产品进行简化，推出小型或简约版的产品，然后把定价下调，使差价和高价精装版的差价达到一定程度，那么新推出的产品就会销量大增。

第三，价格结构相对稳定。

对于购买商品，消费者总是在"真实需求"和"占便宜"之间徘徊之后才做决定。如果消费者得知自己用多出一半的价格购买了和朋友一样的产品后，一定会让他们因感到不公平而气愤。有人甚至会反复去找卖家调查清楚，为什么自己多花了那么多钱。刺激消费者敏感神经的通常不是产品的绝对价格，而是同类产品之间价格上的相对差异。因此，稳定的价格结构会加大消费者对产品或品牌的忠诚度。

那么卖家如何根据消费者心理来调整产品价格？这里要先了解一个事实，即消费者对产品价格的上涨和下降都存在一个无感知区、感知函数区和感知逆转区。随着价格上涨和下降到一定幅度，消费者对产品价格的感受也随之发生改变：当价格上涨或下降处于"无感知区"时，消费者对价格的变化感受、感知不明显，因此不会刺激消费；当价格上涨或下降处于"感知函数区"时，消费者对价格的上涨（下降）有明显感受，产品的销量会随着价格上涨而下降（随着价格下降而攀升）；当价格上涨或下降处于"感知逆转区"时，上涨的价格会让消费者感觉无法支付而停止购买，同理，下降幅度到了该区也会让消费者因为对产品的质量或功能产生怀疑而拒绝购买。

根据这个规律，在决定涨价时就要尽量把涨价的幅度控制在"无感知区"，价格上细微的调动不会触动消费者敏感的神经而损失销量，还可以让商家在无形中获得很大利润。比如，某啤酒公司通过保持原价减少每瓶容量8%的涨价方式，销量在相当长一段时间内没有因此而下降，营业额上也是稳赚不赔。同理，在推出新产品时，合适的差价也会影响新品的销量。新品的差价和已有单品在价格上的差价给消费者的感受出现"感知逆转"效应后，会增加消费者对新产品的兴趣和好感，从而提升他们对新产品的认可度和购买欲。

在降价时，要尽量把降价的幅度控制在"感知函数区"内。消费者明显地意识到品质不变的商品现在买可以省下相当一笔钱，他们会毫不犹豫地选择购买。一家电脑厂商就是把原价15000元的笔记本降到10000元，降幅达33.3%后，销量迅速提升。

合理的价格调整会提升销量和市场占有率，但要根据具体的产品类型、性质和功能进行具体的分析和测量。比如，笔记本电脑和鲜花的价格调整就不能一刀切，需要使用不同的涨价或降价策略进行营销。

5.5 "贪婪"营销，让"剁手党"疯狂的绝招

一家面包店为了宣传自己的面包而采用奇特的促销模式：举办一个吃面

包大赛，规定所有参赛的选手将会依照他们吃掉面包的数量而获得相应奖励：成功吃掉10个面包奖励50元，吃到第十一个奖励80元，吃到第十二个奖励100元，吃到第十三个奖励150元……

结果，这个活动在消费者中引起了很高的参与热情，每个参与者都不甘示弱。有人甚至吃掉了20个面包，成功拿走400元奖励。大家都觉得，既然可以免费吃面包，还能拿走钞票，那就要多吃多拿！结果这家面包店通过这个活动很快在消费者中短时间内广为熟知，生意因此而逐渐兴隆起来。

贪婪的特性让一些人希望自己可以毫无成本地得到更多。平日里，我们是否也遇到过类似"不能自已"的情况：买二赠一、第二杯半价、酒水免费等。我们总是希望通过付出很小的代价最大限度地获得某样东西，或者以最小的付出获得数量最多的产品或服务。这样做的结果是，人们会过度地攫取一些远远超过自己需求的产品。很多时候，人们并不能很好地控制这种"希望占有比需要更多"的欲望；反之，他们常常因为在这场竞争性消费中没有获得足够的"好处"而感到失望。

卖家如何利用人们的贪婪进行营销？

贪婪会促使人们疯狂地购买更多看起来"占便宜"的商品，"双十一"时的"剁手党"对此感受深刻。很多商家也正是成功地利用了人类贪婪的本性，实现产品的最大利润和高效运营。比较有效的营销方式有以下几种：

第一，实行免费诱惑。

免费是很多线上线下卖家都无法绕过的一道坎儿，它可以为商家快速带来相当规模的消费者。希望得到某样东西，又不需要付出应有的努力和金钱，对于消费者而言何乐而不为呢？很多商家就是用这个逻辑来带动消费的，只是在具体的实施中，形式略有差异：

核心服务免费，附加服务收费。比如，一些洗浴中心把洗澡变成一条龙服务的套餐，洗澡、桑拿室免费，搓澡、穴位按摩、植物精油全身护肤、提神养神收费；有些做针灸的诊所会提供免费针灸器材，只对服务收费。

免费试用产品。为消费者提供初步的免费体验，但是让他们体验不到付费消费者可以体验到的核心技术或服务。比如，游戏商会用前两个月免费体验游戏来吸引消费者。当游戏参与者们已经沉浸到游戏带来的快乐中时，他们就会发现要快乐持续下去就要付费了。多功能水果刀商家让消费者免费吃自己用这种刀切出来的水果，与直接由商家切好让消费者试吃这一做法相比，可售出更多的水果刀。

赠品、代金券是增加产品附加值，让消费者忍不住贪便宜的"免费诱惑"。小到面膜眼霜，大到汽车股票证券，如果你可以向消费者保证他们可以因购买获得"更多"时，他们会全身心地配合你以便得到这样的好处。

第二，推出团购优惠。

这种团体性的消费方式有效地将具有相同购买意愿的消费者组织起来，统一向卖家进行大批量购买。目前，这种购买方式已经渗透到各个领域，成为众多消费者眼中现代、时尚的购物方式。团购帮助消费者以低于市场零售价购买到心仪产品或服务，而且这些产品或服务有质量和售后的保证，这样就大大节省了消费者消耗在单独购买时花在砍价上的时间和精力。对商家来说，团购也使销售实现规模化从而保证了利润，因此很大程度上降低了亏本的风险。

比如，运动鞋卖家每双鞋的成本为100元，如果以零售价150元成功售出1000双鞋可获益5万元。但是这其中卖家承担着很大风险——如果卖不出1000双，或者只卖了500双，卖家就会承担亏本的损失。而如果以2000双起成团，以团购价135元出售，那么成功团购一单就能保证7万元的盈利，完全排除了零售的潜在亏本风险。

目前，团购也变得更灵活多样化，拼单就是比较流行的团购的发展模式。当一些消费者在购买时因为交易额不够而不能享受相应优惠时，消费者可以叫上亲朋好友一起购买，然后"利益均摊"。这样的做法不但使消费者享受到了优惠（折扣、免邮），也增加了销售量。

第三，扩大存储空间。

网络上的网盘存储空间越大越好是很多普通用户的普遍心理。很多软件商业正是抓住了消费者这种"想要更多"的贪婪心理，让用户成功为他们做了免费宣传。多家软件商因此也打起了网盘容量战：某网络公司推出"一年花2毛钱享受100GB容量"之后，其竞争对手为每个用户增加100GB永久免费空间；而深谙用户心理的另一家网络平台更是大手笔，推出赠送用户

360GB空间活动。因此，商家竞争，消费者受益，他们欢天喜地地分享网盘几天之内可用空间翻了十几、二十几倍。

然而，这么大的空间真的能用完吗？微软的一项调查发现，有99.94%只使用了7GB以下的网盘容量。这恰恰说明，消费者的需求是可以被满足的，但是他们贪婪的渴求是难以被真正满足的。

第四，策划秒杀活动。

只要下手足够快，消费者就可以在相当短的一段时间内以很低的价格抢到自己喜欢的产品。一旦过了秒杀时间，产品就会恢复原价。在这个活动中，消费者可能只需要花1元钱，就可以买到价值数千元的手机或液晶电视。这种比较刺激的高度竞争性抢购方式，大大地吸引了万千消费者的兴趣。一项数据显示，在某电商平台的一项秒杀活动中，六天时间内参与秒杀的人数多达18亿。

秒杀活动不仅为产品营销开辟出全新的领域，更受到了消费者热烈的追捧。"今天你秒杀了吗？"成为消费者之间的日常问候。这种活动甚至催生出新的职业"秒杀专员"，有人愿意花钱雇用一部分人专门为自己秒杀某样产品。这样不仅提升了产品在消费者之间的知名度，还为产品未来活动宣传做了很好的铺垫。

5.6 "产品颜值"绝对不能少

好的产品外观设计会吸引消费者，让他们因喜欢产品的包装设计而对产品本身产生美好的设想。尤其是新生代的年轻消费者，他们越来越重视产品的形象和外观，喜欢购买让自己眼前一亮的产品，喜欢去有设计感的商场消费。他们认为"颜值"是产品竞争的资本，只有颜值有持续性保证的产品，才有希望保有持续的消费市场。因此，很多商家在包装上花大力气，就是为了让消费者觉得产品看起来很美、很酷炫，这招也常常屡试不爽。

成功的产品包装应该有怎样的效果？

在商品极其丰富的时代，消费者花在每种商品上的时间变得越来越有限。如何能使产品在他们在货架上搜寻的一瞬间就抓住他们的眼球？包装在造型、颜色、材料等方面综合组合完整，突出消费者的利益，才能给消费者直接的视觉上的冲击。卖得好的产品，在包装上通常有以下几个特点：

特点一：可提高产品识别力。

在设计上新颖别致，给消费者耳目一新的感受；在内容上能够帮助消费者完整地了解产品的功能和特性；在传递方式上要有很强的"沟通力"，可恰如其分地传达出产品的特点。比如，某快餐在外卖的包装设计上采用纸质盒装外围结构，盒装中心用透明的塑料膜，让消费者对内置的食材及烹饪效果一目了然。

特点二：能体现产品精神内涵。

在消费逐渐进入个性化的时代，消费者更看重产品给自己带来的个性和精神上的满足。因此，产品在包装上要有自己独特的精神内涵，这也让产品与其他同类产品产生差异化，并形成自己的"品牌特征"，让消费者对这一产品在心理上留下"烙印"。美好的"烙印"会让消费一看到包装就产生良好的联想，而这些联想正是消费者个性化需求和产品所传递的文化、价值观有效的融合。比如，进驻中国数十年的麦当劳，其"金拱门"的形象已经深入每个消费者的内心。看到这个"金拱门"就让消费者想到与亲朋好友齐聚的热闹、欢乐气氛，以及随时都可以消费的便利感。

特点三：能让消费者建立对产品的信任。

满足不同消费者具体需求的不同形状、尺寸、规格、使用方法等产品包装细节，让产品在消费者购买时更快速地选择到符合自己实际情况的产品，降低因产品与具体需求不对接产生的误解。各项标准、明细都精确的包装会给消费者带来对产品的亲和力，让其产生信任感。总体来看，包装不是对资源的浪费，而是产品营销战略中必不可少的一部分。

如何让产品的"颜值"转化成销售力？

消费者注重产品外貌传递给自己的感觉：有的消费者喜欢纯粹，不希望看到包装上有冗杂无效信息；有的消费者十分关注产品的安全性，就会第一时间搜寻产品包装上的成分信息等。那些既清晰地表达了本身信息又恰好最大限度地吸引到了喜欢它的消费者产品的包装的秘密是什么？

第一，产品的尺寸更多变。

产品尺寸是包装设计人员不可避免要考虑的问题。来自市场研究咨询英敏特公司对食品领域的调查发现，比起过去，现在人们普遍更欢迎大容量的牛奶；而在购买酒精类饮料上，超过三分之一人们更喜欢选择更小容量的瓶装酒品；在购买零食上，有一半的消费者表示更愿意购买小份包装零食。

这和人们日益提升的健康意识和对体型的关注关系密切，像肉类、甜食、碳酸饮料这些高卡路里的食物，吃小份、喝小罐的比较保险——"少吃、少喝一点就会降低自己变胖的风险"。因此，很多食品商家的竞争也延伸到了小包装市场。比如，某饮料公司发现原来的2升装的产品销量持续走低，但小包装的（335毫升、500毫升）罐装产品的销量却以每年1.8%的涨幅不断上涨。

第二，使产品包装更加柔软有质感。

软包装，是指装满或取出包装内的填充物后，包装的形状可以发生变化。一般软包装的材质都是可以随外部作用力发生变化的纸、铝箔、纤维、塑料薄膜以及它们的复合物，形状上有各种形状的袋、盒、套等。这样的包装更柔软、质地轻、密封性好，所以非常方便携带。有些产品打开后可以重新密封，提升了防腐防潮的效果。柔软材质的包装在运输中比较抗压，不易碎裂，因此也最大程度上保护了内置的产品。

从成本预算角度看，软质材料的包装用料相对较少，因此成本低。由于其形状可变，可以调整成不同形状、尺寸，因此适合更多类型的产品。比如，做混合蔬果浆类产品的某品牌，采用塑料材质立袋来包装产品，封口采用瓶盖式，开袋就可以吸食，吃不完还可以再次密封——这样的包装不仅可以使消费者便捷地吸到蔬菜果浆，而且保证了浆汁的新鲜程度。

第三，趣味性为消费者创造更多体验。

一些新式的设计创意、智能技术让产品的包装具有更多的表现力，拥有更多的互动功能。在趋向于随机购买的冲动性消费大环境下，趣味十足的包装设计成为驱动消费者重复消费的重要因素，直接为消费者在产品的体验上加分。商家们是这样用有趣的包装吸引消费者眼球的：

设计多种表情包，使产品变得生动有趣。亚美尼亚的一家餐厅的咖啡杯，外形上虽然与普通的咖啡杯没有什么不同，但当顾客把咖啡杯捧到手里的时候就会发现，当转动杯盖的时候，杯身上的卡通人物的表情会随着杯盖转动而发生变化。每个杯子上都有三个不同的表情，这让品咖啡的消费者无意间看到卡通人物的表情变化而带来自身心情的变化：呆萌的表情让消费者被萌到，喜感的搞笑表情让消费者被逗乐等。

进行更加时尚前卫的包装设计，使产品更具独特体验性。某百年历史的老品牌饮品，在包装和思路上一点也不陈旧。他们把季节和当前的时尚热点思维融入包装设计，在果汁的瓶身上印上了牛仔裤和比基尼的混搭组合。消费者可能会在其他产品上看到比基尼或热裤，但是很少在果汁瓶身上看到。这一大胆、性感的设计，让消费者感觉自己应该去海边体验下夏日风情。

品牌与设计师、插画师合作，让艺术性的设计成为诠释产品包装个性和品位的最佳方式。几何与色彩碰撞出现在某包装上，用降低明度后的棕、黄、绿、红分别代表着汉堡的标配（火烤牛肉饼、芝士、生菜和番茄酱）。印章风格的Logo等信息出现在牛皮纸袋上，给消费者一种手工印刷时代的复古感。插画出现在坚果、谷物和蔬果混合的饮品包装上，照片式的原料出现在插画师创作出的瓶子里，配以"因胃所以""正经榴杧"等幽默感十足的文字，大大地刺激了年轻群体的分享和互动。

5.7 消费中的"乌合之众"

爱美是女孩们的天性，即使滴水成冰的冬天，有很多女孩也会为了显出自己苗条的身材而尽量穿轻薄些的衣服。偶然的一天，有女孩发现身边有同龄人用打底裤配雪地靴，看起来很时尚漂亮，于是自己也就尝试这样穿起来。没过多久，各商场中就出现了热销的各样花色、各种厚度的打底裤和它们的标配——长短不一毛茸茸的雪地靴。有的女孩虽然觉得会因为穿得太轻薄而感冒，但看着那些因为打底裤配雪地靴而美丽起来的朋友对这种搭配的高度喜爱，自己当然不喜欢被看成"土包子"，也就咬咬牙坚持这样穿下去了。

上面的例子是生活中常见的现象，人们虽然表现出相同或相似的行为，却并不一定都是出于共同的需要。这在心理学上被称为"从众行为"：既没有来自团体的直接要求，也没有任何充分理由的前提下，某个人为了适应想象中来自团体的"压力"而改变自己的行为或想法。有些人在某种"压力"之下，不得不选择一个自己并不完全认同的行为，只是为了"附和"别人的行为。

个体，是如何"消失"在群体中的？

"乌合之众"是法国社会心理学家古斯塔夫·勒庞在他的著作《乌合之众：大众心理研究》中提出的一个概念。他认为：一个人若处于群体之中，那么他的个性就会被逐渐消解，他的独立思考能力也会渐渐丧失；群体思想会将个体思想取而代之，处于其思想的统治地位；整个群体会出现一种对群体中不一样思想的排斥倾向，甚至会出现群体思想上的极端化与情绪化。

美国心理学家所罗门·阿希的"社会从众实验"很好地证实了这一论断：他以男性大学生为测验对象，每组安排7个人，但每组中只有1个人是真正的被测试者，其他6个人均为实验助手，被测试者对其他6个人的身份并不知晓。实验的任务是向所有参与实验的人出示一条标准线段X和其他三条长度不等的线段A、B、C，然后告诉大家实验任务是判断这三条线段中哪条和标准线段X长度一致。实验中，会让6个"伪装的"实验助手说出自己的选择，让真正的被测试者最后说出自己的选择，而实验助手们给出的答案都是事先已经确定好、高度一致的并且明显错误的选择。实验结果发现，有超过四分之三的人在测试中出现从众行为，即给出了和实验助手们一致的答案。

这说明大部分人都对"与别人不一样"存在恐惧，因而从众的力量常常胜过理性思考。人们会潜在地认为，"和大家保持一致"是做出正确选择和获得团体认同的最高效的方式。生物学上的研究也证实了当人们做出与群体不一致的选择时，大脑中的情绪区会变得非常活跃，即人们要为自己的不一致选择付出情感上的痛苦代价。因而更多的人们选择避免忍受这种痛苦，选择"随从大家的意见"。受从众心理影响，购买某样商品的人数越多，人们对该商品越喜爱，因而促成更多的消费者购买该商品。

如何用从众行为影响产品营销？

从众，是一种群体间个体的相互影响，能够调动起消费者"不假思索"的情绪，并把这样的情绪放大。消费者就会形成"购买××产品是一种时尚"的感觉，购买力因此被带动起来。具体有哪些可操作的方式呢？

第一，可以让更多人影响他去购买产品。

消费者在形成购买决定之前都在努力从各个方面收集帮助自己做出决策的证据，因而更容易关注周围的人、其他的消费者在做什么，以此来调整自己的行动。这个时候，"人海战术"就派上用场了。如何让更多人带动更多消费者达成购买呢？

首先，需要具备规模足够大的消费者群体。潜在的消费者更愿意踩着前人铺下的石头过河，前面有过相同经验的人越多自己越安全。比如，在健身器材用品商场中，消费者得知他正准备购买的运动产品之前已经有了上百位使用者，是当前最热销的产品了。他就会觉得，既然销量这么好，质量各方面一定是过关的，自然就会放心购买。当然，这里面还存在一种喜欢"凑热闹"的消费者：他们也许不是非常需要某样产品，但是既然这个产品这么火，购买体验一下也没什么损失，还有了产品消费体验，何乐而不为呢？某些商家打造"爆品"方式，让某个产品在短时间内成为人们津津乐道的话题，就是抓住了某些消费者的凑热闹心理而提升了销售量。

其次，需要注重消费者群体评价的一致性。有了产品消费经验的消费者对产品的评价、对潜在消费者的影响不容忽视，他们的评价（好或不好）直接会影响未来消费者的购买。比如，对某款功能多样的产品用户的评价比较一致：确实和广告中描述的一样，有×项功能，而且每项功能都发挥很好的作用，从很大程度上改善了用户的生活。客户看了这些众口如一的评价，对产品价值、品质以及是否值得购买也就有了大概判断。因此，来自消费者群体积极的、一致的评价越多，对产品的推广和扩张越有利；反之，不良评价达到一定数量会破坏原有的营销业绩。

最后，需要消费者群体对产品的公开支持。店家门前排起的长龙就是最常见的一种，以街访的形式征集消费者对产品的评价也比较准确可靠。这些公开而客观的方式更容易获得消费者的信任，让他们更愿意放下戒备去尝试使用产品。同样，对消费者来说，相对于在私下场合接触产品，在公众场合接触产品他们更容易被说服。

第二，可以用"意见领袖"进行购买意识牵引。

人们普遍有"向上跟随"的心理，所以现实生活中，消费者常常会有一个参与自己消费的"意见领袖"。这样的"意见领袖"往往是在社会地位、生活阅历上比自己突出的人，或许是身边的家人、朋友，或许是自己崇拜的偶像。这些人正在享受的生活条件、正在使用的物品都成为消费者努力获取的目标。

那么，这些"意见领袖"如何才能深入人心呢？首先，他对某样产品有执着的热爱、有长期的使用经验和深厚的感情，那么他所表现出的对产品的喜爱是难以动摇的，因此，他对产品的某些陈述和断言将变得更有力可靠。比如，一个有几十年酿酒经验的酿酒师傅对某种酒品的评价和欣赏会让消费者深信不疑。

其次，对"意见领袖"对产品的陈述和断言进行重复。重复会让产品的这些信息在消费者头脑中扎根，最终会让他们忽略是谁推荐了这款产品，而坚定地认为这些陈述和断言都是自己的判断。消费者战胜他们的自我质疑接受该产品的信息，并不再质疑。比如，当了解到天天都能听见、看见的某个熟知的名人数十年服用某种营养类药物以后，治愈了自己身上的顽疾。很多患有相同疾病的消费者会按捺不住激动，准备对这种药品跃跃欲试。

5.8 消费者都喜欢"赢"的感觉

一个测试人们面对将要得到和失去金钱时反应的实验：场景一中告知被试者，参加某个游戏有100%的机会获得1000元奖励；但如果你愿意挑战2000元奖励，获得它的概率将是二分之一——你要么得到2000元奖励，要么什么也得不到。结果发现大多数人会选择拿1000元保底奖励而不去挑战2000元奖励。

场景二中告知被试者，参加某个游戏会统一扣除1000元作为"装备费"，但是你可以选择通过挑战某项任务来让自己获得"豁免"，条件是要么获得"豁免"资格，要么被罚扣除2000元。结果大部分的选择是挑战任务，争取"豁免"资格。

为什么人们在一种环境下是保守派，一旦环境和背景发生变化后他们又变成了激进的冒险家？因为无论是人们对于获得的小心翼翼，还是面对损失的冒险一拼，本质上都是想要得到奖励，想要"赢"。在各种想要"赢"的心理之下，都存在一种侥幸心理。

侥幸心理与期待奖励

某支付平台在农历新年前推出集五福拿红包的活动，吸引了很多该平台用户参与，甚至成为新年期间亲戚朋友间的一大热门互动话题。为什么人们会这么迷恋这个活动呢？从经济学的角度看，就是人们对"小概率事件的迷恋"背后的侥幸心理导致的。小概率事件即在大量重复性的操作中发生的概率非常低（通常小于5%）的情况。在人们看来，集齐五福并不是很容易发生的"小概率事件"。但一旦这样的"小概率事件"发生了，人们就可以不用付出很多努力便能获得一笔意外之财。

另外，对这些得奖的概率非常低的"小概率事件"，人们通常认为这是一场赌局，赌的就是自己能中大奖。因此，每个参与"赌局"的人潜意识里都相信自己最有可能成为那个最幸运的人。既然是赌自己的运气，人们当然会本能地相信自己有那样的好手气。同时，人们相信自己更多的参与和努力会增加好运发生的概率。比如，在某些一掷骰子定输赢的时候，虽然机器和自己手动投掷出来的结果是一样的，但大部分人还是愿意选择自己去投掷骰子。

占有不属于自己的物品是社会的禁忌，但正是需要有所顾忌，才对人们具有更大的诱惑力。在日常生活中，通过侥幸获得意外收获的心理还表现在人们对一些本不属于自己东西的"觊觎"，但这些物品（虚拟的或现实的）在某种规则的运作之后会让"觊觎者"们有得到的机会。比如，前几年全民为之疯狂的某农场"偷菜"游戏，很多人为了成功把别人"菜园"里的菜搬到自己的仓库，不惜废寝忘食。很多人说："偷菜比自己种菜有趣多了，每次偷到菜都让自己分外开心！"

侥幸心理、觊觎心理最终都是想获得意外的奖励，放在消费领域，这样的心理同样对消费者起作用。

让"小概率事件"扩大市场

很多消费者会期待自己足够幸运，能够成为营销中"小概率事件"的受益者，因此，他们大多愿意获得某些好处而和自己赌上一把。在具体操作

中，营销方如何抓住消费者该心理，把"小概率事件"变成促成产品运营中的推手呢？

第一，"摇骰子"带动消费。

如果在消费者消费完准备清算付账的时候，告诉他们有一个可以间接地减免消费额度的机会，大多数人不会轻易放过。摇骰子就是容易操作又很容易引起消费者兴趣的减免费用的方式，而且相对比较公平。一般每个参与摇骰子的人会拿到5颗同样的骰子，每颗骰子为正立方体，上面分别刻着大小相同的点，数目从1到6，其相对的两个面数字之和为7。消费者要做的就是先摇骰子，停止摇动后观察骰子的静止结果。根据骰子点数所显示的数值与卖家规定的数值要求进行匹配，可以决定他们能够获得多大额度的奖励。

比如，一个麻辣串店家在消费者结账时先计算好消费总额，然后给消费者一次摇骰子的机会：如果摇到一个顺子（5颗骰子之间呈现出12345或23456）就给打八折；摇到3个同样的数字（如33345）就给打七折；摇到5个同样的数字（如66666）就全部免费；如果碰巧手气不好什么也没有摇到，那么就赠送一张优惠券，下次光顾时可以使用。

这样，消费者在面对必须支付的费用时，还有可选择少支付的机会和空间，那么他们会毫不犹豫地加入这个没有风险只有收益的尝试中。对于摇骰子得奖的规则，商家可以根据自己的产品、成本等各方面的因素自行调整。

第二，积分换抽奖活动。

这是当下很多线上商家开展的活动，消费者会因为消费额度而拿到一定量的积分，他们可以选择用这些积分去兑换商城里面的商品。商家这个时候开展积分换抽奖的活动，如果提供的奖品分量足够重，那么消费者就会抽了第一次以后，接着进行第二次、第三次甚至更多次尝试。这样，消费者用抽奖消耗的积分，总体上减少了商家成本，刺激了消费者重复消费。因为只要他们还对抽奖活动中的大奖有兴趣，那么他们就会想方设法地增加自己的积分。

第三，利用"购物中心偷菜"游戏。

这是一种让消费者边玩边体验，同时也培养消费者忠诚度的消费方式。在具体操作上，即商家开发出互联网平台上的"购物偷菜游戏"，游戏中的"蔬菜名称""种植地块"和实际购物商场里的商品编号、布局一一对应。这样，进入菜场参与"偷菜"的用户会因为他们偷到了菜而得到在购物商场中的实际奖励。比如，成功偷到20棵白菜（005）就可以得到商场中不锈钢菜刀（005）20%的价格优惠。

如此一来，消费者们会根据自己的实际需要，去菜地里"偷"特定的蔬菜品种。这不仅让商家清晰地了解了消费者的潜在需要，还使这个只要花点时间就有优惠可赚的消费方式变得既好玩又有吸引力，增强了消费者和卖家之间的互动和黏性。

5.9 "我就是好这一口"

一对喜欢一起逛街的母女在购物偏好上截然不同。妈妈喜欢购买价值贵重的金银饰品，即使自己并不经常佩戴也要买。她认为："好多饰品都是限量的珍藏版，即使自己戴不了也可以当作嫁妆给女儿存着。再说了，金银一般不会有很大涨跌，什么时候拿出来都是资产。"女儿是典型的95后，正处于大好青春年华，热衷于购买各种美妆产品，把自己打扮得精致优雅。她有时会觉得，妈妈这样囤积金银首饰的行为简直是浪费金钱。

购物中的偏好是消费者在内心对产品的排序，这样的排序以消费者的兴趣、需要等为基础建立起来，反映了消费者在购物选择中的情感倾向。在购物偏好的作用下，消费者对某类产品越是喜爱，他对该类产品的需求量越大。购物偏好会影响消费者对产品的选择，消费者的选择又是产品占领市场的关键。

然而，某些商家也不得不面对这样的局面：不管怎么努力都很难通过做大品牌来改变市场销量，如卖卫生球的商家；而有些卖家则完全不担心没有客源，如网络视频、健身、旅游、房产等。要改变市场占有率，就要弄清楚消费者的购物偏好心理和产品销量上的内在逻辑。

购物偏好如何影响消费者的选择？

购物偏好之所以对消费者的选择有持续的影响力，原因在于它是建立在人们对某些产品的消费经验之上的。人们会对某些产品所表现出感官上的偏好。在这种偏好的影响下，他们更愿意去相信自己曾经的感官经验，而忽略掉别人的劝说和广告传播的影响。比如，当年星巴克咖啡作为一种西洋饮品

要进入以喝茶为主的中国市场就出现了营销困境，因为中国本土的消费者对咖啡完全没有感官上的经验，所以尽管费了很大力气还是收效甚微。

然而，这样"过去经验"产生的偏好作用是否就无法扭转了呢？答案当然是否定的，毕竟现在星巴克在饮品界炙手可热的状态就是非常有力的证据。弄清是什么影响了消费者偏好的形成，问题才有希望迎刃而解。

首先，价值观取向的偏好对消费者产生购物偏好有一定影响。价值观反映了消费者的文化环境、文化传统及审美取向，集中表现在对产品的使用价值、社会价值和文化价值的评价上，同时也影响着消费者对产品的整体评价。比如，在休闲娱乐消费选择上，80后群体喜欢看财经新闻、投资理财、足球等，而90后则更关注科学探索、综艺娱乐、明星新闻、美图摄影等。

其次，地域性的群体性格对消费者的购物偏好同样有一定影响。不同地域的人们在长期的生活中所形成的独特文化，在一定程度上规范了该地域消费者群体的整体生活态度，调控着他们的消费行为倾向。比如，位于高寒地区的青藏高原的人们喜爱皮革制作的袍子，且在缝制上也更粗犷古朴一些；而居住在南方水镇的居民则更偏爱清凉透气，绣工精致的丝绸衣裙。

地域又形成了不同的民风民俗和生活习惯，这些文化因素对消费者行为的影响和导向是根深蒂固的。比如，中国新年的大红灯笼、春联、吉祥物必不可少。

当卖家提供的产品所蕴含的使用价值和文化价值与消费者的消费偏好产生共鸣，消费者会很容易由于认同而进入购买模式。

测试出消费者购物偏好的路径

对消费者进行预测让产品营销方获得更多的消费者确定信息的同时，也提高了营销的胜算。预测就涉及用一些技术和消费者进行有效互动。这里介绍两种比较有效的路径：

路径一：使用已有数据建立购物偏好数据库。消费者当前和消费历史记录中的兴趣爱好、偏爱的互动方式、购买原因等，都可以成为卖家建立一个具有针对性的偏好需求收集系统的数据库。用从这个数据库里收集和分析得出的规律去识别影响当前消费者和潜在消费者，识别出他们的特定偏好，并恰如其分地响应他们的需求。

比如，对于一个已经在某家居店购买了一套沙发后又再次光临的消费者，在店家向其提供一张沙发的优惠券与提供一些和沙发配套的茶几的信息之间，哪个做法更可能留住消费者让他二次消费呢？显然是第二种做法。因为这样的做法很好地利用了消费者之前的历史记录——他已经有了沙发，现在最可能需要的是配套的茶几。

通过分析消费者的历史记录信息，更好地了解消费者会因为哪些功能购买产品，触发他们做出购买决定的"触发器"是什么。这样，只要不断地对数据进行更新和分析，就会逐渐勾勒出消费者喜好的综合视野。

路径二：营造购买行为中的"联合评估"状态。单独评估即在消费者购买时同时提供多款同类产品。这样，消费者就会同时看到不同款式的产品，最终从中选择自己认为最好的那个购买。每款产品都有区别于其他产品的优势，这样卖家就可以根据消费者最终购买决策判断他更偏好的是这类产品的哪一个特征（材质、工艺、品牌、价格等）。

06
身体感知产品密码

每天睁开眼睛，人们就会被各种各样的颜色、声音、气味、触感的事物所包围，这些所有的感知觉都会影响人们的心理感受。比如，一个即将签署合同的谈判方为了保证接下来的签约成功，会用色彩去影响对方谈判人员的心情。他会选择一个暖色系布局的环境，穿上比较明亮又不失庄重的暖色系衣服。这些视觉上的暖色可以无形地拉近人和人之间的距离，建立起互动，从而促成合作。

同理，富有磁性的声线、柔软顺滑的棉毛触感、强烈的自然气息等都会让消费者产生瞬间"触电"的刺激，唤起消费者对舒适、温暖、愉悦等美好感受的联想。产品密码的感受器就是人本身，因此要提高产品的营销力量，就要从感知觉的角度让消费者释放出他们感官的生产力。本章将围绕消费者的感觉（视觉、听觉、味觉、嗅觉、触觉）、知觉、注意力、记忆、联想等几个方面解析他们的消费行为。

6.1 每个消费者都有一个感觉"暗箱系统"

美洲一冰激凌品牌为宣传自己的产品设计了一个——冰激凌博物馆，里面有琳琅满目的粉红色的泡泡糖和冰激凌主题的艺术性装置，消费者每次要花数十美元才可以进入。购买门票的消费者可以随心所欲地体验馆内各种有趣的主题性艺术装置，如纵身跳进一个装满了糖豆的巨大游泳池，那感觉真是棒极了。这项体验的设计者在接受媒体采访时坦言："这样的体验可以让消费者与我们的品牌产生实质上的感官互动，它所带来的回报也是其他任何广告都无法比拟的。"而事实也证明了他的判断，博物馆的门票常常是一经发售，就被抢购一空。

这就是以感官为基础的"感官营销"，让消费者不但"知道"产品，而且还可以真真切切地"感受到"产品。在这种强调产品"可感知"的营销中，产品以不同的方式刺激着消费者的神经末梢，极大程度地调动起消费者的各种感官，让消费者产生种种美好的体验，最终促成他们的购买行动。

然而如何去量化消费者的体验，如何准确地衡量这些体验为产品或品牌带来的价值，以及如何衡量这些体验所产生的价值的大小，就需要营销人员深入地了解消费者的感觉这个"暗箱系统"了。

被人们挂在嘴边的"感觉"是真正意义上的感觉吗？

日常生活中人们常用到"感觉"这个词。比如，一个小伙子说"我对这个女生很有感觉"；一个姑娘说"这个包包的设计让我很有感觉"；等等。这些并不是心理学中所定义和研究的感觉，而是人们对一个对象产生的情绪（喜欢）和判断（满意）。

第一，感觉的含义及其重要性。

感觉是什么？心理学上比较通用的含义是：人的大脑对直接作用于感觉器官的客观事物的个别属性（声音、光线等）的反应。由于产生感觉的人体器官遍布全身，因此产生的感觉也是丰富多样的。主要感觉有五大类：视觉、听觉、嗅觉、味觉、触觉。这些形式不同的感觉在人们的生活中起到了至关重要的作用，帮助人们不断地认识并适应自己周围丰富多彩的世界。

感觉到底对人们来说有多重要？早在20世纪60年代加拿大心理学家赫伦(W.Heron)等人就设计了"感觉剥夺实验"来研究人们失去某些或全部的感觉后的反应。在实验中，他们让被试者在一个单独的小房间里戴上特制的半透明护目镜以限制视觉，在手和臂上套上纸板做的手套和长筒袖套，用夹板固定腿脚；除了上厕所和进餐时间以外，在其他的时间里被试者都必须躺在一个舒适的帆布床上。

一开始，大多数被测试者都认为这个任务很轻松。他们表现得也很放

松，有些人干脆用蒙头大睡来打发时间。但随着时间的推移，大多数被试者逐渐产生了焦虑和烦躁的情绪，表示"这种极度的乏味变得越来越难以忍受"。通过对他们的心理测试也发现，这些被试者表现出不同程度的注意力涣散，思维迟钝。虽然实验者提供的报酬非常丰厚，大多数被试者还是在24小时内由于无法继续忍受而要求退出实验，坚持到了第三天的被试者报告自己出现了幻觉。

因此，我们的大脑需要不断地给予新的刺激才能健康运行。感觉作为人们认识一个事物的开端，为大脑提供了源自身体内外的丰富信息，帮助人们协调身体和外界环境在信息上的平衡。放在消费领域，多样的感觉享受让消费者在消费中变得更愉快、积极、主动。

第二，感觉所具备的特性。

首先，对于持续刺激产生的适应性。如果把一种刺激持续地加诸在人们的某种感官上，人们对其的感受性就会发生变化，要么变得更敏感，要么变得更迟钝。比如，对于铺天盖地的电视导购中的广告，人们越来越难以记住了，因为人们早已经习惯把这些广告当作"背景音"，不愿意去关注其具体的内容；而一个卖了多年水果的商贩则由于常年挑选水果，从颜色、外形上对水果新鲜程度的判断会变得越来越专业。

其次，对于不同刺激所产生的对比性。同一感官在接受不同的刺激后感受会发生变化。比如，在一个食品超市中释放的玫瑰香气会比释放的咸鱼气味更能让消费者产生愉快的感受。因此，有些商家在产品的宣传中通过对产品元素的合理配比，增强某一产品元素的吸引力，以此突出产品主题来达到营销的目标。比如，增加艺术感、突出协调感、降低廉价感等，让自己的产品快速地在消费者头脑中和其他产品分离出来。

最后，不同感觉间的相互影响。某种感觉刺激会对其他感官产生影响，使其他感官的感受性发生变化（增强或减弱）。比如，在光线偏暗的空间中，人们会更专注地捕捉来自听觉的信息；而在酷炫的舞台上，强烈而快速闪动的光束会降低人们的听觉感受能力。

感觉相互作用的另外一种形式就是产生联觉现象，即一种感觉引起另外一种感觉。其中，最明显的就是颜色引起的不同联觉感受，如颜色会产生温度感、重量感、味觉等。举例来讲，红黄橙色会给人以温暖的感受，浅白色会给人轻的感受，而黑灰色会给人重的感受。人们更容易觉得绿色的果汁是酸的，红色的果汁是甜的。

实现感官营销的有效途径

注重体验和感受的"感官营销",强调在整个营销过程中让消费者尽可能多地对产品的功能、品牌等细节产生直观的感受。因此,卖家要选择适当的方式让消费者明确地接收到"我在做××产品,我的产品可以满足你××的需求,我的产品最大特色是××"等信息。那么,卖家该如何让消费者从更深层次上感受到自己的产品呢?

第一,增加产品与消费者的"接触点"。

"接触点"即消费者感知产品的机会,这样的机会增多,消费者对产品会产生更多有效的感受。比如,某饮料品牌本着"产品遍地开花才会更受消费者青睐"的传播思维,争取各种机会增加品牌在消费者面前"露脸"的机会:在电视剧中播广告、赞助全球项目、捐助希望工程、在农村集贸市场设立销售点等。最终,该饮品真如厂家期待的那样,为大众所接受,成为大众都熟知的饮料品牌。

第二,给消费者更完整的产品体验。

消费者眼中好的体验就是要以合适的价格买到好的产品,然而在他们打开包装开始使用产品之前他们关心的问题有很多:谁在生产和售卖这个产品?产品质量可靠吗?支付方式是否安全方便?如果产品出了问题有服务保障吗?等等。

其中任何一个他们所关心的环节出了问题或没有得到及时解决,都会影响他们对产品的整体感受,从而影响购买欲望。因此,好而完整的消费体验,应该是从消费者开始注意产品到他们把产品搬回家开始使用,甚至持续到使用之后的反馈阶段,都让他们对产品保持积极的感受。这个过程包括了从产品的设计、生产、售卖到售后各个环节,在这个过程中的每个环节商家都应该考虑消费者的感受和体验。

6.2 气味会影响大脑判断

数年前,某著名的甜甜圈连锁店为新推出的主营产品咖啡"量身定做"了一个宣传活动:在若干个线路固定的公交车上播放制作精良的这一品牌专属广告歌曲,并同时在车上安装相应的具有

声音识别技术的雾化器。一经播放该公司歌曲，雾化器就会释放出咖啡香气，让乘客被咖啡的香气所萦绕。这个宣传方式为当年的这一品牌专属公司增加了16%的消费者以及接近三分之一的销售额。

看完这个消息，你还觉得影院门口浓浓的爆米花味道、洗衣店稀薄的柠檬清香抑或家具店淡淡的原木味是偶然吗？人类五种基本的味觉（酸甜苦咸鲜）始于人们舌面的味蕾，然而这些基本的味觉并不能完全感受到食物的某些微妙的味道。食物的气味会比食物的味道带给人们更多享受，鼻腔里的气味感受器可以识别出几千种气味，这便大大丰富了味觉的层次。大脑接收到来自嗅觉的信号与来自味蕾的结合信号时，会产生一种更强烈而全新的感受。

嗅觉的秘密

嗅觉通过呼吸来实现，它也是所有感觉中唯一"先反应后思考"的感观系统。人们平均每天呼吸约23040次，可以说嗅觉是人类所有感知系统中最原始、最根深蒂固的一种，让人们在呼吸时就获得了很多讯息。

首先，气味会影响人的情绪。营销大师马丁·林斯壮（Martin Lindstrom）通过研究发现，人有75％的情绪是由嗅觉刺激产生的。他指出："当我们开始闻某样事物时，鼻腔中的感受器会让这些气味以最短的路径直达大脑的边缘系统，而这一区域正好是负责人们情绪、记忆的区域。"因此，嗅觉是影响某样物品整体"味道"的主要因素，舌头告诉你"吃起来怎么样"，而鼻子会主导你"尝起来像什么"。

美国布朗大学的一个研究团队的研究结果很好地支持了该说法。他们在自然环境下，让参与实验的女性被试者分别体验两种香水与照片的组合。其中一种可以引发情感，另一种不可以引发情感。结果发现，闻到饱含情感香水味并看到相应照片时，被试者大脑中负责味觉的区域更加活跃。

其次，气味会影响人的记忆。人们负责记忆的脑区对气味的反馈作用也不容忽视。美国一气味官能机构的研究发现，人们准确地回忆起一年前闻到的气味的概率是65％，但人们能够准确回忆起3个月前看到图片的概率仅为50％。由此可见，气味让人形成的记忆更持久。

人会把气味与特定的经验或物品联想在一起，因此味道会影响人们的购买行为，这也给很多商家带来了新的营销机会。美国华盛顿大学教授艾瑞克·斯班堡（Eric Spangenberg）在一家同时售卖男装和女装的服装店做的气味营销实验，有力地说明了嗅觉大大地激发了消费者的购买欲。具体方式为，在店内交替地释放偏女性化的香草精油和偏男性化的摩洛哥玫瑰精油。结果发现，当释放香草精油时女装的销售量上升，而男装销售量减少；当释放摩洛哥玫瑰精油时情况则相反。当店内有了精油的香气之后，消费者平均消费量由原来的0.9件增加到1.7件，平均每个消费者增加了30多美元的消费额。由此看来，气味不仅影响了消费者的情绪，让消费者有更多勇气购买商品，还在一定程度上改变了消费者对商品的比较和评估。

嗅觉营销在气味选择上的原则

随着科技的进步，营销人员可以在不同的场景中充分地把气味和消费者的感官联合，使产品通过嗅觉渠道发出自己的声音，给消费者留下深刻印象。但在使用气味进行营销的过程中，营销人员需要遵循以下基本原则，才能让气味营销彰显更大的影响力。

第一，有健康上的保证。可释放悦人气味的优质气味制造源应该对人体是没有危害、有健康保证的。因此，要杜绝使用那些闻起来刺鼻，让人有头痛、头晕、呕吐、起红疹等不同程度的不适感的香料去做产品的嗅觉营销。要保证所使用的气味源有生产日期、质量合格证以及生产厂家的完整信息。

第二，气味设计与营销主题保持协调。营销中所释放的气味要和所售卖的产品协调，与营销的环境（声音、灯光、设施等）协调。而且气味的选择和设计要随着不同季节、产品特性的变化、品牌的更新而进行调整，力求让消费者享受到独特的消费体验。

常见的气味营销模式

气味所产生的感官刺激结合记忆中的嗅觉印记会让消费者产生愉悦而美好的联想，从而影响他们大脑的判断。因此，一些卖家正在学习和尝试将气味作为自家产品与其他同类产品区别的重要标志，用气味上的差异增加自己的产品识别力。具体有以下几种模式：

第一，**策划得当的气味环境**。气味一经打开便无法中止的特性又使它波及范围比较广、效用持久。幽若的植物气味会让处于疲惫中的人顿时感到心旷神怡，疲劳瞬间荡然无存，还会增强人们的记忆力、理解力，从而让人们产生愉悦情绪。法国里昂地铁运营方为了提高人们对地铁的使用率，用6个月的时间去调查市民喜爱的气味和香气的喷洒位置，最后决定选用含有绿茶和柑橘精华的香气，并耗资5万欧元在9个地铁站设置了55个香气喷洒装置来提升站内的嗅觉环境。淡淡的中性植物香气让乘客们感觉自然而柔软，有种"春天来了"的感觉，从而不自觉地选择地铁出行。这也验证了一些研究的发现，在拥挤或密闭的空间中释放让人感觉空旷的气味，能够舒缓物理空间上带给人们的不适感，从而增加消费者停留的时间。

第二，**打造品牌专属的味道**。气味让产品自己会说话，这是很多消费者已经体验过的"隐形香味"式购物经历。比如，某航空公司着手为旅客打造"独特且一致"的体验：除了在服务行动上遵守严格的流程和规定以外，多年来空乘服务人员都一律使用同一款香水，包括热毛巾上的以及机舱的各个角落，都散发着这款香水的气味。如此一来，旅客只要一闻到这个味道，就会想起在该航空公司飞行的经历和其优质贴心的服务，对其产生熟悉感和安全感。商家们不会刻意地把香气暴露给消费者，而是通过"不经意"把与产品有着千丝万缕联系的气味感受展露给消费者，让他们潜移默化地记住这种气味。此后，一旦闻到这种味道，就会想起自己曾经的购物体验。

6.3　用生动有趣吸引消费者眼球

随着网购时代的到来，购物方式多样化让一些消费者感到了低价网购背后的遗憾：在整个购买过程中感官缺位让他们渴望能够享受完整的购物过程中的全方位体验。因此，很多消费者愿意投入更多精力前往实体商家去寻找缺失的那部分购物体验。

我们知道，能够帮助消费者感知产品的线索不仅有产品的物理特征（包装、外观、材质等），还包括对产品起到解释介绍作用的文字、图片、符号等，而后者对消费者的影响会远远大于产品本身。这些所有的产品线索与消费者感知它们的能力相互作用，最终决定了消费者对产品的感受层次，也决定了消费者对产品的评价。那么，问题就来了：当消费者拥向产品市场时，商家如何有效地抓住消费者的眼球？

他的大脑喜欢色彩和图画

视觉是人类最丰富的知觉系统之一，人们从周围环境中获取的70%的信息来自视觉输入。人们周围各种美好的事物都是以各种色彩和图画的形式被视觉感受器——眼睛所接收，并传送到大脑。在挑选产品时，视觉帮助消费者实现产品各种特性上的对比，从而帮助他们做出最优选择。因此，注重提升销售终端的视觉艺术成为很多商家努力的目标之一。

第一，用图片、视频的组合打造可视化的产品。

图片、视频的组合帮助人们更全面、更深入地了解产品的特征，视觉所捕捉的产品美丽的部分会变成消费者美好的记忆。一个完整而个性化的产品视觉设计通常是综合考虑了以下几个方面因素：刺激的大小、强度、色彩与运动、对比、信息量。产品视觉设计最后呈现给消费者的是一种个性化的图片单元或视频单元。

当下是社交网络白热化时代，年轻人更喜欢图片式的互动——对他们来说，图片就是一切。因为人们更喜欢以图片的方式去了解别人在做什么，这个习惯几乎成了世界通用的规则。一般使用率比较高的社交网站上（如Instagram）具有高点击量的发帖都有如下特点：一个醒目的大标题、两张以上图片、每张图片都有图注。

一些商家根据消费者喜欢看图片这个行为，把自己的品牌发展史以图片的形式挂到网站上。这种生动有趣、可视化的方式可让消费者更好地了解该品牌真实的发展时间轴，大大增加了消费者对产品的好感和信赖。

第二，有效利用人们的网络页面阅读习惯。

用户体验研究机构尼尔森诺曼集团（Nielsen Norman Group）通过对数百名用户进行阅读网络页面时的眼球追踪实验发现，大多数人阅读网页时采用了一种状似字母"F"的模式在数秒内完成对一个页面的扫视。按照扫视顺序，包含三个部分：首先是在页面顶端进行横向阅读，即"F"的第一横；其次是顺着页面左端进行纵向阅读，阅读的具体内容仅停留在段首感兴趣的部分，继而顺着感兴趣部分再次进行横向阅读，形成"F"的第二横；

最后是顺着页面左端进行纵向阅读。当然在很多页面中，扫视的部分并非只有三个部分，而是只要出现感兴趣部分就会出现横向阅读。

"F"扫视模式体现出很好的视觉层次，也符合人们日常"从上到下，从左到右"的阅读习惯，非常适合一些有大量文字出现的网站的设计布局。根据"F"形扫视模式，商家在产品宣传网页信息设计中，可以参考以下几个规则：

首先，段首内容足够吸引眼球，每个段落只安排一个观点；其次，用项目符号区分，将具有动员性的内容放在页面左右两端，因为这些分别是潜在消费者横向扫视的起点的两端；再次，在扫视区域内适当加入新鲜元素缓解消费者的阅读疲劳，维持他们的阅读兴趣；最后，单屏内重点的数量控制在3个左右，信息量过大就会让消费者失去阅读动力，产生枯燥抵触心理。

声音让他怦然心动

熟悉的声音可以让人们瞬间置身于某个地方或回到某个时间点，它们能够让人们产生新的体验，从而调动人们的情绪。商店播放适合的背景音乐会提高服务人员的服务质量，也影响客流量：大而快节奏的音乐会驱散拥挤的消费者群体；餐厅里播放舒缓慢节奏的音乐会延长食客的消费时间。让消费者"听到"很简单，但是让他们"聆听"才会释放其购买力。用声音让消费者对产品产生积极联想。让消费者成为"驻足的聆听者"，是商家们想通过努力而得到的结果。

第一，播放与环境相协调的主题式声音。

商家要让声音与环境的组合符合消费者对身处的场所的固有印象和期待，让消费者有舒适、安全、惬意的感受。比如，一些游乐场配合游乐设施而选择与其主题搭配的音乐背景，在"魔法森林"里播放《白雪公主与青蛙王子》的电影背景音乐，不仅会激发孩子们的探索热情，还会让家长们有回到童年的感觉。大型的购物商场安装的声音播放系统，要根据购物区域来选择播放不同音乐：在国际知名品牌区选用大众化经典音乐；在属于年轻人的"酷炫区"选用欢快的流行音乐；在餐饮区播放让人胃口大开的美食节目；在中央休息区播放来自大自然的虫鸣鸟叫、风声和水流声。

第二，播放使消费者产生快感的细微声音。

爱吃薯片的消费者会对嚼薯片的松脆声音产生好感，喜欢吃坚果的消费者会对电视里松鼠晃动坚果的广告"感冒",某些生活中熟悉而细微的声音会带给人们"怦然心动"的感受。在营销界被人们认为是听觉上的自发性知觉经络反应(Autonomous Sensory Meridian Response,简称ASMR),它被描述为一种始于头皮,在颅内、头皮、背部或身体其他范围内传播的"触电般"的感觉,能瞬间调动身体的感官,让人产生放松的愉悦感受。轻声耳语、某种口音、不同材质轻微摩擦或碎裂声等都可以产生这种体验。

这一全新感觉体验因被认为具有"脑按摩"的功效而在营销中变得炙手可热,越来越多的品牌和商家开始通过在宣传中加入ASMR元素来挖掘潜在的受众群体:一些食品商家用开罐头、咀嚼、揉搓包装等行为制造出的声音来"撩拨"消费者;美妆美甲主播们用化妆刷刷在皮肤上的沙沙声、指甲敲击声或抓挠声来强调自己优秀的美妆美甲技术。大多数人对这个新式武器非常追捧,有接近半数喜欢ASMR元素的人是18岁至24岁的年轻人。

触觉让产品和他产生心灵碰撞

皮肤是人体中面积最大的感觉器官,对外界温度变化、接触能产生即时反应。触觉是连接产品物理属性和人们心理感受的工具。有人甚至认为,触觉才是人类的第一语言,婴儿一出生就基本是通过触觉来感受世界的。触觉不易受到外界环境的影响。当其他的感觉都失效时,只要触觉刺激存在,人们仍然会产生触觉感受。

触觉往往在很大限度上体现了产品质量,因此,消费者喜欢通过触摸来测试产品质量:在购买沙发时会摸一摸,买车时要触摸方向盘来测试手感等。触觉满足了人们和产品零距离接触的需要,这会给消费者一种"已经拥有"产品的错觉。所以当人们与产品的距离越近时,也就越渴望得到产品。触觉帮助消费者以接触的方式获得更多产品信息(形状、质感、重量等),继而使其确认对产品的感受,刺激他们产生更多购买行为,尽量制造消费者和产品直接接触的机会将增加产品售卖量。

比如,服装店鼓励顾客试穿更多衣服,有了更多试穿机会后他们更容易对那些适合自己尺寸和符合自己预期面料的衣服做出判断;超市的货架上放置的卫生纸是消费者触手可及的、去掉大包装后的单卷,因此某些品牌的卫生纸销售量很快上升,货架扩大了一倍的空间等。当然,这样做成功的前提是产品在设计上要熟练地把控产品材料的性能和感觉特征,选择适当的技术

和工艺去处理材料，使产品最大限度地发挥材料特性的同时，也能给消费者触觉上美的享受。

6.4 知觉在营销上的效用

感觉是人们对外界事物产生的天然反应，是人们对外界信息进行加工的起点。感觉带给我们的永远都是事物的某些细节特征，它无法告诉人们事物的"未来会怎样"，因此它不是人们对某样事物认识的终点。要更深入完整地认识这些隐藏在诸多细节中的事物，人们的意识需要进入更高一个级别的信息加工系统——知觉。

感觉和知觉的关系可以用打石头造房子来形容：打石头的石头匠会告诉你，他在凿房角石或砌墙的石头；而房子设计者则会告诉你，他在建设一栋石头房子。在消费过程中，消费者的知觉会帮助消费者整合所有感觉到的经验，这些感觉经验会产生塑造性的力量，帮助消费者寻求到产品对自己的意义。而这整个过程为营销带来的好处就是：帮助营销者找到又一个赚钱的方式。

什么是知觉？

当一支上面画满了各种走向的线条的广告呈现在人们面前的时候，很多人看到的是一堆"横七竖八"的线条；然而在提示下，大多数人会在这堆线条中勾勒出一个身段苗条的模特形象。从线条中间发现有个模特，就是人们形成了知觉。通俗来讲，知觉即人们的大脑对刺激物的整体观察、感受、整合、加工和解释，它在很大程度上需要依赖人们过去的经验和记忆。知觉有以下几个特性：

第一，知觉具有对信息的选择性感知。

消费者会受需要、兴趣、期望和知识经验等因素的影响，在感知到的大量信息中把自己感兴趣的部分当作进一步认识的目标，而把那些自己认为不那么重要的部分作为认识的背景。一般来说，跟人们关系越密切的事物越容易被人们知觉到。

因此，在营销中，把始于人们认知之前的产品展示称为产品的"信息展露"。人们是否愿意对这些展露的信息进行进一步加工，在很多情况下取决于他们主动选择的结果。很多广告商会努力提高展露水平，减少广告逃避现象（逃避看、听广告内容），让广告中的品牌成为知觉的对象，把广告本身作为知觉的背景呈献给消费者。

第二，知觉具有对信息的整体性感知。

人们在知觉过程中并不会把知觉的对象感知为个别孤立部分，而总是倾向于把它们作为一个统一的整体。一般情况下，对于在性质相似、时间上接近、空间上靠近的刺激，人们更容易用整体的方式去感知。比如，当只给人们呈现一个小伙子在后面追一个落荒而逃的姑娘的画面的时候，人们会觉得是姑娘遇到了坏人；而给人们再看小伙子后面还有一只正在狂奔吼叫的狮子的时候，人们才会了解画面真正的信息——小伙子和姑娘都在为躲避狮子而奔跑。这时候，两个分离的部分画面就无法表达整体画面传递的信息了。

第三，知觉具有对信息的理解性感知。

人们在知觉客观事物时，总是倾向于运用过去所获得的有关知识和经验来理解它，力图赋予知觉对象一定的意义。这种理解的局限性会造成消费者或多或少地对产品的广告宣传产生误解，因此营销方要尽力去降低和减少消费者自身的理解性误差。比如，一家食品超市将鱿鱼处理后用塑料袋装起来，发现销量不好。商家在进行调查后发现，很多消费者认为这些鱿鱼是因为存放太久，不新鲜了才用保鲜袋装起来。此后，店家将新鲜鱿鱼直接放在碎冰块上，结果销量比原来增加了一倍。

知觉在营销上的应用

围绕产品各个环节的设计，最终都是为了突出产品的某些特点，改善产品的某些缺陷，方便消费者去感知和使用。因此，在产品的营销中要让消费者对产品的感知处于一个最佳的水平，可以提升营销的持续性。因此，在不影响消费者对产品的使用、不损害消费者利益的前提下，利用知觉所产生的心理学效应，给消费者带来更好的感知效果，对产品的营销大有裨益。

心理效应一：首因效应。

最先出现的刺激物信息会在销费者的理解中被赋予更大的权重，这种首次接触形成的第一印象会对销费者与产品的互动关系产生积极或消极的影响，而且持续时间也很长。新品牌上市时，首因效应起很大作用。产品的核心特性（美观、实用、价格合理、高科技含量等）给消费者的第一印象会影

响他们对产品的选择，服务人员的个性特征和沟通的质量给消费者的第一印象也至关重要。甚至在首次接触中，人的因素给消费者的影响要大过产品本身的特质。营销中给首次光顾的消费者一定的优待，会有助于消费者形成正面积极的印象，当然这样的优待要控制在恰当的水平上，否则前后落差大，想要扭转消费者的印象成本就会很高。

心理效应二：近因效应。

对事物最近一次接触给人们留下的感受与认识，会对之前所形成的印象起到巩固、维持、修改或调整的作用，这便是心理学中的近因效应。近因效应通常在销费者与熟悉的产品或品牌互动的过程中起更大的作用，因此在时间比较接近的两次购买中，上一次购买会对下一次购买产生促进或阻滞的作用。消费者往往将与卖家最后一次互动的印象作为评价的依据，消费者对产品和卖家的最新认识占主要地位时，会掩盖以往对其形成的评价。因此，卖家在营销中要保证提供给消费者的产品和服务不降低水准或出现很大的波动才有助于培养忠实的消费者。

心理效应三：主角与背景。

在整个产品的传播中，当一部分的刺激信息处于主导地位时，其他的部分就会引退于背景之中。因此，把什么样的信息作为宣传的主角很重要，它决定了人们能感知到什么。某家电品牌做过一个有趣的广告试验：用一位衣着保守的漂亮模特在电视中为观众介绍该品牌电视机，并用目光跟踪仪测试观众对该电视机品牌的记忆准确率，结果发现在三天之后仍然有接近40%的观众可以准确回忆起该电视机品牌。在之后的试验中其他条件相同，选用一个衣着暴露的性感女郎在电视上介绍电视机，结果发现三天之后，记住该电视机品牌的观众不到10%。因此，要力求让产品本身成为消费者关注的主角，而其他信息作为背景刺激出现。

与此同时，在广告中，改变产品本身的信息量、产品信息的刺激强度、产品展露的节奏和频率，都会影响消费者对产品本身的关注度。当然，产品被当作主角光环后的背景并非是失策，可以凭此进行针对产品本身的"隐形营销"。很多商家选择以更隐蔽的方式在电影、娱乐节目、游戏中植入产品广告，也是一种隐形营销。比如，在电影中非常生活化的场景下，演员使用某牌子的手机、香水、背包等不会让消费者产生抵触心理，反而会增加他们的购买欲望。

心理效应四：错觉。

错觉是在特定条件下，对客观事物产生的不符合客观实际的歪曲知觉。比如，当人们被问道：500克棉花和500克铁板哪个更重时，有相当一部分人会认为棉花更轻些。常见的错觉来源于人们视觉上的歪曲反映，包括物体空间、颜色、体积、重量、尺寸、厚薄等。很多卖家利用人们这一知觉的特殊性来增加产品营销业绩。比如，在实体店中用镜子、灯光让店内空间显得空旷，减少拥挤感给消费者带来的烦躁；为排队等待的消费者提供趣味游戏、桌游、按摩等服务帮助消费者打发时间，减少消费者由于等待产生的不耐烦情绪。

6.5 注意力是消费中的奢侈品

你是否看过很多现场的追踪报道？记者和摄影师们会对他们的记录目标穷追不舍，尽量保持近距离去观察他们镜头里的主角，便试图发现主角的一些"秘密"，而这也正是观众喜欢观看这些追踪报道的原因。成为消费者视野的焦点是很多卖家高效营销的基础，因此消费者的注意力所及之处，也是营销要保持跟随并充分利用的触点。

然而，在这些不断扩张的产品信息中，我们如何让自己的产品成为消费者的注意焦点，让他们用喜欢的方式"找到"我们的产品？要解决这个问题，我们需要了解潜藏在消费者注意力中的"暗阁"。

注意力"资源有限"——大脑会屏蔽"多余"的信息

虽然人们每天都在不断地面对成千上万的信息，但是人们并不能逐一做出反应。很多时候，人们的大脑会自动地屏蔽掉他们认为不重要的信息。人们的注意力在很多情况下是极其有限的，心理学家卡尼曼(D. Kahneman)的"资源有限理论"很好地说明了注意力的这一特点：他认为人们的注意力是一项数量有限的认知资源（能量），人们对每一项进入感官系统的信息的加工会占用他们的认知资源，信息越复杂就意味着需要占用更多的注意力资源。

然而，人们并不是根据刺激信息本身的复杂程度来决定注意力的分配的，而是有一个灵活分配机制来协调：根据需要和情境等因素，人们会把认知资源灵活地分配给那些满足自己需要、重要或新异的刺激信息上。而那些对

人们来说比较熟悉的行为，操作起来很简单，人们用很少的注意力就可以完成该任务。比如，一个老奶奶可以一边很熟练地织毛衣，一边和别人聊天。

注意力资源有限理论告诉我们，在消费者决策路径中的每个阶段都存在认知资源的竞争现象，只有那些高质量的产品信息才能吸引潜在消费者。那么，如何创意性地让消费者对你的产品产生关注呢？

首先，设计与个人需求密切相关的产品推介。对产品的需求程度会影响消费者对产品的注意力。越是需要，消费者越是主动地分配更多的注意力去搜索让自己满意的目标。情绪也会影响人们对某些事物的聚焦，如一个心情低落的消费者很难去关注街边的电视机厂家正推出的最新爆款。过去的经验也会影响消费者决定处理哪些信息，一个厌烦了擦白色地板的主妇在室内进行再次改装时很容易就略过白色系列的地板材料，而选择更耐脏的浅灰色等其他系列。因此，找到超越这些影响因素的产品卖点信息会有效引起消费者的关注。

其次，提升产品信息的新奇度。人们在决定把自己的注意力放在哪里的过程中是保持高度防御性的，他们会尽量避免那些让自己感到枯燥无趣的信息入侵大脑。因此，只有那些足够引人注目的产品信息或画面才能进入消费者的感受系统，继而进入他们的内心。有意义而反逻辑的内容就是新奇的一个很好表现，这也是为什么人们那么容易被一些无厘头但有爱的电影所深深吸引的原因。

最后，注重产品信息的易处理性。消费者喜欢简单实用，所以通常他们更容易被简单、直接的信息呈现方式所吸引。在视觉上，大块的刺激比小块的刺激更容易吸引注意力，扩大广告中某些重要信息的尺寸和比例会产生更好的传播效果；移动速度适中的刺激更受消费者喜欢，而移动太快、太慢的广告会增加人们处理信息的难度，难以引起大多数人注意；把不同的商品隔开展示比较更容易吸引注意力。

注意力的"鸡尾酒会效应"

一个人头攒动的鸡尾酒会上一定少不了的就是喧哗，但你一定不难发现，即使在这种人声鼎沸的环境中，你仍然可以在几个人的小圈子里谈笑风生，完全不受周围环境的影响。不同的谈话圈子之间彼此也不会受到干扰——人们自动忽略了那些无关的噪声，这就是人们常说的"鸡尾酒会效应"。

这是人在注意力参与下形成的一种听觉选择能力，人们只能听到他们想听到的声音，而且他们对所关注的声音的感受能力是其他同等"噪声"声源的数倍。这就是无论在多么吵的环境下，人们一旦听到自己的名字就会马上注意到的原因。同样，人们对自己熟悉的语言、熟悉人的声音等都会产生异常的关注，这似乎是一种天然的技能。

国外多项对飓风灾后募捐的统计资料显示，飓风的官方名字会影响灾后的募捐。当人们的名字的首字母刚好与飓风名字的首字母相同时，他们更愿意捐款。一项"最喜欢的字母选择"的实验结果显示，大多数人倾向于选择和自己名字里用到的字母相似的字母组合。这说明人们对自己的名字非常在意，人们对与自己名字类似的事物或人会产生好感。因此在营销中可以通过称呼名字或昵称来拉近与消费者的距离，从而更大程度上影响他们的购买行为。

一些营销团队在与消费者进行沟通的过程中很好地利用了这一点。对国外的消费者，他们会在沟通邮件中详细给出自己的信息，俨然一个"产品经理"——干练的英文名字、富有亲和力的头像、让人可信的职位等，力求让消费者感觉自己是在和真实的人沟通；对于国内的消费者，则注重姓氏和昵称背后潜藏的力量，努力从中寻找共同点，让他们放松自己的警觉，使其产生亲切的感受并将注意力的大门向产品敞开。

6.6　掌握消费者的记忆规律

"记忆"这个概念在人们的印象中并不陌生，它是人们每天都不自觉地做的行为。人们靠记住过去感知的经验来影响未来的决策和行动。比如，一个公司不会在两次主题不同的内部年会中采用相同的节目和流程，因为这会让员工们感到索然无味，他们希望每年都有对记忆的新挑战。

记忆是人们对过去感知过的事物、思考过的问题、感受过的情绪以及做过的行为的反映，所以记忆所面对的刺激是人们过去的经验。对消费者来说，没有了记忆的参与，几乎不能完成购买行为。他们需要把体验过的各种信息从记忆中提取出来进行核实、比对，才知道自己应该购买什么样的商品。

对于营销方来说，掌握了人类记忆的规律可以通过赋予产品或产品广告某些鲜明的特征，引导消费者把不便于记忆的产品信息变成喜闻乐见的、很容易就能回想起来的并能够长久记住的信息。

消费者有着怎样的记忆系统？

人类发明了很多抵抗信息流失的技术——字母表、代码、黄页、智能手机、汽车导航等，这些生活中的工具也正在把记忆变得越来越简单。但是，这并不能让人们因此就弥补了注定要损失某些有用信息的遗憾，人们做不到过目不忘，那些辅助记忆的生活设备可能会遗落或失去电能而不能正常工作。因此训练自己的大脑，增加记忆效率对购买方和营销方都有莫大好处。那么，人们是如何进行记忆的呢？

首先，我们需要了解记忆的几种类型。

人们对信息是有偏好的，对有的信息可以记忆很长甚至是终生，有的却只能维持数秒钟。根据人们记忆维持时间的长短，人类存在以下几种类型的记忆：

第一，感觉记忆。感觉记忆一般发生在作用于人们感官的刺激停止后，刺激所带来的信息会在感觉通道上有短暂保留，时间在0.25~1秒，所以也有人称其为瞬时记忆。该类型记忆的任务就是帮助人们对所有接触到感觉器官的信息完成"登记"，在注意力的参与下进入下一个环节。感觉记忆相当于公司招聘中收到求职简历，由于投递量比较大，它的作用就是对这些简历进行筛选，通过筛选的信息将有机会进入下一个信息加工环节。

第二，短时记忆。短时记忆是没有进行过训练（复述）的记忆，保持时间在5秒至1分钟之间的记忆，容量比较有限，一般为7（±2）个组块。这些组块因人们的经验、知识不同而存在差异，一个组块可以是字、词、数字，也可以是一个短语、句子、图标等。短时记忆一般以听觉编码为主。

第三，长时记忆。长时记忆保存的时间为1分钟以上，数天、数月、数年甚至终生，所以容量很大，它是短时记忆的信息经过充分的和有一定深度的加工后，在头脑中长时间保存下来的记忆。

感觉记忆、短时记忆和长时记忆虽各有自己对信息加工的特点，但从时间衔接来看是连续的，关系也非常密切，短时记忆是感觉记忆进入长时记忆的桥梁。它们的加工过程也在某种程度上体现了记忆的四个过程：

第一步，识记：通过反复的感知使刺激信息在头脑中保存下来，把刺激信息与已有经验间的内在联系、减少无关信息或增加有意义的信息，使刺激变得更完整，从而让识记过程变得更全面、快速和准确。

第二步，保持：识记的信息在头脑中得到巩固，是对识记材料做进一步加工和储存。随着时间的推移会出现数量和质量上的变化，有的信息去掉了冗余部分变得更精简凝练，但有的信息也可能因为丧失掉的部分变得不完整。

第三步，回忆：是对经历过的事物在头脑中重现的过程，有些回忆是自动的"触景生情"的反应，有些回忆则需要意志努力才能达到。

第四步，再认：对进入记忆里的事物重新出现时能够识别出来，是比回忆（重现）简单的过程。消费者在购买中，从对产品信息的识记、保持、回忆和再认来反映过去的购买经验和精力，从而影响当前购买决策。因此，以上四个环节是彼此联系的，共同构成了消费者完整的记忆过程，再认和回忆对消费者的识记和保持有加强的作用。

其次，我们需要正视记忆中的信息的遗忘速度与数量。

随着人们对一些信息的记忆，人们同时也遗忘掉了另外一些信息。德国心理学家赫尔曼·艾宾浩斯（Hermann Ebbinghaus）在他的研究中发现，遗忘在记忆之初就开始了，并且遗忘的速度和数量也是不均匀的。他通过让被试者记忆无意义音节（一些不具备任何意义的字母组合，如wswfp）来观察他们的遗忘规律，结果发现最初被试者们遗忘的速度很快，以后逐渐缓慢；在遗忘的数量上，最初遗忘的数量庞大，一段时间之后就会越来越少。

同时他在研究中还发现，记忆材料的长度会影响遗忘速度，因此为了避免遗忘，越长的无意义音节需要重复背诵的次数越多；无意义的材料几乎是有意义材料记忆难度的9倍；对材料复述的次数越多，保持的时间越长，越不容易遗忘。

如何让消费者记住你？

如何让消费者记住自己？相信这是很多卖家都想知道答案的问题，如何根据记忆的整个过程来服务营销？我们有以下两点建议：

首先，需要建立产品与消费者在某一产品信息上的联系。

记忆的本质就是，通过某种方法把未知的产品信息内化到他们的经验系统中。要完成记忆的由"新"变"旧"有很多方式，归根结底还是把新信息与消费者已有的经验联结起来，通过熟悉的概念认知、加工和内化不熟悉概念。比如，要让消费者了解一个新型的电子表，就需要调动他们已有的记忆

中关于电子表的信息。在具体的操作上有以下几种方式：

第一，使产品信息变得具体化和形象化。原来比较抽象的产品概念增加一些必要的细节上的信息，让抽象的事物变得直观，便于理解和记忆。

比如，某手机品牌为突出其手机强大的处理器功能，而设计出形象化的广告语："××手机，9倍的处理速度，快得让你飞起来。"和旧信息建立联系，就是要保存住原来的"喜欢"，同时在旧的记忆中萌生新的机会。为产品建立有意义的联结会扩大消费者对产品信息的视野，也提高他们对产品信息的吸收程度。

第二，提升产品信息输出的重复性。遗忘的进程是先快后慢，所以在记忆初期不断重复会增强消费者对某项信息的记忆效果。在艾宾浩斯的实验中，经过不断重复，被试者一天后保持记忆率98%，一周后保持86%。对很多商家来说，想要把某个信息传递给消费者，应该抓住最初的一周时间，以不同的形式让他们重复看到产品的信息或线索。比如，在一个大促销活动中，要把这个信息在最初的几天内进行强力扩散。

第三，进行产品功能验证与产品使用训练。这是比前面更精细化的产品信息加工过程，它促使消费者对产品信息从感觉记忆和保持阶段进入长时记忆。对产品的使用调动了消费者其他的感官来参与对产品信息的记忆，这些记忆会因更有趣而变得更持久。

其次，浓缩产品信息的内容。

产品信息要根据消费者的记忆水平、能力来安排信息的长度和深度，尽量把产品信息限制在他们记忆能力范围之内，减少因信息过长、过难而造成的信息过剩。如果消费者无法接收到信息，产品信息对他们来说是无效的。根据短时记忆容量，一次呈献给消费者产品信息的组块应该控制在5~9个单位内。比如，某早餐饼干品牌的宣传语："冠军的早餐"——简单的五个字就传递出该饼干高能、健康的理念。

6.7 消费者喜欢让自己脑洞大开的产品

一家瘦身营养品公司推出了一场出奇的"诱惑"宣传。用高品质可食用巧克力做成的传单，并告知拿到巧克力传单的人：如果您可以带着完整的巧克力传单来到我们公司，那么您将享受我们所有产品的8折优惠；如果您一不小心没抵抗住诱惑吃掉了这个传单，也不要着急——您还有一次机会到我们公司再领一份，但是请尽量少吃点！您能保存的巧克力传单部分越多，您得到的优惠就越多。

不能吃一块已经到手的巧克力，还要捧着它去营养品公司，然后拿到瘦身产品优惠，那将是怎样一场有趣的"旅程"？毫无疑问，该公司成功地吸引了更多消费者踏上追求瘦身的路。

想象力是推动消费者行动起来的一大动力，它让人们"脑补"出很多未知的体验，这些未知的体验或憧憬会带动消费者通过实际的努力和行动让憧憬变成现实。

让想象力帮助人们打开脑洞

什么是想象力呢？这要先了解"想象"的概念。人们的大脑有一项奇特的功能，就是人们会对感知过的事物存有印象，当该事物不在眼前时，人们的头脑中还是能够完整地还原该事物的形象，我们称为表象（Image）。想象是对于存在头脑中的表象进行一定程度上的加工改造或重新组织，由此形成新的形象的心理过程。想象力即能够对表象进行加工创造的潜力大小。

很多成功的产品在造型和营销上都有想象成分参与。比如，电影《超能陆战队》中广受大众欢迎的充气机器人"大白"，因为其具有疗伤、暖男、热爱动物、治愈的面庞和语气等特征，让很多人有种"看着就想抱抱"的冲动，甚至它身上的很多特点成为很多女孩子择偶的标准——"萌萌的暖男"。现实中也许并不存在这么完美的人，所以人们利用想象把这些给人温暖和治愈的表象都加诸在这个影视角色上，以此来满足自己的情感需求。

可以说，想象在一定程度上发挥着引导消费者需求、影响消费者的品牌认知的作用。人们常用的改造已有表象、完成想象的方式有以下几种：

第一种，黏合。这个是最简单的想象方式，即把两种以上客观事物的属性、元素、特征或部分结合在一起形成新形象的过程。比如，一些花店在促销季会出现的"花仙子"，就是把漂亮的女孩子与芳香扑鼻的花朵两个特征黏合在一起，从而达到吸引消费者的目的。

第二种，夸张与强调。改变客观事物的正常特征，使事物的某一部分或一种特征增大、缩小、增加数量或改变色彩等，以求给消费者全新的感受。比如，在一个感冒药的广告中，把感冒女主角因感冒流鼻涕带来的红鼻头无限放大，清楚到人们甚至能看到鼻头上的"病菌"——这一广告就是用夸张的方式让人们重视健康，指出病了要吃药。

第三种，提取典型特征。把一类事物的共同或典型特征提取出来，用这些典型的特征创造新的形象。上面的例子中，机器人"大白"的流行就很好地解释了此种方式。

在营销中，发挥想象力需要把关于产品不同的事实和观念融合在一起，为它们赋予新的含义。想象力为消费者理解产品提供了独特的角度，使他们透过想象看到产品和营销的内在意义。这种内在意义为消费者指明了未来的行动，人们会试图通过做些什么去解决问题——消费。

脑洞大开的营销

不断出现的新产品、新技术，有时候能绕过一些根深蒂固的旧路径，为消费者开辟出一片全新视野。商家一旦拥有这种创新技术下的创意产品，就会远远跑在竞争对手前头。下面几个案例就说明了这一点。

案例一：给消费者一个想象的"引子"。

在一则汽车视频广告中，一家人开着"我们的车"去风景秀丽的乡下野炊。其乐融融的氛围会大大地影响潜在消费者购车的欲望，因为这个场景让那些消费者想象着自己就是广告视频中的一个角色。然后，他们会由广告中的这个场景扩散到很多场景——送爱人上班、接孩子回家、全家一起去购物等，他们很可能会因为害怕失去想象中的美好而选择购买这一品牌的汽车。

经验会丰富想象内容，提高人们的想象力。那些我们能高频感受到的表象，会更容易打开人们想象的闸门。寻找到这种和潜在消费者群体经常绑定在一起的表象，以此为"引子"让消费者进入他们的想象世界，然后关联到自己。通过这种方式，消费者会由"想象去做到"变成"真正地去做到"。研究发现，想象带给他们的感受甚至比真正拥有这些产品的感觉更强。

案例二：真实的情景诱惑——"奇屋一夜"。

某提供短期出租房屋的网站提出了一种创意性房屋出租：在世界著名的水族馆内布置一个最特别的房间，一个球形水族箱内放置一张蓝色的大圆床，房客可以透过透明的玻璃近距离观察到水箱里游动的鲨鱼以及它们在黑夜中的生活状态。

独一无二的海底景观和与几十条鲨鱼做邻居是不是足够让很多人感到兴奋？但是并不是所有人都有机会入住的，这里总共只有三个夜晚住宿的机会。而且有机会入住的房客无论在哪里，都是机票免费。参与者要回答一系列短租网站提出的问题，来证明"这个夜晚非我莫属"。报名的人当然是成千上万。

与"与鲨鱼共住一晚"只是该网站众多点子中的一个，他们还有让"明星做房东""公牛队球馆办生日晚会"等点子。虽然名为"奇屋一夜"，但对很多人来说他们并不甘心只住一晚，因为他们需要更多、更完整的体验——这成为该网站高效营销持续下去的最重要因素。

6.8　他们更愿意待在心理舒适区

口香糖现在已经家喻户晓，但在其上市之初消费者并不买账。于是，口香糖厂家们费尽心思来推广这一新型产品：先是借助禁烟运动，把广告中原来"伸手掏兜抽烟"变成"剥开包装纸嚼口香糖"的健康行为，因此而销量大增；后来为了适应时代变化，陆续推出"嚼口香糖，运动你的脸""清新口气，没有距离""关心牙齿，关心你"等思维转型系列的宣传引导，让很多消费者在不知不觉中进入"有节奏地咀嚼的时代"。

消费者会因为习惯而对某些品牌、产品形成依赖，如果你可以让自己的产品给他们带来舒适的体验，那么他们就会继续消费下去，不轻易从这个区域出来。

让消费者产生依赖的基础

很多来自市场的调研发现，一个产品是否能让消费者产生依赖，主要基于以下三个方面：

第一，产品的核心卖点能否与产品自身一致，消费者能否在产品使用中完全享受产品卖点所宣传的利益点。如果产品传播中的利益点和消费者心理期待是平衡的或是可以调和的，那么消费者对该产品的认可率就比较高，容易产生信任和依赖。

第二，产品的创新利益承诺决定消费者是否愿意继续消费下去。如果产品随着时间的推移没有在包装、配方或技术上有更新，没有新品推出——没有为消费者持续提供利益，就会失去消费者持续的关注和依赖。

第三，**产品持续的品质保证决定消费者是否愿意继续对产品拥有保值甚至是超值的期待**。尽管技术升级和创新可以给消费者带来产品价格降低、产品数量提升的惊喜，但加量不加价是否能确保消费者还能享受"品质如旧"的产品——这是很多消费者关心的问题。所以，产品要保证其原始利益的可持续。比如，美白的面膜即使在改变配方后也要持续有美白的功能，而不能完全变成另一个样子"保湿"。

当然，以上三个方面并不是消费者对产品产生依赖的全部因素，但它们是比较关键的。商家只要做到合理利用，就会使产品营销具有良好的效果。

习惯之下的"心理舒适区"

习惯是长期形成而不易改变的行为如生活方式，具有一定的稳定性。消费者一旦形成某种消费习惯，就会对这种日积月累重复之下的行动产生产品偏爱，甚至对某一产品产生依赖。可见，给销费者建立一个习惯之下的"心理舒适区"，十分必要。那么，哪些因素会影响这种舒适区的建立呢？

因素一：消费中的"路径依赖"。

常逛菜市场的人会对一些常买菜摊的位置有精确记忆，他们一般想买什么就会直接到相应的菜摊前挑选。有些人会因此形成一个购买习惯，并对这个积习已久的习惯产生偏爱。比如，在购买顺序上：肉、青菜、水果。消费者一旦做出了某种购买形式上的选择，习惯性的力量就会使他们这一行为不断强化，变得难以改变。

在实际操作中，一旦掌握了消费者的惯性思维和习惯路径，就可以据此调整产品宣传上的信息布局。比如，一些商家在人流量最大的商场位置展示促销信息，或者把一些促销广告贴在具有引导性的标识语旁边。

一种购买路径一旦形成，就会随着时间推移得到巩固而形成固定模式。对消费者来说，他们对自己长期投入时间、金钱和精力的购物习惯感到更安全和信任，因此即使偶尔出现些不合时宜的小插曲，也不会轻易改变。

因素二：数字化的消费行为。

随着网络技术的不断完善和推广，数字化已然成为未来发展的趋势，这也让很多消费者改变了传统的消费习惯。比如，吃饭可以在"微餐厅"里实现点餐、预订、开桌、支付等一体化，点点手机就可以吃饭。数字化消费渗透在人们生活的各个领域，人们也逐渐从接触到适应、习惯并依赖数字环境下的生活方式，而数字化生活也从根本上改变了消费者的生活形态和消费习惯。

对数字化消费的依赖促使消费者们在网络上群集，根据个人生活习惯、社会属性等聚成大大小小的网络虚拟群体。无限扩大的互动空间和社交便利，让消费者对互联网使用时间越来越长，而对现实生活空间依赖性降低。人们会因为共同喜欢某个品牌的产品而成为网络上的朋友，会因为共同打过网络游戏而成为亲密队友。

数字化的形式下，商家需要从消费者的整个消费过程中挖掘出其购买行为的连贯性，找到消费行为和日常生活之间的关联点，从而梳理其消费行为和日常生活的内在逻辑。在大数据分析下，持续地推出受欢迎的产品，让消费者产生价值观共鸣。

因素三：行为示范的作用。

人类天生具有很强的模仿心理，在消费领域也不例外。美国经济学家杜森贝利认为，消费者的偏好是相互影响的。虽然各个阶层的消费者已经形成了与收入相称的消费习惯，但作为社会人，他们会模仿比他们收入更多的群体的消费方式来维护自尊。因此，就会出现一些现象：当高尔夫被看作富人们流行的休闲方式时，它也成为全球所追捧的"高雅"休闲的时尚象征。

6.9　运用暗示的魔力让消费者"束手就擒"

一个不准备买什么商品的姑娘和同伴一起走进了一家装饰品店。同伴买了一个色彩绚丽的发卡，戴上以后非常漂亮。这位姑娘想，自己也和同伴一样拥有一头乌黑的长发，配上类似的发卡也一定不输同伴，于是她也决定买一个发卡。

一个妈妈领着儿子去买鞋。没想到试了几双鞋之后，儿子都感觉挤脚。最后店员不得不拿来最大的一码，终于勉强可以穿上了。但是店员无意间一句话让妈妈感到警觉："怎么才十一二岁的孩子，脚却要和40岁的男人一样大了！"她在想：儿子的脚部发育是否正常？

类似的情况很多，人们常常会受到周围人或环境的影响而改变自己对某

一件事的看法。影响看法的因素有时是一个决定，有时是情绪上的变化。这种受别人或环境"传染"而发生心理和情绪变化的现象，我们称为受到了暗示。

什么是暗示？

在心理学中，暗示是指在非对抗的条件下，含蓄地用语言、表情、动作或符号等方式对他人的心理与行为产生影响，促使人们接受影响施加方的思想或行为。大多数广告具有暗示的作用，最终向消费者传达"我才是不二选择"。

"需要"和"想要"是营销中消费者不同层次的需求，而暗示可以把消费者眼中"想要"的产品变成"生活的必需品"。暗示会发掘出潜在消费者对产品的消费欲望和消费能力，也是在准确把握消费者诉求之后，润物无声地快速获得消费者信任的方式。

心理效应中的暗示作用

心理学效应是人们对生活中常见的心理现象和规律的归纳和总结，是由于人（事物）的行为而引起其他人（事物）发生变化或引起连锁反应的现象。这里介绍两个具有暗示作用，并可以运用到营销中的效应：

暗示效应一：皮格马利翁效应。

该效应也被称为"期望效应"，由美国心理学家罗森塔尔和雅格布森提出。该效应意为当人们被赋予更高的期望或赞许以后，他们会不经意地朝着这个被期待的目标前进。它的命名来源于一个希腊神话故事：一个名叫皮格马利翁的雕刻家精心地按照自己理想女性的形象雕刻出一尊女性雕像，然后他就爱上了这尊雕像。他每天对着雕像说话，表达心声。最终这尊雕像活了，变成一位真正的女性，并成为他的妻子。该效应说明人们会不自觉地接受自己喜欢、钦佩、信任和崇拜的人的影响和暗示。

在营销中将消费者创造性地塑造成一个让他们感到愉快并具有挑战性的角色，让他们通过消费产品加上自我的努力，最终完成角色的转换。比如，当一个打算通过健身器材来塑造自己身材的女士来到健身房找健身顾问咨询时，健身顾问可以把"健美小姐"的标准（身高、体重、全身的肌肉群等）透露给她，并在具体操作上进行可行性分析（她现在的状态如何，要经过怎样的努力才能达到目标）。在她努力的过程中，健身顾问可以帮助她并成为她的健身教练，不断鼓励她。这样，女士为了获得健康和高回头率的身材，会坚持使用健身顾问推荐的相关健身器材，吃对塑身有帮助的食物。如此，便增加了其来健身房的消费频率。

暗示效应二：霍桑效应。

霍桑效应是哈佛大学心理学教授埃尔顿·梅奥带领学生和研究人员在一个名为霍桑的工厂中历时九年进行的一系列实验，从而得出了这一效应理论。他们选择了其中的两个车间小组作为实验被试者，通过调整薪水、照明条件、湿度以及休息时间等具体举措，并告知这些举措是为了改善整体工人的福利水平而进行的。结果发现，当工人得知这些举措是为了改变当前的待遇和福利时，出现了整体产量增长，他们也很少去报告工作无趣枯燥了。

霍桑效应表明，在消费中，品牌或产品有帮助消费者建立这种积极自我暗示的责任。物质手段的激励不能完全满足消费者心理上的某些需求，因为消费者们大多更需要情感上的慰藉，希望在消费中感受到安全、和谐和找到归属感。因此，产品营销方要重视在营销中与消费者建立积极的人际关系，用积极的思维模式和他们保持互动，找到他们在情感上的诉求。产品营销商需要帮助消费者树立积极的自我暗示，推动他们朝着自己所向往的更美好的生活方式前进；在其选择更美好的生活方式以及更加光明的未来生活的同时，使得自身品牌成为他们生活中不可缺少的一部分。

07
用社会面具定位消费群体

面具（Persona）的含义源于希腊演员在舞台上表演所戴的面具，类似于中国的京剧脸谱。后来，其被心理学界借用来描述一个人的人格，即人们在不同的场景中所表现出的与外界的互动模式。它是多面的，因此在不同的场景下人们所表现出来的互动模式不尽相同。人们评价一个人也正是依据这些分散的面具来获得整体的印象。

面具深深地影响着每个人的思想、感觉和行为，它帮助人们适应社会，融入不同的群体。在面具形成的过程中，人们也发展出种种特性（积极向上、乐善好施等），而这些特性也推动着人们不自觉地去做一些事。社会面具是人们在一定社会环境下、相同或类似的生活经验基础上，形成的比较一致的特性，是人们全部面具中的一个侧面。在营销中，社会面具会帮助营销者看到消费者中多样化的群体。营销者可根据这些消费人群的特征，通过适当的引导把这些消费特征变成销售流量。每一种社会面具并非完全是独立的，甚至会出现"你中有我，我中有你"的特点，但依然可以大概按不同的社会性格特点进行消费群体的定位。因此，本章将围绕消费者的生活方式、教育和经济收入、性别、年龄等因素定位不同消费者群体，然后对这些群体的消费行为进行剖析。

7.1 为梦想打拼的草根

"草根"源于对英文"Grass Roots"的翻译，最早产生于19世纪美国的淘金热。当时民间盛传，大量黄金都蕴藏在一些山脉土壤表层草根生长茂盛的地方。后来被人们活用于人类社会研究等领域，指社会中处于中低收入的普通百姓。虽然草根个人的影响力不大，但人数众多。来自某年《中国统计年鉴》的数据显示，中低收入的群体占到总人口数量的五分之四。对于这个数字庞大的群体来说，他们也有着提高自己生活品质的强烈需要。所以，很多商家把目光锁定在了这群中低收入的群体。

"草根"族的消费认知和行为

普通百姓虽朴实平凡，但遍布广泛，人数众多。他们有着顽强的生命力，善于利用有限的资源去为自己创造更好的成长空间，散发出更蓬勃的生命光彩。所以，作为消费者，他们看似简单、低调、朴实，但是他们也因为热爱生活而在消费上有一定的追求。他们希望通过自己的汗水和聪明才智，赢得更好的生活品质。这些消费者非常关注比自己收入高的精英群体的消费趋势和流行符号，渴望用较少的金钱就能或多或少地享受到精英群体的高质量生活。

有限的可支配收入让他们在现实中难以支撑过高的购买需求，于是他们变得非常善于利用身边的一切便利条件和资源，来实现自己在购物上的梦想。他们购买名牌来体验满足感，喜欢尝试新生的流行时尚产品。同时，他们也崇尚互联网的免费与共享，欢迎平价、亲民的消费，热衷于各种试吃、使用、免费赠送的活动，喜欢通过参加"低价抢购""拼多多"等活动购买自己心仪的产品。在该群体的影响下，消费正逐渐步入"亲民"的"平民时代"。

如何对"草根"族进行营销？

普通百姓消费追求实惠、质量有保证，这些成为草根消费扩张的良好土壤。巨大的群体需求，必然会把个性化的草根消费推向产业化的草根消费。如何让产品赢得老百姓的好口碑的同时，又能把草根营销的理念渗透到更多草根群体中，从而有效吸纳他们的"零花钱"？

第一，使产品拉近与消费者之间的距离。

普通百姓更喜欢产品品牌无限贴近自己的生活，所以成功的草根营销的产品会讲述"老百姓身边的故事"，给消费者一种"我就是你，我能理解你"的感受。减少笼罩在产品上的光环会迅速将品牌与消费者的距离缩短，让消费者和产品之间"零距离"接触，会极大地激发消费者的关注度和兴

07 用社会面具定位消费群体

趣。因此，从产品宣传内容、形式以及渠道等环节上，要形成匹配一致的零距离营销链。比如，在一些广告中，主角会选择看上去没有突出特征的普通人，通过其平凡的生活感受来传递产品消费体验；在形式上，注重有广泛群众基础的低门槛（低约束，高自由）活动，减少复杂的活动规则，使活动便于示范和模仿。

然而，即使提倡零距离的草根营销有广阔的销售流量前景，但它并不完全适合每个品牌。比如，对于某些高端的消费品牌而言，过度地拉近距离就会丧失品牌的长期竞争价值。不同品牌应该根据自己的品牌定位，适时进行调整，把握好缩短产品和消费者距离的度，在避免由于距离缩短而造成损失的同时，保持竞争上的优势。

第二，使产品的价格更加亲民。

亲民的价格，是使"草根"消费者产生消费冲动的诱因。在一些具有实用价值的产品上，"草根"消费者会显得斤斤计较。他们通常不会抱着"买来试试看，不好用也没关系"的想法，而是要在功能、价格上进行多次对比、经过确认之后才会购买。即使是几元、几十元的差价，他们也会犹豫不决。对他们来说，些许的差价就是很重要的影响购买的因素。多功能又价格便宜的产品最容易在这个群体中打开销路，如不足百元的手机壳，外观靓丽又不失质感，充分满足了草根消费者们用最少的花费来彰显个性品位的需求。

第三，利用互联网扩大消费者针对产品所产生的弱连接。

美国社会学家马克·格拉诺维特（Mark Granovetter）于1974年首次提出"弱连接"理论。他根据人与人之间沟通互动的频率，把人与人之间的关系分为"强连接"和"弱连接"：个体与那些每天都能和自己接触频繁的人之间形成了"强连接"，如亲人、朋友、同事等；而对于另外一些人，个体则是通过一些比较浅显的接触方式认识他们，因此个体与这些人之间形成了"弱连接"，如广播中无意间听到的人、从网络上偶然看到的人等。

有研究发现，大多数人平均有150个左右的联系人，其中强连接约30个，弱连接约120个。从信息传播的角度来看，强连接虽然稳定、联系紧密，但形成的社交圈规模有限，且社交圈之间产生的信息通常是重复的，长此以往容易变得信息闭塞。弱连接则恰恰相反，由于存在较少的人际压力，且在空间、地域上有较少的限制，因此更容易给个体不断带来新信息。在整体上，弱连接拥有着无法超越的传播效率。

基于互联网技术的各种互动形式属于典型的弱连接。互联网的流行和应用让弱连接的作用发挥到极致，也成为"草根"营销畅通无阻的基础。在国内，几乎每一个70后都有一个腾讯QQ账号，并享受该软件网络的各种社区服务。互联网社交平台让不同地域的草根消费者们可以平等地进入各个互动社区（博客、论坛等）进行高参与度的互动。这些虚拟社区成为影响人们生活方式的一个载体，帮助很多企业接触到比以往的传统营销更多的消费者。以互联网为载体形成的弱连接将产品信息在互动中迅速传播，因此它也成为一个以最快的速度最广泛地接触消费者继而产生营销利益的地方。

7.2 时尚与梦想并存的大学生

大学生是一个充满活力的消费群体，主要以90后、00后为主。他们有着和社会其他消费群体不同的消费心理和行为：一方面，他们都比较年轻，对一切新事物都充满好奇而愿意去尝试和探索，因此他们有着旺盛的消费需求，是一股活跃的社会消费力量；另一方面，他们正处于经济上尚不能完全独立，实际的消费水平受到限制的状态。洞察大学生群体消费心理特点，才能找到好的商机，做出正确的营销决策，让潜在的消费力量变成实在的销售成果。

大学生有着怎样的消费心理？

据统计：与其他消费群体明显不同的是，大学生群体每月"收入"的金额几乎等于"支出"的金额，是典型的"月光族"。在广告媒体、电商、移动快捷支付等因素的影响下，大学生们超前消费的热情被大大激发。那么，推动他们"买买买"的动力有哪些呢？

动力一：情感消费。除了期待产品能满足实用性方面的需要，大学生们还期待通过消费某些产品和服务来获得精神上的愉悦和满足。他们的消费在某种程度上受到情感的支配，喜欢"凭感觉"消费。因此，朋友聚餐、节日庆祝、亲情消费、恋爱消费等，成为很多大学生必不可少的情感交流方式。很多大学生用鲜花、红酒、大餐、情侣产品（文化衫、鞋子、手表等）、电影、演唱会……来获得自己想要的快乐和浪漫气氛。

某些主题性的消费在大学生群体中还会出现依附和追捧的现象，成为小群体和圈子中流行的消费模式。比如，在一个班级中，如果某个同学为了庆祝自己的生日而举办了生日聚会，邀请大家都来参加。那么，其他同学也很容易因为觉得这个过生日的形式好，而采取同样的方式庆祝自己的生日。如此一来，每个同学的生日就变成了一场各式礼品消费的展示会。虽然有些人不愿意参与，但考虑到是集体的活动，因而不得不选择加入。

动力二：追求个性和时尚。紧跟潮流，从追求时尚中获得新鲜感是促使大学生们持续消费的动力之一。尽管这些新鲜的事物对他们并没有什么实际价值，然而他们更强调这些"无用"的事物带给他们的不同新鲜感。越来越多的大学生开始通过修饰外在形象来表现自我，于是各式各样的护肤、美白、丰乳、美体、运动、减肥等产品成为他们改善自己形象的得力助手。当然，还有相当一部分人是为了在就业中拥有良好的职业形象，因而重视形象消费。

动力三：重视名牌，追求品质。大学生的思想与消费观念开放，随着消费的升级，他们也逐渐具备了更强的品牌意识，同时注重产品的性价比以及产品带来的质感。很多同学为了拥有一部大牌的手机或笔记本，情愿节衣缩食，甚至牺牲掉其他项目开支。多项研究发现，在移动电话、美妆、数码相机等比较高档消费领域，有越来越多的大学生群体开始加入其中。

充斥着优质消费的领域给了大学生群体全新的生活形态，也让他们从某种程度上获得了一种迈入"上流社会圈"，并成为其中一员的归属感。他们虽然渴望像已经工作拿高薪的精英群体那样享受有品位的生活，但是由于经济条件有限，只能选择一些有品质保证、价格低端的产品。

动力四：消费差异化。大学生的消费资源多数来自家庭或亲友的支持，有少数大学生通过打工兼职来赚取部分生活费。多项针对大学生群体消费现状的研究发现，在大学校园中存在消费的差异化：来自城市的大学生比来自偏远农村的大学生拥有更多的可支配消费资金。可支配消费额的悬殊导致大学生们形成了迥然不同的生活方式：家庭富裕的大学生可以下饭店、穿名牌、玩新手机，出入高级娱乐场所；而来自低收入家庭的大学生则只能选择去吃食堂，去平价超市买日用品。

同时，大学生的消费还存在性别上的差异，男生更喜欢购买数码产品、运动设备和游戏装置，而女生更喜欢把钱花在服装、饰品、化妆品等形象修饰上；而且，女生在产品购买频率上远远超过男生。

如何在大学生群体中做买卖？

对于有大量时间了解品牌，并善于对质量和价格进行性价比较的大学生群体，商家如何开发适合大学生消费的营销和服务，在满足他们多样化需要的同时，又能激发他们新的消费潜力？

第一，满足大学生消费多元化需求。

近期一项《中国校园市场发展报告》结果显示，在中国大学生近年的消费中，日常用品消费占总支出的30%，其余70%的消费散布在教育培训、文娱、数码产品等其他领域。这就意味着，有将近三分之二的消费可以成为一些品牌商家的营销目标。在众多的消费领域中，不同的大学生个体又有着其个性化的消费需求，因此推出新颖而多样化的产品，满足大学生群体多元化的消费需求是营销成功的关键。比如，面对人手一部手机的大学生群体，设计多款、多种风格或不同色系的手机装饰品，可让兴趣和偏好不同的大学生都能找到适合自己的款式。

在销售宣传策略上，可针对对价格敏感的女生群体，推出相应折扣活动并拓宽折扣宣传的传播渠道，满足她们使用的产品是"当下比较火"的心理；针对男生群体，产品的品质和价值对他们更具有吸引力，因此商家就要加大产品品质方面的宣传，让他们对产品品质的需求放心。

针对消费差异化的现象，可对大学生消费群体进行细化，制定不同层次的消费套餐，让不同消费水平的大学生都能享受到舒心的产品和服务。比如，对于美发可以提供简洁式、精修式、护理式等理发套餐，让不同层次的需求都得到满足。

第二，完善移动客户端购物体验。

作为互联网使用者的大学生群体，他们的资讯获取大部分来源于网络。有研究发现，社交媒体、饰品广告以及电商推送等成为影响大学生消费决策的重要因素。有调查显示，超过90%的大学生更喜欢使用手机客户端进行购物。因此，商家要提高手机移动客户端的服务水平，及时更新和修补漏洞，为大学生群体提供更优惠、便利和安全的网络购物环境。

商家关注大学生群体的消费，引导他们消费，应该以传播健康的消费观

念为出发点，而不应该以他们的弱点（冲动消费、盲目跟风等）为契机去牟取暴利。大学生群体的消费潜力并不完全体现在他们的求学阶段，但求学阶段是培养他们对品牌忠诚度的最重要阶段：他们认准了某个品牌，在经济能力增强之后，将贡献给品牌商家更多的经济效益。

7.3　精打细算的城市工薪族

在一项问题为"手里有多少闲钱，你就不当工薪族了"的网络调查中，有接近半数的受访者表示自己有1000万元也不会放弃手头的工作。显然，很多人对拥有1000万元和"千万富翁"的生活并没有概念。他们从来没有拥有过那么多钱，也无法想象这个数字的财富会带给自己什么样的生活，更不知道应该如何使用和打理如此巨大的财富。那么，工薪族的日常是什么样的呢？他们又有着怎样的消费习惯呢？

城市工薪族是哪些人？

工薪族，是指没有什么积蓄，主要靠每个月薪水养家糊口的人群。每个月几千块的薪水扣除了房子、水电、日常用品等上个月的账单，可以灵活支配的部分变得所剩无几。他们常常感觉平日里其实没买什么大件东西，但工资卡里的钱却像流水一样转瞬即逝，一不小心就容易成为"月光族"。工薪族需要有相当的毅力才能积累出一笔钱，偶尔还会因为忙碌、遗忘、出现额外支出而使某个月的储蓄计划泡汤。

根据中国家庭金融调查（CHFS）最近的一项数据显示，工薪族在全国有将近2亿人，是社会的中坚力量；年龄集中在80后、90后以及70后的一部分群体中，他们大多受过高等教育。他们的年薪为1万元到10万元，其中有70%的人年薪在6万元以下。他们把80%的资产用于买房和还房贷，剩下的就是抚养下一代的费用。

虽然工薪族在生活中常常感慨"低工资高消费""薪水追不上房价"等生存压力，但在他们自己平凡的小日子中，不失对成功的渴望，也对未来的生活有美好的憧憬和梦想。他们仍然乐此不疲地学习并计划着以更合理的消费方式面对当下的生活。

城市工薪族的消费现状

工薪阶层的人的绝大部分收入用来生存，可灵活支配的收入十分有限，因此他们在财务上很难实现自由。随着自身成长和时间推移，他们会不断面临恋爱、购房、结婚、生育、医疗、养老等一系列必须要面对并解决的重大人生问题，每一项都需要投入时间和金钱资源。有限的财力使他们在消费过程中会格外谨慎小心，对产品的品质也相对没有那么苛刻，而是只要货真价实、耐用就好。

因此，一些商家推出的批发式购物在工薪族中比较受欢迎，他们不会觉得囤积大量某样消费品（纸抽、家用香皂等）会占空间，并带来很多麻烦；相反，他们会为以低于零售价格买进的商品感到高兴。他们会购买反季销售的产品，用时间差来降低支出；在饮食方面也尽量追求节俭，中低端的工作餐是他们的首选。除了物质方面的精打细算，他们也努力为自己的精神消费创造条件，如计划小半年以后，进行一次短期的旅游。也有相当一部分工薪族通过业余时间学习，使用科学的理财方式对收入进行开源节流，并寻找合适的项目进行投资，力求获得更多收入。

如何帮助工薪族保持对消费的敏感？

经常会不由自主地畅想自己未来的生活，思考应该如何在现有的基础上让自己的生活品质更上一层楼，是很多工薪族经常在头脑中做的自我反思。提高生活品质的前提是满足现有生活的基本需要，然后在其上逐步发展。对于薪水并不高的人们来说，在有限的条件下还是可以通过合理规划提高生活品质的。如何做到这点呢？

首先，产品应忠于他们的感受。

高品质的生活不一定是用高价钱堆砌起来的，而在于人们对于生活中所使用物品的感受。对很多人来说，一件适合自己的、舒适的衣服比一件看起来时尚但面料刺激皮肤还过于紧身的衣服更有价值。因此，在针对工薪族的营销中，要引导他们选择那些适合自己的、更有价值的，减少价格对他们购买的影响作用。对工薪族来说，决定是否购买的优先顺序常常是：质量—适合程度—价格。

对很多工薪族来说，除去每个月必要的生活开支，多花几百元和少花几百元对生活基本没有什么影响，但是长期下来会积少成多。因此，形成好的

消费习惯对提高生活品质有积极影响，把这些省下来的钱用于购买品质更好的商品，也就是提高了生活品质。好的消费习惯包括摸清自己的日常开支（记账），避免盲目消费进行有效节流。

其次，鼓励此类消费者选择投资性消费。

投资是迅速积累大量财富的一种有效方式。比如，在房价低时买了房子的人，多数能在几年后用房子升值的资产改善性地买了更大的房子。工薪族参与投资性消费，首先要清晰定位自身现状，以低风险项目为主，以生活为本，用节余的薪水去投资，投资项目以不影响工作、不拿身家做博弈为前提，同时考虑投资的稳定性、安全性以及收益周期。商家可以引导工薪阶层带着投资性的眼光尝试实践新型投资产品，如在日常生活用品上使用优惠券、办优惠卡等，这些细节不仅让消费者们实现了更方便快捷的消费，还节省了消费者的支出，降低了消费或投资风险。

7.4 崇尚品位的白领

一个单身女白领和朋友聊自己的日常消费："月薪1.5万元，当然不能委屈自己，要让自己生活得体面光鲜呀。大牌化妆品当然必不可少，衣服鞋子也得品质上过得去吧，每个月要去美容院做护理，网购些自己喜欢的小物件，看看话剧、听听音乐会放松自己。手机数码电子产品嘛，我是觉得必须两年就翻新。工作之余，我还喜欢参加一些兴趣爱好班，学学烘焙、盆栽什么的，参加油画班，学习滑雪旅行……"

生活中像她一样的人不在少数——他们通过努力获得自己想要的生活，也在不断地学习和创造，期待在消费中获得更多的技能和更丰富的体验。

白领群体的特点

白领（White Collar）一词的概念早在20世纪30年代的美国就已经被启用，指具有高学历教育背景并具有丰富工作经验的专业人士。他们的工作不需要做大量体力劳动，收入稳定且处于中等水平以上。由于具有良好的教育背景、工作经验和专业技术，在工作机会的选择上，白领族拥有更多选择的机会和选择的主动权。新的工作机会多的同时竞争也激烈，因此白领们需要随时准备好储备更多能量，用新知识、新技术武装自己。

快节奏的工作和生活让白领们具有强烈的务实精神，他们会精准地分析当前自己的处境，并做出相应的规划让自己获得更多的机会和利益。在职业的选择上他们也更关注新工作是否能为未来的职业发展贡献资源，然后再考虑薪水和福利。

很多社会学家通过人们的消费方式来划分他们所属的社会阶层，消费方式在很大程度上代表了一个人的经济地位。随着经济能力的不断提升，白领族也在用他们的消费行为和消费习惯无形中构建着自己独特的生活方式，把自己和社会中的其他群体区别开来。他们拥有衣食无忧的生活水准，因此他们更多考虑的是提升自己的生活品质，保持自己在这个精英群体中的位置。

从哪些角度挖掘白领族的消费潜力？

通过消费将自己归为某个群体是人们普遍存在的一个社会性特征，白领群体当然也不例外。他们也会通过消费来排解陌生环境带来的孤独感，打开自己的交际圈。消费将互不相识的白领们集合成一个拥有相同消费习惯和消费理念的群体。那么，白领族有哪些典型的消费特征呢？

第一，生活高质量、高品位——"轻奢"。

白领族普遍具备一定的鉴赏能力，讲究生活"绝不将就"，愿意为美好的生活品质买单。他们不断探寻新的时尚，对产品品质、精致程度都要求有一定水准。他们会消费一些超出普通大众生存与发展需要的产品，而这些产品具有自己的特色——比较稀缺、质量上乘。白领族认为消费的结果就要让自己的生活有情趣、充满正能量。

他们会按月订办公桌上的鲜花，让自己的办公桌每天充满淡雅的花香；他们注重生活中各种重要的日子，为自己购买礼物作为鼓励和奖励，把礼品变成生活；他们通过订阅时尚杂志来调整自己的品位；他们的衣柜里总是有那么几件最喜欢的大牌衣服以及精心淘来的精致饰品，适合在不同重大场合穿戴；在吃上，他们会把餐厅的情调放在首位，最好是有典故、有文化内涵的；偏爱国外品牌的香水和化妆品，家居却钟爱中国风；到固定的地方去打理头发和护理皮肤，还有一些人拥有自己的私人美发师、美容师；可以开始一场说走就走的旅行，去有阳光、海水和沙滩的地方……

第二，知识消费迅速上升。

激烈的职场竞争让白领们需要不断提升专业技能才能在职场中立足，紧张而快节奏的工作让他们希望有机会在放松的同时还能充电，丰富自己对某些问题的思考深度。于是付费阅读、听演讲等各类的知识传播形式在白领群体中间逐渐变成主要的学习充电方式。在互联网这个平台的影响下，知识消费变得更丰富多元，可以满足白领们利用碎片化时间充电的需求。多样化的知识充电形式增加了消费的便利性，可以实现学习和生活同步进行，也推动了知识消费的热潮。

比如，某主流知识消费平台举行的知识狂欢节活动中，在三天内就获得接近2亿元的销售额。根据该平台后台消费数据信息显示，有接近70%的消费者年龄在25~35岁，且这些人大多关注的是个人成长类、财经、商业类的课程。另外也发现，国学、历史、金融、外语等内容成为购买排名靠前的课程，这说明白领们愿意为提高专业技术付费，同时也乐于为提升精神层次的知识付费。

第三，期待服务更快速便捷。

白领工作节奏快，时间紧凑决定了他们花在挑选商品上的时间极其有限，因此他们对生活上的消费追求快速便捷。因此，要精准地满足他们方便快捷的体验，就要让消费产品尽量靠近他们。比如，一家"快咖啡"店，由于实现了写字楼的白领可以通过微信下单、15分钟送达，因此日销量数万杯，扩展到全国一线城市70多个生产车间。另外一家便利店为吸引白领族的做法：在产品输出中加入消费者情感需求元素，提供差异化选择，同时提供大众品牌商品和自有品牌；为适应不同时段和场景下的消费需求，推出蛋糕牛奶早餐、西餐配水果下午茶、酸奶和便餐的加班夜宵。创立五个月后，这家便利店已经在全国范围内多个城市开了十几家分店。

7.5 渴望融入时代潮流的新生代农民工

镜头一：已经在某印染厂工作了一段时间的新生代农民工小邱，在老板的极力挽留下，还是辞掉做了将近半年的工作。他说："印染厂的老板待人不错，还总说我脑子灵活，悟性高。但是工作时间太长，而且都是在高温高湿度的条件下作业，我的身体难以承受。"辞职之后的小邱决定去技校学习汽车修理，然后换一个工作环境，以后留在大城市。他虽然年纪不大，却已经工作五年了。

镜头二：农民工小贾又一次拒绝了一家单位对他的工作邀请："这家单位位置太偏僻了，工作之余想上网、外出逛街都要花一两个小时走出工厂区才能找到，我觉得太闭塞了。虽然我是农村人，但我对自己的生活质量有要求——我需要通过上网来交朋友、娱乐和了解外界信息。"顿了顿，他又说，"我有技术，希望进大企业。上家单位倒是管吃管住，但是我有点受不了一年到头馒头加咸菜的早餐、没有荤腥的午餐和晚餐。"

像小邱和小贾一样的农民工，随着他们父辈们的年龄逐渐增大劳力下降而回归农村，他们的劳力和技术不断增长和成熟，他们正慢慢成为城市务工人员的主体。

新生代农民工的"群像素描"

"新生代农民工"的提法始于2010年国务院发布的一号文件中，指外出务工6个月以上、户籍为农村户口的在外务工农民，其中绝大多数为80后、90后群体。据统计，在全国范围内有将近1亿的农民工。他们接受过一定程度的教育（初中、高中或技校），无论是出生在城市还是农村，他们都几乎没有从事过农业劳动，缺乏从事农业生产的经验和技术。

新生代农民工比较享受现代城市文明，在他们的成长过程中或是由于上一代务工归来带回来的城市信息，或是由于跟着在城市务工的父母一起生活的经验让他们在穿着、饮食习惯、价值观念、思维方式等方面都逐渐向同龄城市居民靠拢。他们渴望不再像上一辈一样出卖劳动力，而是通过脑力劳动在城市生存。

但由于他们与同龄人相比又缺乏高等教育经历，加上在城市环境下的生活经历让他们缺乏父辈吃苦耐劳的精神，这些都让他们在高收入的工作机会上处于弱势。所以，在他们身上也有着一定程度上对未来的迷茫和焦虑，这样的心理也促使他们急切地想通过学习或其他的途径找到改变现状的突破口。他们依然在不断努力寻找自己在城市生存和生活的空间，争取得到城市主流的认同和价值肯定。他们通过同乡、亲戚、朋友等资源，建立属于自己的生活交际圈，来逐步增强自己在城市立足的力量支持。

他们典型的消费理念和行为是什么？

新生代农民工们喜欢城市生活所带来的舒适感和便利，也更提倡应该享受当下的生活，因此他们的消费观念也比自己的父辈们更开放。有调查显示，有接近70%的新生代农民工开始把大部分工资花在自己身上，他们不再愿意为攒钱而让自己过"苦行僧"式的生活，因此他们很少人有固定存款。他们花在吃饭、穿衣、信息通信、租房等方面的支出，远远高出父辈们在这些项目上的花销。

他们的城市梦比父辈们更执着，他们的日常穿着、谈吐以及生活习惯都追求与城市对齐，他们与城市大众文化和城市流行的时尚一起前进。有研究对这个群体进行详细划分后的调查发现，新生代农民工的个人消费存在独生子女和非独生子女的差别：一般来自独生子女家庭的农民工由于家庭经济压力小，他们几乎不用在经济上支持家里，所以花费随意，很多人是"月光族"，甚至会动用未来的钱；而来自多子女家庭的农民工则由于以往并不富裕的家庭生活状况，在消费上显得更为保守，他们更关注商品的价格和实用性。

在消费上，形成了不同风格的消费群体：保守型和消费型。保守型的农民工群体把钱大多用在实用性强的住房、家居、家电等支出上；而消费型的农民工则把更多的钱用在购买电子产品、新潮服装、休闲娱乐上，同时把个人日常活动集中在上网、K歌、购物、吃饭、提升品位等消费场所。

消费，帮助他们融入现代城市

随着在城市中打拼时间的增长，越来越多的农民工开始不认同自己是农民。相反，他们更愿意把自己看作城市的一分子。他们渴望能留在城市，摆脱"农民工"的身份，彻底融入城市的生活，像普通的城市居民一样享受城市带给他们的一切。这就衍生了新生代农民工们必须要面对身份的选择这个问题：如何从形象上、情感上以及思想上完全成为一个典型的市民？

首先，让他们的消费方式多元化。

很多研究发现，消费对实现身份认同有着重要作用，人们总是倾向于选择与其身份相符合的消费方式。人们在消费产品的同时，也是在消费一种对某种角色和行为的"认同感"。在消费文化上给予他们引导，让他们意识到某些消费能够丰富他们生活的同时，也让他们正逐渐在情感和思想上靠近城市居民。比如，城市居民比较注重精神生活的丰富多样化，这也正是新生代农民工们融入城市的一个很好的切入点。去旅行、读书、看文艺表演、去健身房、参观博物馆等，这些行为也正在不断地向新生代农民工群体蔓延。当然，商家要考虑到新生代农民工们在经济上的现状，制订出符合他们消费标准的消费项目和计划。

其次，让他们的消费品质化。

新生代农民工群体在消费方向上，正处于从"满足温饱"向"追求品质"过渡的阶段。他们不再满足于购买到的产品能满足基本生活需要，还注重买到的产品的品牌和知名度、产品带来的服务和愉悦体验。一项对新生代农民工的手机消费表明，该群体把购买不同款式、品牌、型号的手机看作维持自己时尚性和城市气息的手段。

因此，对他们来说，使用个性化的产品在改变他们固有形象的同时，可帮助他们跟上城市的发展潮流。对商家来说，为这些群体创造一个让他们感到舒适和放松的消费环境，让他们不会因为自己的身份而在消费中感到局促很重要。此外，在农民工群体中释放中高端消费的信号，激发他们追求更高品质产品的动力，从而带动他们消费"品质"的潜力。

7.6 家境优越的"富二代"

"富二代"一词最早见于香港凤凰正规节目《鲁豫有约》，现在多指我国改革开放后早期民营企业家的子女。他们依靠继承家产，坐拥丰厚财富。如今"富二代"一词已经作为"富家子弟"的代替词，出现在人们生活之中。

他们身上具有一个共同特点，就是几乎无一例外都出身富贵家庭，但同时他们也是颇受社会大众争议的一个群体——"富二代"。身为"富二代"，是一种怎样的体验？下面是一个"富二代"的自述：

> 我父母是做实体制造业起家的，在朋友圈里，我是家庭条件最好的那个。从小我就有专门的保姆照顾，上小学每天有专人接送，我没坐过城市公交。从来不会刻意爱惜自己的玩具、衣服，因为只要我说想要什么，就会有什么。父母送我去国外读书，毕业回国给我配了车，买了300平方米的复式房，每个月帮我还信用卡。去餐

厅吃东西我不用关注价格，出差一般住五星级酒店，坐飞机头等舱，每三五个月我都可以选择出国旅游放松。虽然我工作成绩一般，但因为有了留学背景，在公司中担任着中层管理岗位，薪水不错。除此之外，我没有什么不良的生活嗜好，所以在长辈们眼里我依然是个优秀的年轻人。

我相信命运是公平的，给你的越多你需要承受的也越多，现在支持我的有父母创造的财富，还有整个家族产业，我得扛着。

这个为数不多的群体，他们的生活方式和观念也在潜移默化地影响着整个年轻人群体。他们的某些群体特征，也反映了消费市场的需求。

"富二代"是怎样的一群人？

"富二代"，往往生活优渥，即使不工作也可以享受高质量的生活。由于拥有数字庞大的财富做后盾使他们在社会上的竞争力远远超过普通人，因此他们可以轻松地就接受最好的教育资源。然而，他们虽拥有常人不能企及的财产，但由于在成长中所接受教育的方式不同，他们的命运在成年后会变得不同。

年轻有为的成功型： 父辈通过长期努力打拼跻身于富人圈子，他们把这种勤奋、努力的精神也传递给下一代。因此，这些年轻人在优良而严格的教育环境中长大，积累了丰富的知识技能。他们经过自己的努力和父辈们积累起来的财富和人脉，成功变得顺理成章。他们可以让父辈们放心地把家族产业交给他们继承下去。在消费上，他们也喜爱豪车豪宅，但他们并不纸醉金迷，而是追求个性和品位。

败家的纨绔子弟： 这群年轻人由于上一辈忙于生意而忽略了对他们的教育和陪伴，加上缺乏自制力，一味地沉迷于优越的物质生活中，养成了不能吃苦、贪图享乐、心理素质差的特性。他们肆无忌惮地挥霍着父母或家族积累起来的财富，最终一事无成，甚至有些人会对社会治安造成困扰。例如，马路飙车、炫富、在夜店里一掷千金等行为。

总之，追求高品质的消费是富人们用以证明自己优于其他人群的投资。对此，美国经济学家托斯丹·邦德·凡勃伦说过："富人们用消费价格昂贵、卓越品质来证明他们对财富的拥有和他们的消费行为多么光荣。"无论是勤奋的、成功的"富二代"，还是花天酒地的"富二代"，都存在炫耀性和攀比消费的现象，象征着成功和富有的奢侈品成为他们攀比性消费的重要阵地。

在一项对中国奢侈品消费市场的调查中发现，中国奢侈品消费者有接近30%是"富二代"群体，远远高于其他国家同龄群体；而且中国的奢侈品消费群体正趋于年轻化，甚至比欧美的奢侈品群体整体上年轻了将近15岁。一位世界奢侈协会负责人表示："全球奢侈品消费年龄最小的在中国，大多数是父母为他们买单。"这也可以用消费的补偿心理来解释：由于环境和条件所限，那些白手致富的民营企业家把自己在创业中所没有享受过的优越条件转嫁到他们的下一代身上，让他们从小就可以拥有最好的书包、最好的手机等生活用品，这在一定程度上助长了一些"富二代"的虚荣心和攀比消费行为。

如何把产品卖给"富二代"？

很多"富二代"消费奢侈品是为了彰显社会地位和财富，如给宠物买飞机头等舱、为爱犬佩戴高科技电子产品等，这些不太令人喜欢的"炫富"行为和他们花钱随意的态度，也加速了奢侈品在中国的推广和蔓延。在消费中，"富二代"们需要最大限度地满足自己对身份和地位认同的渴求。比如，某豪车商家在一个专门针对"富二代"群体的"专属VIP日"活动中，可以通过微信宣传让其好友们都知道他们拥有该品牌的豪车。

虽然这个年轻的群体有着强大的购买力，但个体之间存在价值观和消费习惯上的不同导致其消费模式和品牌偏好不尽相同。因此，奢侈品商家们要根据不同类型的需求，定位他们的消费目标产品。锁定这群奢侈品的"信息搜索者"，把他们变成品牌传播的使者，会极速扩大品牌在他们所处群体中的消费量。

针对"奢侈品豪客"型的"富二代"，因他们缺乏对奢侈品牌的了解和清晰的自我意识，注重品牌的知名程度，强调独享、奢华和铺张，因此提供充足可选择货源、做好相关服务，可让他们省时省力消费。而针对自我定义清晰的"精明强干"型"富二代"，由于他们希望被认为是独特而有思想的，并希望通过消费折射出独特的自我，因此把豪华的消费与生活中的情感联结起来，会成功吸引他们。比如，某家航空公司策划的"归巢之旅"活动中，让远在海外求学的"富二代"们的父母乘坐头等舱秘密到达他们生活的公寓，给予他们出其不意的惊喜。这一活动不仅让这些想要探索世界又思念

家人的学子们得到了情感上的慰藉，也让这些豪华的旅行套餐得到了广泛的传播，从而吸引到了更多的潜在消费者，为下一步营销起到了很好的预热效果，被公认为是年度最有力的航空业营销方式。

7.7 爱上购物的女性

齐娜是一名公司职员，她有个与众不同的特点——公司里最爱购物的女孩。

"你不知道购物是多么美妙！通常在出门之前只打算买件衬衫时，但进了商场之后我会看到更多和衬衫搭配的裤子，外加一件外套和几条并不贵的围巾，然后我就把它们都买回来了。"

每次购物之前她几乎不会考虑类似的问题：我是否确实需要它们？这些物品长远来看有用吗？她也几乎不会列购买清单。结果就是，她的房间里堆满了并不十分需要的衣物、鞋子、包包等各色物件。

上面这个例子在我们的生活中非常普遍。随着女性具有经济上越来越丰厚的便利条件，她们在消费频率上也变得越来越频繁。她们在购物上十分感性，虽然有时会为某些细节斤斤计较、吹毛求疵，但遇到了喜欢的东西就会毫不吝啬、出手阔绰。从国家统计局的数据结果来看，当前我国年龄在15~60岁的女性消费者接近5亿，占总人口的三分之一，其中消费活跃的群体（25~45岁）总数达到了2.9亿。如此数量庞大的消费群体，了解她们的消费心理特点对未来的营销变得十分关键。

女性想通过消费达到哪些目的？

无论是哪个年龄阶段的女性，都有她们所钟爱的消费领域。她们通过购买，满足自己的生活和情感等方面的需要。那么，她们大量的购物行为背后，隐含着哪些期待被满足的动机呢？

动机一：调节情绪的"自我赠礼"。

虽然很多女性在工作中可以做到从容干练，但女性情感上天生的脆弱与柔软，让她们渴望工作之余的温情和慰藉。心理学研究发现，购物可以给人们带来快感，仅是在买与不买之间做选择就能使人们感觉自己更有控制权，而整个购买过程让人们感觉到自己拥有了对生活的控制权。

自我赠礼，是女性们用于款待自己的一种方式，指通过为自己购买某样商品来调节内在情感需求，感受商品带来的正向情绪。自我赠礼分为两类：用于缓解负面情绪和用于延续好心情。当生活或工作中遇到压力时，购物就成为她们缓解压力的途径。当遭遇一些负面情绪时，精美而优质的商品可以改善心情，让女性消费者忘记那些不快。比如，有些女孩在与男友发生不快后，会疯狂地在网上购买一些昂贵的物品。

某咨询公司对都市女性消费者的一项调查结果显示，在20~35岁的女性中，有90%表示自己有过情绪型消费的经历；有将近50%的女性表示会在情绪不好或非常开心的情况下有意识地购买商品；有将近80%的女性表示购物会让她们的心情变好，并不会因为情绪性消费感到后悔。

动机二：期待变得更美。

女性通常非常在意别人对自己的容貌和形象上的评价，她们恐惧变老变丑，因而孜孜不倦地追求着美丽。她们要让自己保持美丽，期待自己变得更美，因此竭力避免自己看起来老土和落伍。她们愿意把钱花在一切让自己显得更美丽的消费品上，并不惜为此一掷千金。她们更多地凭外观去对某些事物做出选择，因此产品的外形、款式、包装乃至一个小小的装饰都能左右她们的消费决策。

动机三：全方位地爱自己。

女性十分注重购物体验带给自己的感受，对她们来说，完美的购物应该是一次次的充满乐趣和让她们自信满满的体验之旅。她们追求购物环境的装修高档漂亮、设计人性化和服务人员的体贴入微，这些能够在多种感官上给她们以优越的享受。

她们对商品的细节有时也十分挑剔，力求精致。外衣要不易褶皱，鞋子要面料结实舒适，内衣要熨帖透气，睡衣要线条柔美飘逸等。有时候，衣服上一个不经意外露的线头都会让她们对衣服品质的印象大打折扣。

她们喜欢通过试用去检验产品和服务给她们在细节上的感受，这也在一定程度上减轻了她们花大价钱买不对等商品的焦虑。她们追求的全方位体验的需求，也反映出女性消费观念在不断更新。某日报展开一项针对20世纪60—90年代女性消费观念的调查，结果发现不同年代的女性群体在消费观上存在明显的不同：60年代的女性讲求适合与节俭；70年代的女性更注重

安全；80年代、90年代的女性群体更看重产品是否能带来精神上的愉悦。女性对消费从关注性价比、实用性，逐渐转移到关注产品是否能带来其他的附加价值，如改善情绪、促进社交等。

如何让"她"的消费成为引爆利润的"她经济"？

越来越多的商家开始意识到女性消费群体所蕴藏的巨大消费潜力，他们开始从女性的角度来分析和定位产品和品牌的消费群体，他们也正行走在从"她经济"中获利的路上。那么，商家可以利用哪些因素让"她经济"变得越来越广泛、活跃呢？

第一，借力于女性在经济上的独立。

中国女性有着全世界最高的就业率，英国《经济学人》杂志的一项统计中，中国城市女性的就业率为70%，高于主流西方国家，经济独立成为消费能力的强有力后盾。从近期一项中国女性调查报告来看，对于已婚的女性，有超过半数的妻子收入水平与丈夫相当甚至高于丈夫；全国范围内有接近50%的女性的消费占整个家庭收入的30%以上。女性在家庭消费中的决策权重逐渐增大，有统计数据表明中国家庭消费中，有接近四分之三的消费力掌握在女性手中。

第二，充分利用女性渴望做"辣妈"与"中年少女"的情结。

随着家庭经济水平的不断提升，年轻的妈妈们正从传统的关注下一代的衣食住行逐渐转向自身。她们拒绝"因为带孩子而蓬头垢面"，她们更认同努力奋斗活出自我，用行动证明保持美丽的外表做"辣妈"和带孩子并不冲突。所以，她们在消费结构上从原来一门心思淘奶粉、纸尿裤转移到让自己变美变瘦变得有气质的美容、瘦身、化妆等领域。

与此同时，一些在生理年龄上步入中年但是依然保持着少女心的女性，想要保持像少女一样的青春活力，她们是被看作有"少女情结"的一群人。有些50岁以上的中老年女性也成为"中年少女"大军中的活跃成员。她们虽然在传统视野中是帮忙带孙子的广场舞大妈，可她们也掌握着大量社会资源，有钱有闲，很多人更愿意享受人生的夕阳红。

女性肯为"变美"和"保持年轻"花大价钱。某大型网商的一项美妆消费数据显示，有35万女性消费者一年至少要购买12个包，每年购买5支以上口红数量的女性消费者超300万人。从消费结构来看，有60%的女性消费集中在美容服饰领域，其次是旅游度假、娱乐、医疗。女性消费者对实体商品的需求在向相关服务领域延伸，如为了穿上小一码的衣服而去健身，又如为了让买到的护肤品产生更好的效果而选择拿着护肤品去专业护肤机构做延伸性的消费。

第三，根据不同地域的消费者制订不同的营销计划。

地域经济限制从某种程度上限制了女性的消费，使不同地域的女性购物呈现出消费上的差距。从某网商平台的大数据来看，一二线城市的女性收入相对较高，因此她们有更多的经济能力购买高品质的商品；而三四线城市的女性则在质量的基础上注重实惠，更看重价格中端质量还过得去的商品；五六线城市乃至县级地域中的女性更多地消费在维持基本生活需求（鞋、衣服、母婴用品）上。

因此，针对一二线城市，营销要偏向于高级护肤、美妆、图书、电脑、艺术、爱好等领域；而对那些地域比较偏远的三四线城市，把生活必需品作为营销主要目标比较合适。

7.8 "慢步调"生活的老年消费者

> 几个月前某网络购物平台的一则招聘信息刷遍了朋友圈：招聘资深产品体验师，要求年龄60岁以上，有1年以上网购经验、在稳定的中老年群体圈子中有一定影响力，广场舞意见领导和社区居委会成员优先，年薪在35万~40万元。这让很多网友表示要帮助赋闲在家的父母投简历，同时有数千老年应聘者对此跃跃欲试。不少网友感叹：我妈工资要比我高了！

当然，该购物网站想要聘请的不是练广场舞的普通老年人，而是有稳定的老年群体社会资源的人。据统计，目前我国60周岁及以上人口有2.3亿，占总人口的16.7%；65周岁以上的老人占总人口的10.8%。这两个数据都高出世界老龄化比例标准10%和7%。因此，中国正在快速步入老龄化社会。在这一背景下，老年消费群体也逐渐进入交替阶段。到2020年前后，老年消费主体将是50后和60后。新一代老年人的心态更年轻，不服老。他们已经不再像传统的足不出户、在家照顾儿孙、一心只想享受天伦之乐的老年人一样，而是愿意更多地走出家门，追求丰富多彩的晚年生活。

老年群体积极主动追求更多元化的晚年生活，也意味着在这群银发族的

生活背后潜藏着巨大的消费需求和商机，因此"银发经济"已经成为当下商家布局的新领域。

新时代下老年人消费心理

随着年龄的增加，老年人也积累了越来越多的消费经验。但随着新老年消费潮的快速崛起，老年人也表现出对适应新鲜事物和社会大环境的愿望和能力，他们消费时考虑的重心也在逐渐发生转移。新时代下老年群体的消费心理发生了哪些变化呢？

首先，老年消费者习惯化消费尚在，更愿意为品质和实用付费。

以往并不富裕的生活经历让逐步步入老年行列的消费者们形成了节俭的生活习惯，他们对商品是否值得购买心中十分有数，通常会经过反复对比和购买后形成对某些品牌的稳定评价，继而形成了比较稳定的购买习惯。自然，他们对某些品牌形成的偏爱轻易不会因为外力改变。但随着经济状态和生活水平的改善，老年消费者们也开始不再一味坚持自己长期积累起来的消费原则，他们开始更多从品质和实用性上评价商品。

在一项调查中发现，质量和实用性是影响老年人购买的最重要因素，分别占到了三分之一的权重；其次才是价格、舒适度、品牌、颜色、款式和包装。由于年龄和体力的原因，老年人更希望有一个良好、便捷的购物环境。因此，操作简单、说明书和价格标签清晰明了、服务周到和购买手续简洁会更吸引老年消费者。

其次，老年消费者广告渗透性低，希望购物有人陪伴。

由于心理成熟、阅历丰富，老年消费者通常不会对不太了解的产品轻易购买，他们也很少会出现冲动性消费，因此他们大多对广告的吸收效率比较低。他们的购买行动很少受到广告影响，甚至有一些老年消费者由于受虚假广告的负面影响而对广告产生了反感情绪。

由于害怕寂寞，而子女的闲暇陪伴时间有限，大多数老年消费者更愿意在购物时与配偶或同龄的朋友一起出门。他们十分看重同伴给出的参考意见和建议。因此，对于一些由于某些原因独自外出购物的老年消费者，商家提供热情周到的服务和容易携带的包装，或提供送货上门服务会大大增加他们对产品和商家的好感。

最后，享受型消费渐成老年消费群体中的潮流。

子女参加工作后，经济上的负担减轻，让老年人萌生了强烈的消费补偿心理。他们试图补偿过去没有实现的消费愿望，因此消费理念由原来的节俭逐步向花钱买健康、买快乐方面转变。社交、旅游、养生、穿着打扮、健身等领域成为老年人用来享受生活、活出自我的领地。随着享受型的消费成为潮流，帮助老年人返璞归真，享受更简单、率真快乐生活的商家们，也开始研制开发老年人玩具，进而引发了玩具市场的热点。

如何让"银发"消费者也掀起经济的浪花？

老年群体的活跃将引起整个社会消费结构的变化和更新。随着老年人收入水平提高，他们的支出水平也在不断提高。老年人们除了支付主要的日常生活费用，他们的消费领域也日趋丰富。那么，让老年人的消费成为名副其实的"银发经济"，应该从哪些方面入手呢？

第一，准确的产品定位。

首先，开发老年人产品时要根据老年人的生理特征来进行。在产品设计上要注重实用性，操作方便标志清晰。在产品领域定位上，要满足老年人的刚性需求，主要集中于三个方面：一是老年人用品，包括医疗保健用品（如康复器械）、生活用品（如老年人食品）、老年人文化休闲用品（如老年人运动鞋）；二是针对老年人的服务，如临床陪护、日间护理等；三是满足老年人精神需要的产品或服务，如老年人兴趣爱好班、老年旅游等。其次，商家在产品定位过程中要考虑到老年群体的复杂性和需求的多层次性，根据他们的年龄、消费能力以及文化等因素，制定出适合不同消费水平的产品定位。

第二，用情感进行产品促销。

不断上升的空巢率，让老年人对更紧密的人际互动方式需求旺盛。很多老年人容易感到孤独，而他们也最怕孤独，所以越来越多的老年人逐渐接受并认可花钱买服务的理念。他们渴望得到家人和社会的肯定和重视，希望有人陪伴。因此，他们更喜欢看起来热闹的消费场面，他们也更愿意接触推销人员。商家如果能够多采用人员促销，通过面对面或电话交谈的方式，在以老年人利益为出发点的前提下，和老年人交流想法，将对说服老年人接受营销理念或购买产品（服务）起到很好的促进作用。

热情地为老年人提供购物咨询，帮助他们办理一些必要的购买手续，提供送货上门、免费的售后维修等方式，都对增强卖家和老年人之间的感情起到了积极作用，从而达到更好的促销效果。

第三，广告要让他们感觉简洁熟悉。

老年人由于有购买经验上的优势而对广告不是十分敏感，但是设计合理的广告仍然可以吸引他们的眼球。广告设计上要注意三点：首先，为了减少老年人在广告认知上的负荷，广告要尽量简洁朴素，避免同时使用多种形式的刺激，如大面积动画、多种声音以及滚动屏幕等同时使用；可以通过突出标注等方式帮助老年消费者把握产品的关键信息。其次，利用老年人的大脑更容易处理熟悉的信息的特征，用熟悉的信息给老年消费者营造"我听过这个产品（品牌），它是真的"的记忆点。最后，广告不应以强调年龄以及年龄造成的购物观念上的代沟为主，而是要旗帜鲜明地突出老年人的智力、经验情感以及财力等方面的优势来激起老年消费者的消费自信。

7.9 "吃准"文化消费

镜头一：夏日炎炎，敦煌莫高窟景点门前排起了长龙，游客平均需要花40分钟的时间排队买票进入。该景点管理人员坦言，每年7月到9月是游客的高峰期，大概要接待全年70%的游客。所以，在这段时间内，常常是门票提前一个月就卖完了。

镜头二：宋代画家王希孟的画作《千里江山图》全卷在故宫博物院展出开幕当天，还没开门就有很多人在门外等待。门一开，人们就纷纷以"冲刺跑"的形式入场。

文化消费是通过文化产品或服务满足人们精神需求的一种消费方式，它通常是人们在基本的生活需求满足之后，追求更高层次生活质量所表现出来的意向和行为。随着时代的进步，文化消费逐渐从原来单纯的对音乐、戏剧、绘画等文艺领域扩展到与人们日常生活相关的饮食、时尚、影视、动漫等领域。文化消费的主体也从原来的高收入、高知识群体逐渐向追求内在精神层面的普通大众过渡。

文化消费的特点

人们具有多大的文化消费能力通常会受多方面因素影响，如经济条件、休闲时间、受教育背景和受教育程度等。这些来自自身和环境的因素，都或多或少地对个体文化消费行为产生了重要影响。而文化消费在这些错综复杂因素的影响下呈现出不同的特点：

第一，多维度、多偏好。由于地域不同形成了不同风格的文化消费，如城市的文化消费追求时尚，农村的文化消费讲究古朴。不同教育程度也会导致文化消费差异明显。一项文化消费指数的研究显示，不同学历人群之间存在差异，接受过本科及其以上教育的人群的文化消费综合指数相对较高，在消费意愿、消费能力上也明显高于其他学历群体。

在年龄上，一项来自中国人民大学文化产业研究院的调查数据显示：18~25岁群体文化消费意愿指数最高；26~40岁的文化消费能力指数优势比较明显。文化消费需求最旺盛的群体集中在1990—2000年出生的群体。

第二，具有"黏性"。与刚性的物质消费不同，文化消费具有一定的黏性。文化消费的需要一旦产生，就会形成一种习惯化行为，即把情感和兴趣等与人们精神层面相关的内容与人的消费行为黏合起来，产生重复性的消费需要和消费行动。比如，一些京剧爱好者对脸谱与唱腔的痴迷、一些街舞爱好者对街舞文化的热爱等，都会推动这些人不断地寻找他们所喜欢的文化的消费方式。

第三，供给创造需求。文化消费行为不像物质消费那样强调即时满足、目标明确，它通常在发生之前会有一个相当长的酝酿期。在这个酝酿期内，人们对某种文化的意识和感受处于一个模糊的状态。当遇到某种恰当的充满创意的产品或服务时，会激活人们文化消费的需求，让人们产生消费这种创意产品或服务的愿望。所以，对文化消费的需求通常是在大量的供给出现之后发生的。比如，在时下很流行的知识订阅产生之前，很多人已经感觉到了自己在某些领域知识的匮乏，但由于时间和经济等条件限制没有找到合适的解决办法。"知识订阅"等文化付费模式出现以后，这批人发现这些有主题、有深度的内容正是自己目前需要学习的，于是成为这些平台的忠实用户。

文化消费，可以变成哪些输出产品？

文化消费的核心是大众娱乐消费，随着人们精神文化水平的不断提高，他们对娱乐消费的要求水准也不再仅限于花钱买高兴的层次，而是向更高的层次发展：要有文化内涵和艺术表现力。人们渴望消费行为结束后，可以从消费中获得知识或情感上的升华。

如当前比较流行的文化旅游，便是符合人们在该层次的典型文化消费方式。

文化旅游是把传统、文物、习俗等具有文化内涵的实体通过创意修饰或以原封不动传承、原生态的方式呈现给众多对其感兴趣的参观者。通过创意将文化进行转化，让文化附着在旅游实体上，既扩大了文化传承的范围，又提升了旅游品质和效益。比如，把与中国共产党发展历史相关的纪念地作为基础旅游资源，在各个革命圣地建立起来的红色旅游；人们在观赏风景的同时，又能更深刻地了解革命历史，学习革命精神，增强爱国情感，培养艰苦奋斗的民族精神。成功的文化旅游重在巧妙的创意，好的文化创意能够最大限度地实现把静态文化资源转化为动态的旅游资源，让人们能够直观地通过实际接触去体验文化的内涵。把文化旅游变成让游客感到舒心惬意的学习和体验之旅，把文化贯穿于旅游中的吃、住、行、游、购、娱。先进的技术能够提升文化资源的再创造水平，产生更多的文化附加值。

环境改变消费决策

购买环境是售卖商品的空间，以及一系列与之配套的服务设施和附属场所，是消费者在购买行动发生之前就会切身接触到的。好的购物环境会给消费者留下美好的感受，引发消费者的购买欲，从而直接或间接地影响消费者的购买决策。因此，购物环境对商家与消费者之间的成功交易影响重大，优质的购物环境能够增加商家产品营销机会。

本章将从消费者对购物环境的感知特点、商场选址和外观、产品陈列、店面内部细节设计、文化环境等几个方面进行解析。

8.1　一样的巧克力吃出不一样的心境

我们身边的人作为一个消费者去逛街的时候，会表现出两种偏好：一些人是商场中的"独行侠"，他们不喜欢别人对自己将要购买的东西品头论足，会很麻利地挑选、鉴别自己已经打定主意要购买的商品，然后果断地购买，原因是他们更相信自己基于以往经验对产品的判断；另一些人喜欢热闹，总是要叫上若干好友陪同，因为他们觉得买到的东西因为是听取了多方意见而做出的决策，更显现出物有所值。

在消费中对产品信息的观察、组织、分析等方面，以上两个群体表现出完全不同的行为倾向。前一群体中的消费者购买商品很大程度上相信自己的内在判断，后一群体中的消费者则更依赖身边人的评价和建议。心理学对此给出了很好的解释，即使是相类似的消费环境，由于两个群体的人有着完全不同的接受和分析商品信息的方式，因此他们的购买行动也迥然不同：前一

群体具有场独立性，而后一种则具有场依存性。那么，什么是"场"，场独立性和场依存性又是怎么回事呢？

场独立性与场依存性

美国心理学家赫尔曼·威特金（Herman. A. Witkin）基于大量研究，提出了"场独立性"和"场依存性"的概念。第二次世界大战中，很多飞机驾驶员常因机身在云雾中翻转而丧失方位感，导致飞机失事。为减少事故发生，赫尔曼·威特金设计相应实验帮助飞行员利用自身和外部仪器提供的线索来调整身体位置：在一个可以调整倾斜度的座舱内，放置一把可以做各种角度的转动椅子。让被测试者坐在椅子上，根据座舱的倾斜度调整椅子以保持身体和水平方向垂直。

结果发现，在座舱与椅子都发生转动的情况下，一部分人则主要依靠身体内部感知，他们几乎不受外部刺激的影响，始终能对空间方位判断正确，保持身体与水平方向垂直；而另一部分人则依赖仪表提供的线索做出判断，他们常常会出现空间角度判断的失误，很难正确地将身体和水平方向垂直。

赫尔曼·威特金称，前一种知觉方式具有场独立性，后一种知觉方式具有场依存性。在经过大量的实验研究后，他发现，这两种不同的对外界环境的知觉方式具有相当的稳定性，且大多数人的知觉方式处于场依存性和场独立性之间。

心理学上所说的"场"即为外界环境或情境。对消费者来说，就是一切和消费有关联的环境或情境。对外界环境的认知和加工方式，让人们形成了风格不同的群体：场独立性的个体更依赖自身内部已有的信息和经验，对当下的事物做出评价和判断；而场依存性的个体则更多依赖自己所处的外部环境以及与环境的互动，用以形成对某个人或事物的评价。

场独立性的人的心理分化水平比较高，和别人在一起时无论是想法还是行动上都比较独立，不太关注别人的想法，也容易让别人产生距离感。场依存性的人对他人与互动有很大兴趣，往往更多地利用外在的社会标准来确定自己的态度和行为，在与别人进行互动时会比较在意对方的反应和感受，比较容易受到外界的暗示。

如何让场独立性和场依存性给消费带来积极影响？

消费者一旦有了要解决的问题、要满足的需要，便会迅速收集可以满足他们需要的信息——产品或服务的资料。这个时候，卖家呈现给他们的一切，包括实体的售卖环境、非实体的服务等，都是营销这个"场"中的一部分了。那么，如何针对两种不同类型的消费者做到"有的放矢"？

第一，对场独立性的消费者讲述产品的关键细节。

场独立性的消费者比较不容易受外界环境和他人的干扰，更喜欢根据自身已有的标准来形成对产品的印象和评价。对他们来说，优越的购物环境、耀眼的产品广告、附属于产品的花式服务以及品牌强势的影响力，并不是促使他们购买的最终动力；而一些对产品关键功能或某些细节的深入介绍，则更加能够吸引他们的注意。当某些产品细节引起他们的兴趣时，他们会很快地把产品的该特性从其他营销背景中分离出来。他们更喜欢在头脑中不断完善产品，能够很好地在各种产品宣传形式中抓取产品的核心要点，并在现实信息和感受间很好地切换，但对社会性互动中呈现的产品线索不够敏感。因此，对这类消费者提供特点突出、数据客观的产品效果介绍等，更容易让他们产生购买的欲望。

第二，和场依存性的消费者建立关系。

场依存性的消费者的最大特点，就是很难将自己和产品营销的整体环境分离出来。他们更多考虑来自社会环境的因素，更喜欢用周围环境得来的信息来推测自己对产品的感知是否"正确"。因此，各种可以让他们和产品之间产生联结的方式都可以引起他们对产品的兴趣。他们在选择产品时，比较关注产品品牌的社会影响力，所以更多地选择强势品牌作为消费对象。他们比场独立性的消费者更关注营销环境带给他们的感受，因此与产品营销相关的人际互动、购物环境都会对他们的购买行为产生举足轻重的影响。

总之在营销中，对于场独立性的人提供一些高难度、抽象而富有逻辑性的材料比较有效；对于场依存性的人提供一些情景化的材料比较容易引起他们的兴趣。

8.2 别轻易碰触他人的"人际气泡"

心理学家做过一个实验：

在一个刚刚开门的图书阅览室里，当里面只有一个读者时，实验人员径直走进去坐在他的身边，然后观察这个读者的反应如何。

实验共在80个不同的个体身上进行测试，而且这些读者事先并不知道这是个实验。结果发现，当偌大的阅览室中只有两个读者（包括实验者在内）时，没有一个人可以忍受一个陌生人悄悄地紧挨着自己坐下。他们要么默默地移开到别的座位上坐下，要么直接表示出不悦："有什么事吗？你想干什么？"

在人们的日常活动中，总会对身体周围有一个空间、距离上的期待。当有人侵入这个范围时，就会引起人们的不适感。他们要么努力调整距离以恢复情绪和心理上的平衡，要么选择反抗去"捍卫"自己对这块空间的拥有权。这个人人都有的无形气泡，就是心理学上所讲的人际气泡。

什么是"人际气泡"？

在人际交往中，人们会以身体为中心，建立一个围绕周身的三维私人空间。人们把这个空间看作自己的私人领地，不希望被别人入侵。在心理学上形象地称其为"人际气泡"，这个无形的气泡会随着身体的移动而移动。当遭受侵犯和干扰时会引发人们的焦虑和不安，几乎没有人能容忍他人无端"闯入"自己的人际气泡中。这种"闯入"不单单是空间距离上的，还包括听觉、视觉和嗅觉上的。

一般来说，每个人的人际气泡的大小都会因为受到某些因素的影响而不尽相同。影响人际气泡的因素主要有性格、性别、年龄、文化差异等。性格开朗、喜欢交往的人更愿意靠近别人，也更容易忍受他人靠近，人际气泡会相对较小；性格内向孤僻的人不愿意主动靠近别人，也不太容易忍受别人靠近自己，因此人际气泡比较大。

多项心理学研究发现，通常情况下，男性比女性的人际气泡大，女性比男性拥有更短的互动距离。而且，当人际气泡受到入侵时，男性对正面侵入更加感到不安；而女性则偏向于对侧面入侵更加感到不安——她们会眼睛向下看，双手抱胸以示拒绝。有研究发现，人际气泡形成于青春期，并且人们对人际气泡的需求会随着年龄增长有增加的趋势。人际气泡的需求存在文化上的差异。对有些开放的民族来说，空间可以共享，人与人之间的界限并不明显；但是对另外一些民族来说，被盯着看就已经算是侵犯了。在人口众多拥挤的国家和民族中，人们则把人际气泡理解为住宅的空间，因此他们在公共区域能够忍受和很多人共享。

人际气泡在某种程度上是人们保护隐私的一种表达。在营销中，了解并尊重别人对人际气泡的需求，不贸然靠近，既能够在尊重他们的前提下避免产生尴尬，又能在愉快的氛围中和他们形成良好的互动，最终以优雅的姿势把产品成功地卖给他们。

如何确知别人的隐私距离？

美国人类学家爱德华·霍尔（Edward.T. Hall）通过长期观察后把人际气泡量化为可以测量的空间距离。他认为交往双方的关系以及所处情境决定互动中双方自我的空间距离，距离是关系的体现。他把人际距离分为以下四个区域：

亲密距离（≤45厘米）： 是人际互动中最小的距离，彼此间能感受到对方的体温、气味和气息。这个范围属于私密的互动，在这个范围内可以拥抱、挽臂、牵手以及促膝谈心，常见于亲子、夫妻、密友之间等在情感上联系高度密切的人使用。

个人距离（0.45~1.2米）： 是互动中稍有分寸感的距离，在这个距离范围内有较少的身体接触，可以握手、友好交谈。常见于朋友和熟悉的人之间进行非正式的社交，导购员和消费者之间保持这个距离比较合适。一个陌生人进入这个距离，会构成对别人的侵犯。

社交距离（1.20~3.6米）： 这个距离表现的是一种社交性或礼节上的关系，比较正式、庄重，常见于工作和各种类型社交聚会中。在这个距离范围内，几乎没有身体上的直接接触，提高声音和保持目光接触在互动中变得十分重要。如果一方谈话得不到对方的目光支持，就会产生被忽视、被拒绝的感受。

公众距离（3.6~7.2米）： 这个距离几乎可以容纳一切人，在该距离范围内人们可以做到"视而不见"，因为相互之间没有一定联系。常见于一些大型演讲中，演讲者与听众的距离。在这个距离内双方之间很难实现有效沟通，需要调整到社交距离内才能实现有效互动。

在营销活动中，需要灵活掌握距离所带来的心理变化，根据营销情境把握好与消费者的距离，做一个受欢迎的卖家和服务者。

如何缓解消费者人际气泡带来的紧张感？

个人的人际气泡受到侵犯的时候会让人产生不快，但是在一些消费场

所，有限的空间和高密度的人群，让人们免不了要面对人际气泡被暂时闯入而造成的拥挤感。那么，商家可以采取哪些措施来缓解消费者这种由于拥挤感而产生的紧张情绪呢？

首先，需要对空间进行合理分配。

在有限的购物空间中人群密度比较高的时候，对空间进行合理分配可以减少人们相互接触的概率，从而减少感官上过多信息的输入所引起的紧张感。例如，在一些销售场所尽量拓宽货架中间的过道，在导购路线的设置上尽量减小消费者之间迎头而来碰面的概率。在一些销售性的办公场所，可以通过把大的空间隔分成若干小的空间或增加遮挡物来接待客户，这样会在一定程度上减少客户由于空间拥挤而造成的对自己隐私的焦虑。

其次，需要提供更多的注意焦点。

与他人在视线或身体上的接触会提高人们的警觉程度。因此，当一定空间内人的密度不可控时，可以选择增加注意的焦点来减少人们的警觉。比如，在一些比较拥挤的购物环境中增加视觉广告、艺术作品、电子屏幕等，可以帮助消费者们把注意力转移到这些注意的焦点上，尽量减少与周围人的眼神接触。

最后，需要在设计上选择性地使用"暗黑系"。

在某些消费场所用"暗黑系"作为主色调能带来好处。某些餐厅使用褐色和暗光为消费者打造出一种"品质感"，黑色作为一种保护色也在一定程度上满足了消费者对私密性的需要。也有的休闲消费场所采用青石板、垂柳、黑白色调的凉亭等元素，让消费者产生身在水乡的感受；同时把昏暗的背景和明亮的餐桌吊灯搭配起来，使消费者的注意力集中在自己的餐桌上——这样即使两个桌位之间间隔很近，也不会感到拥挤，同时也提高了空间使用率。

8.3　艺术地陈列商品以增加购买

商品陈列是运用一定的艺术方法和技巧，借助一定的道具，把产品经营者的思想和要求有规律地展示给消费者。好的商品陈列是无声的销售员，在方便消费者购买的同时，还能够节约空间，给购物环境以美感，刺激消费。把具有促进销售功能的商品摆到适当的地方，利用有限的空间创造最大利润是商品陈列始终要面对的问题，也是销售的最终目的。

增加销售流量的商品陈列原则有哪些?

成功的商品陈列能够最大限度地满足消费者的需求。由于行业、产品结构以及经营目标等方向上的不同，商品陈列在具体操作上存在模式上的差异。但在林林总总的商品陈列中，始终存在不同行业间共性的原则，它们无形中为商家带来了利润增长。在这里总结出四个原则:

原则一: 商品陈列的安全性有保证。

安全性包括三个方面: 质量保质期、卫生有保证以及陈列展示的安全性。在保质期上，在陈列过程中要剔除超过保质期的、有伤疤的、味道恶化的等有损人体健康的商品，保证陈列的稳定性。因此，对于很多快消品尤其是食品生鲜类，在补充商品时要按照"先进先出"的顺序，先将后排的商品摆放到前排，然后将生产日期新鲜的新品补到后排空处。

为保持环境卫生、整洁，卖场人员要及时清理商品及货架的卫生，让消费者有一种清洁感。在整体的商品陈列中，要确保呈现给消费者的商品摆排方式不会对消费者人身安全造成威胁。因此，要将重、大的商品摆在下面，小、轻的商品摆在上面。

原则二: 商品显而易见，让消费者伸手可取。

消费者在购买自己需要的商品时首先会对产品进行搜寻，因此要让每个商品的正面朝外，让每个商品都有在消费者面前"露脸"的机会。这样摆放，将增加消费者购买的机会。避免商品之间出现遮挡的现象，让每样商品都有其专属位置。对于一些货架底层不容易被消费者看清的商品，可以考虑用倾斜式陈列来突出展示效果。对货架上层的商品可以设置样品，让商品重复出现，消费者可以拿在手中进行感觉，查看细节和详细介绍。

在陈列过程中要关照到消费者群体身高的因素，选择适宜的陈列高度以便于消费者触摸、挑选和拿取。因此可将陈列高度分为三段: 中段是消费者最容易看到、最容易拿到商品的高度，也被视作陈列的"黄金区域"，在0.6米到1.6米，这个高度适合陈列商场的主力商品或商家有意推广的商品，这些商品的利润也比较高; 上段是消费者需要稍作努力探身就能够到的高度，1.6米到1.8米，一般比较适合陈列次主力商品，利润比中段

的商品低一些；下段高度在0.3米到0.7米，是消费者需要弯腰屈膝才能拿到商品的高度，一般用于陈列一些利润比较低、补充性、靠走量获利的商品。

原则三：陈列要让消费者有量感。

同一品类商品进行大批数量的陈列，会引起消费者的兴趣，同时大批量的陈列也是让整个购物空间变得灵活生动起来的必要条件。很多商家选择把同类别商品集中陈列在邻近的货架或位置，这样就帮助消费者更容易地找到自己所需要的品牌或品种。当某一品类商品占用更多的陈列空间时，也增加了更多的销售机会。比如，很多超市会把一些色彩明亮的水果集中摆在一起进行销售，并有意铺大水果摆排上的面积，给消费者一种"看起来很多""正在大卖"的感觉。

原则四：陈列品要丰满齐全。

消费者更喜欢在看起来"琳琅满目"的货架上选择自己需要的商品。不丰满的陈列会让消费者产生"卖场萧条""这些是卖剩下的商品"等不好的印象，降低商品表现力，最终影响销售流量。有专家认为，每个长度为1米的货架区每格至少要陈列3个品类商品，每一平方米卖场陈列量应达到11~12个品种。在空间上，商品所占的空间应该在所分配空间的50%以上。当出现断货时，可以用同类商品中的畅销品补充空缺位置，或者贴上标签告知消费者"暂时缺货"。在这个原则上，商品陈列要尽量保证一个品牌或系列商品配套齐全，让消费者有更大的选择余地。

几种消费者喜爱的商品陈列形式

商品的陈列遵循陈列原则，可以配合消费者的视觉特征和需要，最大限度地吸引消费者眼球，从而突出重点商品。这些要求还要在具体操作中来实现，因此选取合适的商品陈列形式，对整体销售来说就变得十分重要。商场在对商品进行陈列时，有纵向陈列、横向陈列、关联陈列以及季节性陈列等几种陈列方式。

纵向陈列是指同类商品从上到下地陈列在一组货架内，消费者垂直浏览商品，按照纵线进行商品比较。在纵向陈列中，在货架上分配一定区域陈列同一款商品，并将该商品按垂直线对齐，与其相关联的产品尽量不要放在同一层，而是陈列在下一层货架上。纵向陈列能够使消费者同时浏览到多个商品种类，因此在一些陈列的黄金区域中体现出了优势。商家可以通过纵向陈列的方式把多种类商品的一部分放置在黄金区域来提高商品的关注率。纵向陈列在高度为1.6米以上的货架中可体现出其优势，因为正中央及中段部分是视觉的黄金区域。

横向陈列是把同类商品按水平方向陈列，使顾客水平浏览不同类别商品的陈列形式。横向陈列的特点是可以把多种商品以压倒性的数量进行陈列，让消费者产生一种"卖场就是一个大货架"的感觉。

在很多大型卖场中，为了减少消费者在浏览商品中出现的视觉遗漏，在横向陈列中要考虑按照目标消费者群体的性别、年龄、使用经验等对消费者群体进行细分，然后以满足消费者需求为参照去摆排商品，目的是让消费者一眼就能看清货架上商品的陈列。横向陈列在高度为1.3米以下的货架中可体现出其优势，因为这种陈列方式会让货架最上方成为黄金区域。

关联陈列，是指把虽然商品所属种类不同但其在功能方面相互补充的商品陈列在一起，或者将与主力商品有一定关联的商品陈列在主力商品周边的一种陈列方式。关联陈列的目的是吸引消费者产生连带购买。比如，防晒霜和补水面膜、牙膏和牙具盒组合起来卖。关联陈列加大了不同种类商品陈列的机会，同时也增加了卖场陈列的灵活性。关联陈列强调商品之间具有关联，让消费者觉得这些商品放到一起不突兀，它们放到一起是不错的搭配，因此买了一件商品同时还可以附带买个它的"搭档"。

关联陈列的优势是能将多个不同展示平台组合起来，营造出大量陈列的效果。在关联陈列中，如果让端头和地堆陈列的商品与相邻的货架商品巧妙地产生关联，将会起到一定的导购作用。

季节性陈列是指人们的消费会随季节更替而发生变化，卖场随季节变化调整商品陈列结构。季节性商品的陈列一般开始于季节到来之前，要了解消费者在将要到来季节的潜在需求，根据天气变化做出调整。

色彩可以表现出不同季节的感觉，用象征季节的色彩可以让消费者产生美好的联想进而增加购买量。一般春天的主打颜色是从黄绿到粉红，让消费者联想到嫩芽和花朵；夏季是从蓝到深绿，给消费者海边的清爽和植物旺盛生长的感觉；秋天是金黄色，是庄稼成熟后的颜色；冬天是红、白，分别代表了热闹的节日气氛、纯白的雪景。因此，在服装、鞋帽等受季节影响较大的商品上，运用色彩配合陈列展示，将会产生很好的促销效果。

总之，多样化的陈列方式将有助于提升商场和整体销售水平，带来较高的利润。

8.4 家有梧桐树，自有凤凰来

商家都想把卖场做得红红火火，客源不断。生意好不好，除了要具备良好的商业头脑和先进的经营理念外，还与卖场的选址和橱窗设计有重要关系。业内有句经典的总结：消费者多停留五秒钟，成交机会就多了一倍。因为大多数消费者属于视觉型信息搜索者，他们总会被有特点的事物所吸引。人头攒动的卖场进出口以及让人过目不忘的橱窗，都会让消费者驻足。

卖场选址背后的智慧

一个卖场的选址，在很大程度上影响着未来卖场运营的效果和持续的利润回报。那么，好的卖场选址应该考虑到哪些因素呢？

因素一：有效的商圈分析。

从卖家的角度来看，一个好的商圈分析包括掌握卖场周围的人口密度、居住人群结构和购买实力以及竞争对手数量、交通客流承载量。对于消费者来说，购物前他们会考虑卖场远不远；去那里购物方不方便。因此，便利的交通对他们来说非常重要。此外，消费者更青睐逛与他们的生活习惯相协调的卖场，所以集合了购物、休闲、娱乐、旅游等多种服务的卖场会给消费者提供随机消费的便利。

那么，基于卖家和消费者需要的前期调研要以卖场地点为圆心，步行在15分钟内，乘车30分钟内的范围（距离大概在步行1.5千米，乘车10千米内）形成一个潜在购买区域。了解在该范围半径内有哪些具有规模的住宅区，统计该范围内每平方千米内的住户和人口数量，掌握这些住户的消费习惯，对该范围内的居民依据其消费能力进行细分，从中提取出卖场的有效目标消费者群体数量。

某线下生鲜店就是依靠精准的定位选址获得了开门红。在开店前，经营者就非常重视商圈的选择。他们在选址的考量上，以周边3千米内的人群数量、质量和地产成本及物业服务特点做整体考量。在全域数据的基础上提取出目标客户群的喜好和消费习惯，然后结合品牌设定消费群体画像，筛选出数十万潜在目标消费者。这些消费者大多是手机支付的活跃用户，具有强大的购买力，这也为该店未来的扩展经营提供了坚实的基础。

因素二：卖场有开拓发展空间。

经营的成功是卖场选址的最终目的，因此要考虑卖场未来扩展的潜力和空间。下面几个方面是在选址过程中为便利未来扩大经营，需要着重考虑的。

首先是不断提高的市场覆盖率：从长远角度来看，高市场覆盖率更有理由扩充卖场规模，开拓新市场。其次是综合服务功能的组合配套速度和潜力：不同行业商品卖场的设置对地域和商业服务功能的要求不同，如果能够有越来越多的综合性商业配套服务链形成，那么将成为卖场吸引消费者的独特优势。最后是卖场组织商品运送的能力：如果能形成规模化的集中进货、供货、送货渠道，不仅能节省成本，而且也有了商品质量上的保证，使经营活动保持正常运转。

橱窗是卖家倍增成交机会的第一个阵地

《现代汉语词典》将"橱窗"定义为："商店临街的玻璃窗，用来展示样品。"很多品牌都有自己独具特色的卖场橱窗设计。一般的橱窗设计由最常见的人模、服装、道具、背景、灯光等元素组成，在具体案例中根据品牌和卖场需求不同，会在设计上选择不同的构成元素。

橱窗是营销和艺术的结合阵地，它是一种变相的广告，促进卖场销售的同时也艺术化地传递商业文化。橱窗设计好不好的标准是看其能否促进销售以及能否让消费者产生视觉美感。那么，在设计橱窗时要注意哪些呢？

第一，橱窗和卖场要形成一个整体。

橱窗是整个卖场中重要的组成部分，它相当于一本书的封面，因此它在设计和布置上要和整个卖场的整体风格协调统一。在橱窗背景的设计上，要求大而完整、单纯；在突出所售卖商品的同时，也要避免修饰过于烦琐而喧宾夺主。在道具的选择上，为布置商品而增加的附加物（如支架）摆放得越隐蔽越好。

第二，要呼应卖场中的营销活动。

橱窗是整个卖场的前沿阵地，是整个卖场的整体缩影，因此它要最大限度地传递卖场内部的售卖信息。比如，卖场内有新品上市，那么橱窗中展示的产品要以新产品为主。很多卖家会根据重大节日、事件、季节特性等调整营销方案，橱窗的设计要明确地表现出这种时态上的变化，明确地告知路过

的消费者卖场将有重大节日、事件、季节性的销售活动到来。

橱窗设计的风格要和节日或事件特征相符，新颖而不落俗套。比如，一个品牌皮包商家在圣诞节推出圣诞主题橱窗，用冰雪覆盖的森林、结冰的湖面、森林中的百兽以及充满品牌特色的桑树，衬托着该品牌中多款切合圣诞节气氛的新品红色皮包，让消费者在欢乐的圣诞气氛中欢欢喜喜地购买当季的新品。

8.5 营造舒适购物环境给客户舒适感

随着商品经济的日趋成熟，越来越多的消费者开始关注卖场内部的"微气候"带给自己的感受，即由灯光和声音等媒介共同打造出来的某种让自己感到舒适的气氛。因此，很多商家正在努力打造"基于光线的视觉沟通"，开始把"声音营销"列入长期营销规划中。让卖场内部照明更高效，选择合适的背景音乐，都会起到强烈吸引消费者的效果。下面就逐一分析卖场灯光设计和声音营销的"秘密"。

灯光也能吸引客流

在一个充满营销智慧的卖场，消费者见到的每一道风景，如果效果处理得当，都会带来人气。如何运用卖场内部空间照明的变化，让消费者产生色彩的联想，活跃卖场气氛呢？

首先，要熟悉功能不同的三种灯光。

第一，基本灯光。 基本灯光的功能就是起到基础照明，帮助消费者增加视觉上的清晰度的灯光。包括橱窗的照明、商场外部用于照亮路面的灯光、天花板上用于照亮整个室内的灯光以及一些安全通道指示灯等。基本灯光大多选用白炽灯。

第二，二级灯光。 主要是用来加强照明效果，让橱窗、货架、货柜有更好的表现力，来吸引消费者眼球，它具有基本灯光所不能完成的某些特殊表现功能，已经具有了一定的销售功能。二级灯光主要用于两个方面：其一是柜台上方的下射灯光，它能有效地突出柜台上方某片区域，突出内部商品；其二是陈列柜灯光，主要起到突出产品轮廓，排除玻璃面和玻璃柜门由于光反射而产生的炫光，给消费者带来柔和舒适的光线刺激。在这种亮度的灯光下，消费者能够很好地对商品进行挑选和比较，也能够帮助导购人员准确有效地取到消费者感兴趣的商品。

第三，气氛灯光。这种灯光主要用于照亮商品并消除其他灯光照射产生的暗影，因此通常光的亮度比较强。气氛灯光所照射的卖场范围主要是墙壁、造型模特、商品样板、广告牌等。设计人员可以通过调整气氛灯光的亮度和加用滤光片来制造出彩色光，给卖场带来戏剧性效果。

其次，了解卖场灯光照明可以达到哪些效果。

人性化的卖场照明设计不仅让消费者感受到人性化背后的视觉美，还让大众化的卖场变得富有亲和力。卖场灯光照明要起到哪些"化妆"的效果呢？

通过灯光的节奏变幻实现虚实结合，丰富卖场空间层次。通过灯光的强弱、明暗的对比，为色彩清新明亮的商品营造朦胧诗意的背景，对色彩暗淡的商品用明亮的灯光突出其特色。用光线的渐变处理体现出空间的过渡，让消费者在下意识中感知到卖场内某些不同品类商品间的区域划分：既不让消费者因为区域的划分而感觉到眼花缭乱，还要让他们领略到卖场空间有序的层次感。

通过控制色彩效应，婉约地唤起消费者情感。灯光的色彩不仅可以显示出要强调的商品，不同的灯光色彩还会给人不同的心理感受。明亮跳跃颜色的灯光可以营造活跃欢快的购物气氛，柔和朦胧的灯光可以营造出放松而惬意的心情。无论是卖场内部还是外部的灯光设计，最终都要提供给消费者美好的空间体验，让他们在这个场所中愉悦地交流思想和情感，参与各种购物体验。

音乐，让商家和消费者产生共鸣

关于卖场背景音乐设计，一位教授这样描述它："我们虽然知道自己完全有自由选择去哪家购物场所，但在某些时候，你会被那些卖场播放的音乐搞得神魂颠倒，失去自己的自由选择权。"设计精致的卖场的背景音乐随着声波的不断传递，对消费者是否能够走进卖场有着推动的作用。那么，卖场在选择背景音乐上要注意哪些问题呢？

第一，注重音乐品类上的选择。

在卖场中，商家需要对播放什么类型的音乐拿捏得当。合适的卖场背景音乐就像一把钥匙，开启消费者对卖场及他们在购物中的体验的一种特殊情

感。这些情感会引发消费者在购物中的积极回应，影响着消费者购物中的决策。

然而大多数消费者对于音乐的欣赏还是处于初级阶段，因此他们更喜欢器乐演奏出来的流行音乐，如由电子琴、钢琴、小提琴等乐器演奏的舒缓轻音乐，结构简单、节奏明快、旋律优美。尽量少播放一些沉郁悲伤的经典曲目、美声唱法演唱歌曲、各种形式的合唱歌曲、重金属、工业摇滚等与消费者拉开距离的曲目。另外，背景音乐在播放编排上应该风格统一，平时舒缓明快，在一些促销节庆日迎合节日气氛应播放喜庆欢快的曲目活跃气氛。

第二，根据消费者生物钟节奏调整音乐节奏。

卖场背景音乐要配合消费者在一天中生物钟的变化，在不同的经营时间段播放风格不同的音乐。开门迎宾时用明快的音乐；中午和下午消费者昏昏欲睡的时间段，播放节奏多变、热闹的乐曲，使消费者睡意全无，很快兴奋起来；在一天即将结束时播放让人们动作舒缓的乐曲，放慢焦急的脚步放松从容地消费。客流量低迷时播放平缓慢节奏的乐曲来留住消费者，客流量大时则播放热情、鼓舞士气的音乐来增加消费者的消费热情。

背景音乐要控制好音量，过大会引起消费者的烦躁反感情绪，过小又缺乏声音的存在感。有些商家会在播放一段时间音乐后，在曲目结尾加播表示欢迎和温馨的提示语，这在一定程度上增加了消费者对卖场的好感。

8.6 善用流行符号制造敏感话题

办公、娱乐、社交、支付……在手机高度智能化的时代，有一款手游以其压倒性的优势火速红遍大众圈，玩家数量高达2亿。它可以让两个互不相识的陌生玩家在短时间内消除隔阂，成为有共同爱好的朋友，有着聊不完的话题。玩一把该游戏成为很多朋友聚会的"心动时刻"。有些公司年会中会留出专门的时间用于该款游戏爱好者进行开怀互动；甚至有些学生可以在该款手游中轻松地"玩游戏，背古诗，打王者，学国学"。随着更多文化内涵的加入，该手游从原来的单纯玩手游到形成独具社交特色的大众行为，快速形成了社会中的流行生活方式。

商业化视角下的流行是什么？

简单来讲，流行就是数量庞大的人们对某种生活方式的随从和追求，所涉及的领域非常广泛，通常出现在服装、发式、休闲、娱乐等领域。它是在一定时期内的社会现象，随着时间的推移，人们这种追随的行为要么减少甚至消失，要么成为一种固有的生活方式。

某种事物变得流行起来是因为它具有新奇性，它给人们带来完全不同的认知或体验生活的方式。流行中的事物也会由于人们的审美疲倦、喜新厌旧而只有比较短的"保鲜期"；也有一些比较经典的流行元素经过若干年的潜伏以后重新在大众中流行起来，如某些经典的服装设计风格。

一种事物流行起来以后，就会吸引更多消费者参与，而形成导向性的消费。然后这种生活方式背后的消费方式就像滚雪球一般，让越来越多的消费者接受，让嫁接在流行上的产品波及的范围越来越广。

流行中的产品的核心优势就是"新"，该优势迎合了大众消费者不断追求新鲜感的心理。在竞争变得不断激烈的市场中，产品和品牌要保住在流行中的地位，就要不断刷新其核心优势，满足消费者更多新奇的需要，维持对消费者的吸引力。

使产品火起来的流行符号有哪些？

从本质上讲，一个事物的流行并不具有社会的强制力，人们跟随流行完全是基于自己心理上的需要去参与从众和模仿的。大批消费者在某种共同心理的影响下，主动追求某种新款产品或消费风格，从而自发推动了流行的形成。那么，那些流行起来的产品或流行趋势，具备了哪些特点让消费者心甘情愿地做其"追随者"呢？

特点一：成为新生活方式的倡导者。

年青一代正在成为社会中的主流群体，他们提倡要用全新的生活方式去体验和感受生活。健康饮食、个人成长、精致的外在形象、愉悦自己、空巢青年、自由、国际化等生活方式，从方方面面影响着他们的消费主张。这个群体更愿意为那些能够满足自己"喜欢的生活方式"或"向往的生活方式"的产品或服务买单。

因此，那些蕴含着新生活方式和当下社会趋势的产品就会变得快速流行起来，有些卖家还会考虑在此基础上创新，制造出满足更新潮的生活方式的

产品。因此，这些在消费者群体中炙手可热的产品在某种程度上就是一个开启新生活方式的"导师"。比如，某些健身类的软件，就是以一个"健身教练"的方式进入健身爱好者视野的。

特点二：成为角色体验的提供者。

流行的产品都会至少在一个方面，甚至多个方面有让消费者赞不绝口的亮点。这些亮点并不完全来源于让人拍案叫绝的创意，很大一部分是源于消费者对终端产品的角色扮演背后的情绪情感体验。一款产于日本的免费手游"旅行青蛙"，就是靠其提供的极致体验在短短几个月内迅速占领日本的游戏市场的。

游戏中的主角是一只呆萌可爱的小青蛙，玩家们在下载了游戏软件后就变成了这只青蛙的"蛙爸""蛙妈"。玩家要在游戏中为这只"蛙儿子"收割三叶草去换取它外出旅行的食物、护身符以及道具等，送它踏上旅途。然后在家等待"蛙儿子"寄回来的明信片；顺便收割三叶草积攒货币购买更好的食物和设备；用"蛙儿子"带回来的纪念品招待它的小伙伴们（小蜗牛、小乌龟等）。"蛙儿子"吃得、用得好不好，决定它能去哪儿，能去多长时间，以及给"爸妈"带不带纪念品。这样的玩法设计，让每个玩家在接触游戏之后逐渐"入戏"，把自己看作真的父母——看"儿子"在家就催着它出去；等它走了又开始牵挂，总是想打开游戏看看它有没有回家，有没有发邮件回来。能够给予玩家治愈感和触及内心柔软温暖的地方，就是这款游戏优于其他竞技类游戏之处。

特点三：推出能够快速传播的素材。

在网络信息高度发达的时代，很多卖家紧紧地抓住了网络无可比拟的传播优势，有意地把产品和一些能够快速传播的素材黏合到一起，以达到把产品迅速推向大众视野的目的。比如，一则标题为"90后美丽女孩靠卖粽子买房买车"的趣闻出现在网络媒体上时，很容易引起网络大众的围观，出现"全民协助传播"的效应，让这家粽子店的知名度迅速扩大，市场也变得更大。

一般吸引大众眼球能够迅速传播开来的素材都有着如下特点：满足大众的"围观心理"，表现为贴近生活、能够满足大众好奇心、可让大众宣泄或寄托情感、会给人带来正能量等。比如，某些餐厅会把一些让人拍案叫绝的技艺和服务进行结合（功夫拉面、功夫茶艺等），这样就会很快在消费者群体中得到扩散，吸引一拨又一拨消费者前来"一探究竟"。

8.7 疯狂的拇指销售不疯狂

家长们动动手指头，就能够为孩子报一个知识和体能都可以得到提升的夏令营；销售员动动手指头，就可以和客户保持高效沟通，成功签单；旅行爱好者们动动手指头，就可以完成出行的飞机票、酒店以及各种服务订购，就可以开开心心去数千里外的小岛上欣赏异域风情……移动互联网飞速发展的时代，随着诸多传统行业的加入，越来越多的消费行为可以通过智能手机来完成，人们的生活正全面融入"拇指生活时代"。

在几乎人手一部手机、电脑成为工作必备工具的时代，每个互联网的使用者都既是一个参与者，也是一个传播者。因此，如何将更优质的产品和服务成功地介绍给移动互联网用户，让他们拥有好的消费体验同时也传播产品信息，成为很多商家点对点地推广自己产品的营销方式。

移动互联网使用者们的"典型性习惯"

对很多移动互联网使用者来说，互联网不仅是沟通彼此、了解世界的方式，也是一种生活模式，很多人借助互联网载体将自己丰富多彩的有声生活融入无声的互联网世界。这些互联网使用者们在行为习惯上也有着高度趋同性：

积极参与，乐于分享。他们对互联网上的一些话题关注热情很高，也毫无保留地发表自己对一些事物、现象的看法。很多时候，互联网用户们喜欢用"时空定位"来分享自己的日常：我在哪儿、和谁在一起、在做什么，附近有哪些好吃、好玩、好看的东西，等等。这种即时分享，个性表达自我的方式也成为一些商家细分目标客户群体的得力助手。

对互联网创新技术充满渴求。互联网技术的不断更新使一些以互联网技术为支撑的互动媒体的形态越来越丰富，给消费者带来丰富感官体验的同时，也让他们对互动媒体技术上的更新充满期待。从网页、博客、微信、门户网站直播间等，每一次新的应用方式的出现，都会形成一股技术"尝鲜"的浪潮。这些新技术在生活中快速传播和应用，又加速了互联网技术更新的脚步。

在互联网的使用上也存在代际间的差异。在70后到90后群体中，由于成

08 环境改变消费决策

长环境不同，年长的群体多偏向于使用传统的方式（报纸、广播、手机、电视）去了解世界，年青一代则由于从刚识字就开始接触互联网。他们对互联网应用的依赖性更大，喜欢无时无刻地"挂在网上"以保持信息更新和身边各样圈子连接。

如何让"拇指生活"产生营销利润？

随着互联网的消费者群体逐渐扩大，他们正成为互联网经济的创造者。如何以他们喜闻乐见的方式推广产品，成为很多卖方营销人员、市场研究机构所要面对并解决的关键问题。

推广方式一：使用短信群发。

有报道显示，我国目前手机用户超过13.06亿，普及率达95.5％。随着手机用户群体不断扩大，手机也正改变着人们的生活。短信群发作为手机的一个自带功能，以其覆盖面广、精准发送、费用低廉、秒速到达、效果明显等特性，成为各大商家所热衷的营销方式。

想要有效地群发短信，首先，要明确主要场景和目的，有三类：通知提醒（新品上线、温馨提醒、物流状态等），推广促销（节日促销、降价通知、消费有奖），说服强化（消费特权、消费等级排名等）。其次，由于短信内容在长度上必须控制在70字以内，因此一条群发的短信，想要触发手机用户的兴趣就必须用最短的语句向用户传达他们最想看到的内容。常规写法是卖家签名+用户昵称+营销主题+促销内容。必要时，为尊重手机用户，在短信结尾加退订提示。最后，短信内容要引起用户注意，让他们产生兴趣之后，要触发他们的消费行动。因此，要为潜在消费者提供一个简易快速获得优惠的渠道。常见的方式是为消费者提供登录网站地址（官网）、可拨打的电话号码、可打开的应用页面链接。手机群发短信在实施中要寻找正规的短信供应商，有完善的短信查看后台，能明确看到到达率，为用户数据分析提供有效数据。

推广方式二：使用搜索引擎优化（SEO）。

搜索引擎优化（Search Engine Optimization，简称SEO）是一种通过利用信息检索系统规则来提高某些网页在用户搜索结果中排名的方式。其目的是帮助一些网站在行业内占到领先地位，获得品牌方面的收益。SEO的工作原理是进行页面优化和关键词研究，根据页面中关键词与搜索引擎的匹配程度，出现的位置、频次、链接质量等，计算出各网页的相关度及排名等级并反馈给用户。

　　绝大多数用户是通过搜索引擎来获取信息的，因此SEO成为目前很多产品网站运营者使用最多的营销方式。很多产品卖家会通过把网站的产品、关键词展露在互联网上，并通过不断地优化和定位新的关键词来把产品网站的排名提前。这样，通过关键词搜索到产品和网站的潜在消费者数量有了保证，也为他们接下来被逐步吸引并产生购买意愿创造了条件。

8.8　不可忽视决策影响者

　　现代人看重自由，想吃什么就买什么吃，想穿什么就买什么穿，想用什么就买什么用。可事实上，真的是这样吗？

　　　一个公司女白领，反复打量着一套时下流行的露肩上衣和热裤的搭配，这身衣服让高挑的她穿起来走在大街上保证有高回头率。可是她想想还是放弃了购买，因为这身衣服穿起来虽然够火辣吸引眼球，但是也过于清凉，不适合她办公室的穿衣规范。虽然可以选择在休闲时穿，可是她考虑到一年到头，自己的假期实在是掰着手指头都能数得过来。

　　　一个很想在午饭时点一份蒜香鸡翅的话剧演员，发现虽然那家餐厅的蒜香鸡翅美味到全城人都愿意排队去吃，但这个愿望在上班时间还是尽量不去满足为好，因为吃完了满嘴大蒜味的他会给搭档造成嗅觉上的不适感。

　　　一个平时不怎么逛街买珠宝首饰的中年妇人，偶然间走进了一家珠宝店，打算用看看珠宝首饰来打发时间。没想到，她偶遇了经常在一起做美容的朋友。朋友以为她打算购买珠宝首饰，就说："哇，这家的项链和耳环的设计和做工都很不错。我之前也买了一条项链呢，戴了几年了，也没感觉过时。我帮你挑挑……女人嘛，适合的饰品会让你更加光彩夺目！"于是，她在半推半就中买了一套"性价比极好"的饰品。

　　人们的购买行为并非完全是出于内心对产品的渴求，在某些情境之下，

08

环境改变消费决策

人们会在对他人"察言观色"、反复斟酌之后做出决策。

买或不买，并不完全是消费者自己的"决定"

目前，消费者的购买行为并不仅仅是他们掏出钱包进行钱货交易的那一刻，而是一个持续的过程。在很多情况下，这一系列程序会有不同的人参与其中。这群人即为消费者购买行动中的参考群体。学者们对该群体的定义是：某种特定情境下，影响消费者态度和行为的群体。

为什么消费者需要这样的群体？经济学家丹尼尔·卡尼曼（Daniel Kahneman）对此的解释是：在现实的购买中，由于消费者理性思考能力有限以及消费情境的不确定性，消费者通常无法按照经济学的理论和概率知识，对商品和品牌的真正价值做出准确的判断、权衡。因此，他们常常需要借助他人提供的信息简化决策过程，来做出相对容易的评价，做出购买决策。

参考群体在消费者购买商品的过程中，起到为消费者提供参照、比较的作用。参考群体最初仅限于消费者的家人、朋友、同事等消费者直接接触、互动频繁的人。随着网络和营销技术的不断更新，参考群体逐渐扩展到一些只有基本互动基础和没有面对面直接互动，但都对个体消费行为产生一定影响的个人和群体。

研究发现，不同参考群体（家人、朋友、喜欢的明星）对消费者购买决策的影响不同。消费者越信赖、认可的个人或群体，对消费者的影响作用越大；当消费者对某些商品越是缺乏信息时，参考群体的建议对他们的影响越大。

如何充分利用那些重要的参考群体资源？

参考群体通过直接影响消费者，也间接地影响着卖家的营销效率。因此，很多市场营销研究人员开始着手对参考者群体进行分类，研究参考者群体所能带来的营销红利。在心理学家约翰·特纳（John Turner）自我归类论中，他认为人们会根据自己对社会某些群体的心理感受，自动把周围的人分为情感上可以依赖和归属的归属群体、渴望成为其中一员的崇拜群体以及在情感上比较排斥和逃离的规避群体。本章中，我们结合约翰·特纳自我归类论，对这三类影响消费者的群体进行解读，并提出营销上的建议：

第一种，归属群体。

消费者们习惯性地把自己归类到某个自己所认同的群体中，按照某些群体特征去认识一个群体或者把自己归类到某个群体中，成为很多消费者认识别人和表达自己的快捷方式，例如，"晚睡族""吃货""技术宅""宠物控"等。在这些群体中，陌生人之间很快会因为共同的标签而使他人更快地了解自己，快速找到认同感和存在感。

在一个"归属群体"的社群中，消费者个人会根据群体规范自动调整自己的行动，以便和群体达成一致。在这样的群体中，群体消费者的偏好会影响个体偏好。个体消费者会在决策过程中努力将自己的行动与群体行动相联结。

对于归属群体营销策略的重点有两个方面：其一，充分利用群体规范性影响，即消费者为了避免负面的评价（惩罚）或获得称赞（奖励）而做出满足群体期待的行为。比如，某正姿护眼笔的广告商会在目标中小学生家长群体中大量投放"保护好孩子眼睛才是合格的好家长""正姿笔才是孩子真正的良师益友，也在检验你对孩子关爱的程度"等信息。其二，利用消费者在群体中的价值表现功能。价值表现，即个体在与群体成员长期的接触互动中，潜移默化地认同和接受群体的某些信念和价值观，并明显地表现在个体购买行动上。

第二种，崇拜群体。

崇拜群体是个体目前还不属于但渴望经过努力能够加入的一个群体。比如，企业中的一些基层员工对进入管理圈的渴望、创业者对成功企业家群体的渴望等。他们对渴望加入的群体的一些行为高度认同，并把能够感受到该群体中的某些生活方式或消费方式看作对自己的一种激励。对于这样的人群，他们会不自觉地去学习和模仿一些所崇拜群体的特有行为和消费方式。因此，产品营销人员可在定位目标消费群体以后，找到他们所崇拜的群体，发掘出崇拜群体的典型生活形态和消费方式。然后，通过将产品的品牌意义和目标消费者群体所渴望加入的群体进行联结，将个体行为与渴望群体的典型特征进行联结，让消费者通过消费某些特定的产品或服务满足他们对崇拜群体在情感和价值观念上的渴求。

比如，很多企业家会选择到戈壁滩徒步旅行去让自己从更深的层次思考企业和人生，于是很多旅行社借此打造"重走×××企业家之旅"的旅行项

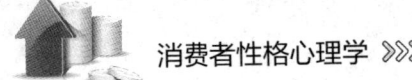

目，吸引很多仰慕这些企业家的旅行者来参加。

第三种，规避群体。

规避群体是消费者不愿意靠近并想保持距离的群体，消费者对规避群体的一些行为和观念采取排斥的态度。比如，很多职场精英会通过各种方式表现出自己工作中的干练、生活中的高品位，努力把自己和那些工作业绩平平、迟迟不能升迁的普通职场员工区别开来。营销中可以运用消费者对某些规避群体的不认同感，去打造消费者"专属"的产品，帮助消费者摆脱自己成为规避群体一员的焦虑。比如，对办公室白领，推出清新又干练的西装加铅笔裤搭配、办公室女士专属的香水等，让白领消费者们可以从形象和气味上都瞬间变得特别起来，和其他女性群体迅速产生界限和距离。

8.9 品牌为销售造势

很多消费者在购买某些商品的时候会有明确的指向性，如"洗发水，我只用××""厨房煮锅，我选×××""坐飞机出行，我只坐×××航空"等。品牌是一个综合化的主体在消费者心中形成的认知，外在形式上可以表现为产品的名称、商标、广告口号、代言人等的整体组合。他们之所以对某些品牌的产品或服务情有独钟，是因为这些品牌长期为其提供了美好的体验。消费者对品牌的忠诚，源于他们长期体验的积累。

品牌的本质与作用

品牌的本质是消费者内心对产品和服务的内在感受，因此消费者不会仅仅为了知名的商标去购买产品。当商家把产品打造成一个真正的品牌的时候，就意味着这个产品在消费者心中形成了一个相对成熟、总体上的认识。因此，企业要让已经形成的品牌继续发扬光大，使其变得更具吸引力，就要保持与消费者沟通，从消费者需要的角度去发展新的产品和品牌内涵。

品牌能够让消费者形成习惯性的选择，在购买中轻车熟路，帮助消费者在众多同质化的产品中快速、简单、自信地完成挑选。好的品牌给消费者的感受是它能给人带来实际生活上的便利，还有让人可以放心的踏实感，在购买和消费产品的过程中能给人一种鼓舞人心的目标，让人们相信这些品牌的产品让自己的生活变得更美好。

如何让品牌为销售创造优势？

很多企业会用"把产品做成业界第一"来吸引消费者，他们的逻辑是：消费者关注某一类产品，一定先关注的是大家都认为做得好的。在这样的情况下，即使有竞争对手加入，但对消费者来说，也只是在业界有了第一的基础上增加了同一个品类。然而，对于一些已经建立起品牌的产品来说，并不是完全做到第一才能留住消费者，只有保持品牌在消费者心中的价值权重，品牌才有持续销售红利。灵活地采用某些策略，保持并突出品牌的特色，才能让品牌有更大的发展空间。

首先，商家需要有针对性推出新品类。

与花大力气去打造品牌相比，推出一个为某个消费者群体"量身定做"的新品类能更快产生营销红利，因为获得一个品牌感受和评价的周期要远远大于使用一个普通品类并给出评价的时间。因此，很多企业选择了根据自身品牌的情况，在更细分的消费领域中推出有特色的新品类。这些新品类在技术上没有重大创新，但是它却因为目标消费者群体更聚焦，所以能快速、有效地抓取一定数量的消费群体。比如，杂粮饼干的品类很多，商家会花大力气宣传旗下品牌的饼干营养丰富老少皆宜，但对混合谷物是否存在相克现象，以及吃过之后是否会过敏的说明比较少。此时，如果商家推出纯天然抗过敏的饼干，就会受到肠胃比较敏感的消费者的欢迎。

新品类推出之后，营销推广多围绕新品类展开。这样，一个创新的品类往往会因为消费者的接受和认可而催生出强势品牌。比如，近几年风靡一时的某饮料品牌，因为早期开发出了葡萄糖饮料品类，成为当年发展速度最快的饮料品牌。

其次，商家需要锚定"对手"做针对性的推广。

营销竞争归根到底还是同类产品品类之间的竞争，新品类的市场离不开老品类在消费者市场上的贡献。在开展一个品牌或品类的营销之前，要先定位产品品类的主要消费者市场，调查清楚它的"对手"是哪些品牌和品类。然后根据定位，推出适应市场要求和变化的推广思路。

在具体推广中，可以在充分了解同行们的基础上，制造能够引发同行间转发、讨论的话题。这些话题所包含的信息，让同行了解自己企业的同时，也把企业推向更多潜在消费者群体。吸引业内产品技术专家、营销专家在一些大型网站、公众平台上参与话题的讨论和评论，让产品和品牌得到传播，让传播带来流量。

最后，商家需要及时跟上消费者的求变节奏。

消费者对品牌的感受和品位会随着年龄的增长、身份的改变和购买经验的增加而发生变化。

在初始阶段，消费者可能关注的是品牌所能给自己带来的外观和审美形式上的变化。比如，一些在企业中位居要职的年轻人或处于初试创业阶段的年轻业主，由于年轻、阅历有限，但又必须为了事业去接触更多企业家、业界大佬。因此，他们会选择一些高档的服装、奢侈品、休闲娱乐等高消费来"包装"自己，以此来提高自己的身份，显示自己的品位，从而在与上流社会人士的社交过程中获得更多关注和尊重。

随着经验的增长，消费者关注的重点会更加实际，他们希望品牌可以为自己带来更多价值，如可以实现更多的文化传承和社会互动功能（和其他消费者产生共鸣）。

在拥有了相当长的使用经验之后，消费者能够更深刻地认知和理解品牌。这时候，他们开始把注意力放到自己身上，信手拈来地挑选适合自己的品牌和款式，他们不再那么热衷于穿戴大牌，而是更多考虑该品牌是否适合自己。他们更看重服装设计背后的价值理念和设计表达的价值。

因此，品牌要想让消费者持续贡献忠诚，就要与消费者保持持续的互动，建立品牌与消费之间的连接。通过积累来自消费者的个性化需求数据，分析出规模化的需求品类，不断优化产品设计，推出受欢迎的新品类，逐渐创造品牌的流行。

理念消费时代来临

自古以来，人们就善于用语言来诠释自己与周围事物的关系。这些思维、观念上升到理性高度，就成为理念。消费行为是消费者赖以生存和发展的基础，虽然它常常表现为个体行为，但其背后却蕴含着深刻的社会逻辑。这些逻辑常常会以消费理念的形式表达出来，并成为消费的动力。

随着现代社会在物质上的不断丰富，人们的消费理念也随之发生变化。人们已经不再满足于"占有"某些贵重物品，他们更希望通过消费来获得内心上的满足：回归内心、与人建立和谐美好的关系，以及达到内心真正的平和等。

本章将从涉及消费理念的价值观、娱乐精神、超前消费以及产品故事等若干个方面，帮助卖家找到那些对消费群体起到凝聚作用的共同精神内核，从而打造出更高效的消费者联盟。

9.1 人以群分，是价值观层次不同的体现

一个营销人员讲述她一次尴尬的推销经历——她试图说服一位穿着考究的女士购买她的保湿面膜。以下是她们的对话，分别用A（营销人员）、B（女士）代表。

> A：您好女士，看您的皮肤这么白皙水嫩，平常您一定非常注重保养吧？
>
> B：谢谢，确实平常我会做些脸部护理。

A：那您看看我们这款面膜吧，保湿、美颜又美白，非常好用。

B：哦，不用了，谢谢你。我只是在这儿等个朋友，三五分钟后她就来了。

A：是这样的，今天您非常幸运，我们这里有免费的试用套装，您可以拿个回去试用。

B：谢谢，真的不用了。我家里还有一大堆面膜没用。

A：这套免费的试用装，您可以领了回去送给朋友嘛。

B：对不起，我不打算领，因为我不能把我不了解的产品随便地推送给朋友。

A：呃，这样啊……

以上是由于消费价值观不对等造成的沟通失败。其实，这个营销人员没有观察到，这个女士手里拿的是某品牌本季新出的一款限量版手提包——从其外表妆容与服饰配饰上可以看出，她是一个公司的管理层，平常对穿着用度非常讲究，有自己固定喜欢和信赖的护肤品牌。一份小小的免费套装，并不能打动她。如果从崇尚科学护肤、健康护肤的角度向这位女士介绍产品，更容易被她接受。比如，营销人员能够提供一个全面而专业的皮肤测试，帮助这位女士测试出她脸部皮肤的健康状态，然后给出对应的护理方案，最后再推出产品。人们愿意为符合自己价值观的产品一掷千金，而对那些不符合自己价值观的物品，持保留和观望态度。

价值观让消费者清楚地知道：什么对他们最重要

价值观，简单来说就是对什么是正确、什么是错误的总体看法，是个体对客观事物以及自己行为结果是否有意义、有效果和重要性的评价。人们通常会在心目中对诸多事物在重要程度上进行排序，这样的排序最终构成了个体的价值观系统。人们在做任何决定的时候，都会运用价值观来进行权衡，来判断什么事情更值得去做。

价值观是推动人们做出选择和行动起来的统帅，它对消费者的行为同样也具有核心的推动和引导作用。消费者一系列的行为是建立在一系列的价值判断的基础上的，他们会根据自己的价值观对产品进行价值上的判断，然后根据价值判断的结果做出购买决策。

消费者对产品的价值判断会直接或间接地影响企业产品的生产端，最直接的表现就是企业的价值观中融合了消费者对产品价值判断的成分。企业的价值观是表明企业如何生存的主张，它要求企业生产出的产品从设计、制造到产品输出的各个环节，都蕴含着对价值观的创造、探索与传递。企业要通过满足消费者的价值观才能实现自己的营销目标，把双方的价值观融入企业的商业模式中，是企业营销的必然选择。

价值观是指导消费者行为的"准则"，是在进行了长期努力和沉淀后形成的，因此它在短期上并不是一个拿来就能用的工具。但它具有强大的激发功能，因为每个人真正想要的东西，都离不开他的价值观体系。企业或卖家可以通过把价值观渗透进产品和品牌的形式，让价值观逐渐进入消费大众的视野，实现由"入眼到入心"。

价值观与营销完美融合的途径

成功的营销的本质是突破买卖双方的交换障碍，让企业（卖家）的价值观与消费者的价值观相融合，甚至能引导消费者价值观，最大限度地降低交换障碍。随着人们消费能力的不断提升，消费者们的观念由原来的"重视占有"向"自由存在"过渡。营销要省略掉消费上的过剩装饰，强调朴素、爱、平和、自由、学习、分享、财富等。把这些观念融入产品和营销中，将有助于企业和消费者建立心灵上的信任关系，最终满足消费者情感和精神层次的需求。在具体营销中，如何实施呢？

第一，探寻不同群体的价值观。

社会消费大众形形色色，因此也决定了不同的消费群体在价值观上的不同。探寻不同群体的价值观，需要使用不同的方法。通常有三种方式：

其一是时代划分法，即把消费者按照出生或经历的不同年代进行细分，从不同时代的群体中寻找他们共同的经历和集体记忆，从他们典型的消费行为和消费经验上总结他们的价值观。比如，在线上、线下营销都更新发展迅速的当下，70后、80后的消费者还是更多倾向于选择线下购买，他们觉得在店里直接面对面挑选更踏实放心；而随着高科技成长起来的90后，更喜欢使用各种新奇、时髦的线上技术和软件购物，去追逐互联网新时尚。

其二是消费能力划分法，通过社会学、人口学方面的调查，把消费能力

不同的群体进行层级的划分，处于相同或类似消费水平的消费者更容易具有相似的消费行为和相近的价值观念体系。例如，从职业的角度分析消费者，普通工薪家庭的收入除了吃穿外会更多用于添置些"贵而不奢"的装饰性家具，而相对收入较高的精英白领家庭则可以考虑用闲置的资金购买车子、投资房产等。

其三是在具有冲击力的消费行为中寻找代表价值观的符号，即在一些热门的消费活动中，在爆款产品的消费中寻找消费者内心的价值观判断体系。比如，时下热卖的一款女性双拼女仔裤，消费行动的背后是女性们对时尚、性感、变化、个性的追求。

第二，把多种价值观融入产品、服务和品牌的多样化营销策略中。

创造符合消费者价值观的产品、服务和品牌，要求在产品（服务、品牌）的设计中融入消费者价值观的信息元素。不同消费群体都有适合他们的标志性消费，因此需要根据不同的群体，选择不同的主攻产品与营销渠道。比如，由于受到消费能力的限制，工薪阶层主要的消费领域是手机、社交软件等；白领群体的主要消费领域在休闲、旅游、健身等。

第三，确保产品的价值观进行多接触点的有效传播。

只有对产品（服务、品牌）的价值观进行有效传播，才能使它们最终获得消费者认可。有效的传播通常是通过与产品有关联的各个接触点来发挥作用，而所有与产品产生关联的生产、输出到终端消费的一切环节都是可能发挥效力的接触点。管理好这些接触点，让产品（服务、品牌）以一个声音在说话，所彰显出的价值观与消费群体共同的价值观以及个体的价值观实现统一，将创造一个有效率的价值观营销整体区块。

某著名护肤品牌为了把"美丽始于自然，师于自然，天然环保"的品牌价值观渗透给消费者，采用了多个接触点进行传播：

首先，成立了"××环保公益基金"，每年捐上百万元用于保护品牌选用水源区域的生态，向消费者发起"每买一瓶护肤水，企业就向水源区捐助5元用于保护水源地区生态"；

其次，组织包括了护肤品牌企业代表、水源区域的政府代表、环保专家、媒体代表以及当地村民在内的各界人士共同在水源保护区亲手种植用于洁净水源、调整生态平衡的绿麦草，让展现自然与激发品牌自信结合，使消费者产生强烈的价值观共鸣；

最后，巧妙地把"种草活动"与"粉丝经济"有效结合，邀请到当下最有影响力的明星们参与线下种草公益行、网络声援以及视频直播，形成"全民种草，保护生态"的号召，让品牌价值观与消费者的情感产生有效连接：一起效法自然，保护生态，享受自然的馈赠。

经过线上、线下各个接触点有效的协调运作，该品牌推出的公益版护肤水、面膜等产品引发消费者的强烈响应，成功引流数千万，关注度迅速提升，有效促进了该品牌护肤品的销售。

9.2 消费要加一点娱乐色彩

一对中年夫妻给老父亲办的祝寿宴现场：花团锦簇，气球挂满了屋子，舞台最显眼的位置展示着父亲曾经的辉煌成就。亲朋好友很多，挨挨挤挤坐满了整个宴会现场。

当大家都安静地入座以后，主持人开始了声情并茂的开场，接着是男主人和老父亲进行致辞。然后主人一句"大家吃好喝好"后，便开始挨桌敬酒。虽然寿宴的菜品都是高档的，不乏平日里难以见到的珍馐佳肴，但是来宾们在相互之间进行了简单的寒暄之后便感到百无聊赖，有些人甚至直接玩起了手机。

寿宴过后，有些人竟然感叹：唉，本来应该是热热闹闹的场面，可是根本没感觉多有意思啊！

这样的场景司空见惯，物质的丰富并不能让人们感到愉悦，其实人们无时无刻不在寻求着精神上的快乐。娱乐已经逐渐成为人们生活中非常重要的组成部分，人们希望无论做什么，都能开开心心地享受整个事情的过程。同样，人们也更愿意消费那些具有娱乐色彩的事物。一项来自中国现场娱乐消费的报告显示，目前中国每年人均娱乐消费已经超过1200元。消费者对消费的要求正从"你可以为我做什么"向"你怎样让我开心"过渡。营销也不仅仅是完成简单的交换，而是要变成一种合情合理的快乐旅程。

如何理解在营销中加入娱乐?

娱乐是能够吸引人们注意、挑起人们兴趣的活动,可以让人们在活动中获得愉悦和满足。从作用上来看,娱乐能够恢复人们的体力和振奋精神。从心理学上来看,娱乐是与一个特定的对象建立和传达一种情感上的联系。这种联系越坚固,所达到的效果就越快速、明显。娱乐是调动消费者情感最有效的方式,通过娱乐可以引起营销方与消费者在情感上的共鸣。因此,很多营销方在商业活动中会先与消费者建立感情上的联系,然后借由感情上的联系建立经济上的联系,也是当前比较流行的"娱乐营销"。

具体来看,娱乐营销是将某些蕴含娱乐功能的元素与商品的营销结合起来,使消费者在体验娱乐性的过程中,对于商品或服务产生某种积极的情感联想,因此拉近与消费者之间的情感联系,最终实现售出商品的营销策略。其在本质上,是通过与消费者的感性共鸣引发他们的购买行为。例如,某化妆品牌在"双十一"期间别出心裁地让该品牌代言明星在其网络购物平台进行数小时直播,用明星与粉丝互动的方式打通传播销售链,最终帮助该品牌成功卖掉了1万只新品。娱乐元素营销新颖而独特,在带给消费者情感附加值的同时,还能让产品的销售产生事半功倍的效果。

把快乐"搭"着卖,有哪些好用的模式?

"个性化"与"从众性"看似是两个矛盾的特征,但它们常常同时出现在个体消费者身上。追求"个性化"把消费者归类到某个产品的受众群,而对某个产品或品牌执着的热爱又让消费者之间有了相互影响的可能性,消费变得具有"群体决策"的色彩。比如,对很多热爱追剧的消费者来说,他们在观剧时会情不自禁地将自己代入某个角色中,体验"独特的自己";同时,他们还很容易喜欢上市面上有该角色印记的产品(如该角色喜欢吃的糕点、穿的衣服等),并把其他消费这些产品的消费者看作"知己",并不自觉地受这些人的影响。

娱乐之所以能和产品(品牌、服务)"搭"着卖,就是因为营销方很好地利用了个体消费者身上的个性化与从众性共存的特点,把消费者变成某种娱乐的狂热追随者。具体有以下几种模式:

模式一:借力于"知识财产"(Intellectual Property,简称IP)。

"知识财产",简单理解,就是指在法律上赋予了独享权利的资产,包括文字、音乐和其他艺术形式的作品，发现、发明和设计等一切倾注了创作者心智的内容。从来源上看，知识财产囊括了线上、线下跨界合作所形成的资源重组（游戏改编、明星效应、版权再利用等），互联网上的网络广告、付费阅读等，实体市场中的影视制作、书籍杂志出版等。

在营销中借势知识财产，实质上是在借助知识财产的吸引力，让具有了娱乐色彩的产品能够在更多平台上获得流量。借力IP成为近几年营销中炙手可热的一种方式，但随着消费者对消费中娱乐消费的要求逐步提高，寻找到不同消费者群体所喜爱的IP才能有效地把产品与IP创造性地结合，实现与消费者的有效沟通。比如，某乳液生产企业在推出其新品时，审时度势地把产品和网红动物插画形象结合起来，制作出情节高冷、幽默的动画广告，有效传达了该产品的卖点，受到年青一代消费者的喜爱。

年青一代消费者群体的不断崛起，融合了游戏、动画、漫画等二次元文化的IP内容正成为主要娱乐模式。另外，结合了体育、综艺、音乐、小说、网络热剧的产品推广也成为消费者们高度关注的营销模式。

模式二：挖掘小众偶像下的粉丝经济。

消费者们在精神上的独立，让他们越来越倾向于根据自己的想法和喜好去选择喜欢的娱乐方式及娱乐方式背后的偶像。那些被众多粉丝包围着的偶像，也大多有自己的个性，只愿意做有个性的作品，跟喜欢自己的人交流。因此，他们只在特定属性的人群中"万众瞩目"，但是在其他群体中却常常鲜为人知。比如，在某当红男团拿下年度最具人气歌手奖，红遍国内新生代圈层时，很多圈外人对他们还是知之甚少。

偶像变得小众化之后，营销的重点就是要牢牢抓住小众偶像粉丝们的注意力。互联网、媒体的介入让偶像营销方可以通过微信、微博等形式迅速定位核心粉丝群体，建立盈利系统。根据消费者对营销业绩贡献的"二八定律"效应，这些核心的粉丝群体将贡献将近80%的销售业绩。所以，高效地定位核心粉丝群将成为偶像营销快速获得盈利的基础。核心粉丝带动消费潜力巨大——在一项商业性的大数据调查中发现，由于请时下高人气的偶像组合代言，相关的衍生产品月销售额攀升到千万元。

9.3 打造一个真实又曲折的故事

一对父女的车在车流稀少的公路上抛锚了，他们焦急地下车打

算维修。但他们却无奈地发现车子引擎盖下面冒着烟，热得像个烫手的水壶，不得近前。正当两个人紧张地商量对策的时候，一辆路过的汽车停下来，司机是个年轻的小伙子。小伙子一见到姑娘，就被其漂亮的容貌深深吸引了，便热心地上前帮忙检查车的故障。他脱下自己的牛仔裤去拧掉父女俩车子滚烫的水箱盖，然后发现水箱已经坏掉，暂时无法修理。

然后，小伙子就用自己的牛仔裤把坏掉的车子和自己的车子一前一后地连在一起。随即，他邀请父女中的一个人坐到自己的车子中。父女俩对这个年轻人一系列举动的回应完全不同：父亲是警觉又有点担心的，而女儿是惊讶后的好奇、开心。她没多想就勇敢地坐进了小伙子的车子，留下父亲无奈地坐在坏掉的车子里随着那个年轻人的车的牵引徐徐前行。

这是一个牛仔裤品牌为自己打造的视频故事广告，在视频结尾给出了牛仔裤商标的特写。该牛仔裤品牌经过故事推广，受到众多单身男青年的追捧，因为穿上它可以让自己看起来更帅气，更能受到女青年的青睐。该牛仔裤品牌也靠其与时俱进的系列故事获得了消费者持续的追捧，成为牛仔裤领域的大品牌。很多产品和品牌用引人入胜的故事与消费者群体沟通，这也是比较高效的营销方式。

故事，也能帮助你卖产品

用故事卖产品，简言之即为"故事营销"，是指很多企业在产品相对成熟的阶段，需要在集中精力塑造产品背后的品牌时，采用注入了情感的故事去增加品牌的文化韵味。这些饱含了情感色彩的故事，在充分释放品牌张力的同时，也深深地打动着消费者，从而使产品的营销数量出现爆发性的增长。故事让消费者产生一种全新的体验，这种体验会随时间的推移转变成一种富有乐趣的经验。产品营销方通过故事赋予了产品更多人性化特质和内涵，让产品超越了本身的物理属性，多了情感上的附属价值。

故事营销在其实施的过程之中，常常会通过商家讲述一个或多个与商品或品牌理念有一定契合度的故事用以吸引目标消费群体。这样一来，商家可以使消费者在体验故事内涵的过程中，将品牌信息潜移默化地植入消费者的内心。以讲故事的方式让产品和品牌接触，可以让消费者自主地对品牌形成深层次的印象和评价，而且故事通常能很好地规避掉不同国家、文化之间的障碍，在更广泛的空间里延伸品牌影响力。故事里不仅有品牌要传播的思想，而且还能够传播一些社会热门话题、人们思想层面的信息。生动有趣的故事不仅使品牌信息更容易被消费者接受，而且还能更深层次、更广范围地进行多次传播。可以这样说，好的故事可以美化产品和品牌。人类的情感是共通的，因此品牌营销要做的事就是用故事把消费者与品牌紧密联系在一起。

优质的故事营销，最不能缺少的元素有哪些？

在故事营销中，观众们喜欢的是能够让他们兴趣盎然的新故事。"如何做好故事营销"是很多营销人员不断挖掘，从各种试水以及反思中寻找规律的探索过程。优质的故事营销，通常有以下几个不可或缺的元素：

元素一：品牌的独特精神。

消费不断升级，让消费者们对产品关注的重点逐渐向品牌所展现的个性方面转移，而品牌的独特精神则是对品牌个性的最好诠释。因此，对消费者讲的故事要与品牌精神的内核高度相关，让故事的核心情节描述与品牌形象定位相契合，让故事最终效力于品牌影响力的延伸。因此，在打造故事之前，要先定位产品关键属性，找准品牌内涵，然后把故事素材与产品、品牌核心价值进行有效融合。

比如，某矿泉水品牌为突出其高贵奢华的品牌精神内涵，打造了一个具有传奇色彩的故事：源于阿尔卑斯山的雪水，经过15年的时间自然渗透到岩石层再天然过滤出，因含有丰富的矿物质而口感丰富；该天然矿泉水还具有治疗的功效，曾经让一位患有结石病的侯爵奇迹般地痊愈，受到了皇室成员的青睐，并荣获皇家赐名，该矿泉水品牌名称也因此而来。消费者在接触了这个品牌故事之后，对品牌形成了深刻印象，对他们把该品牌矿泉水归入"水中贵族"有了很好的引导和推动作用。

元素二：情感体验过程。

在故事中注入情感因素，让消费者体验故事之后能够产生一种感觉：这个故事与我有关系。一个成功的故事营销，应当能让消费者有深度情感体

验。故事中植入的情感体验可以是信任、可靠、关怀、幸福、友谊、浪漫等，让消费者产生情绪上的波动。比如，某饮料品牌就是以"温暖"为故事的情感基调，推出一个具有丰富视觉的动画视频：透过一扇缀满了冰凌花的窗户，让人们观看到形形色色的人以及他们正在经历的事：

一心追求事业成功的男士在鲜花和掌声之后的失落，工作中感到无助又孤寂的单身女青年，吵架的情侣……他们都在追求心理上的温暖。一杯一杯热奶的出现，让这些人在寒冷的冬天中得到温暖和慰藉。镜头的最后，定格在这些动画人物手中抱着的设计独特的牛奶保温杯——它能够让牛奶保持在最佳适宜饮用的温度。该视频在某购物平台播出后立即引爆流量，定制牛奶温暖杯的刷单在几天内达到数万个。

元素三：故事的最佳秀场。

故事联合多种媒体传播，为品牌传播开拓更自由宽广的营销领域，电视、广播、电台、直播、语音等媒体平台陆续成为当前故事传播的"秀场"。要寻找最佳的品牌故事传播方式，要结合品牌的内容和潜在受众特征去展开。比如，某策划类公众号为了打造自己的策划品牌，扩大知名度，策划一次"有预谋的集体熬夜"的故事直播活动。活动邀请不同职业在深夜工作的人们用直播的方式讲述他们的故事，包括正在值班的医生、准备下班的钢管舞演员、大楼监控室的保安等。这些熬夜人的故事深深戳中了一些习惯熬夜的都市人群，引发了他们的身份认同感。在将近一小时的直播中，吸引了数十万人在线观看，也收获了非常高的微博阅读量。

品牌故事要想持续地吸引观众，选准秀场的同时还要在内容上与时俱进、不断更新，在结合产品特性、品牌理念的情况下，寻找最佳的创意表现形式。

9.4 我的工资我做主，说买就买

近几年内，随着经济的快速增长，越来越多的人具有了一定的消费能力。与其相伴而生的消费升级，也因此进入关键时期。然而，在消费升级的浪潮中，消费者个性化的需求与日俱增。他们不仅要让产品营销能够满足社交、本地化、支持移动客户端，还要能够灵活地满足自己个性化的需要。营销中的主角不再是某个企业或公司，而是消费者。消费升级也推动产品、品牌的营销理念从"以产品为中心"向"以消费者为主导"的营销模式转换。这一变化的原因在于现阶段市场已经进入消费者意志占据主导权的时代。

"消费者主权时代"

物质的极大丰富让消费者拥有丰富购物经验的同时，也让他们对产品信息更是见多识广。在海量信息的渗透下，消费者们在消费观念上也发生了变化：他们渴望在消费中能够平等获得产品的相关信息，不受时间空间的限制而随时随地消费，能深入参与产品供应链的关键环节。比如，购买有机牛肉的消费者大多很想知道，这些牛肉是怎么保证肉品的有机的：牛生长在哪里、吃什么样的饲料、饮用什么类型的水质等。如果肉品的卖家能够诚实无欺地提供相应的信息，和消费者情绪上的需求达到很好的对接，将会收获越来越多忠实的回头客。

然而，在实际的营销转型中存在一些客观的现状，成为阻碍营销快速转型的阻力，主要表现在三个方面：实体店铺与消费者住处距离遥远、网购中的竞价排名让消费者很难快速定位自己喜欢的产品、隔离式的个体网购方式让消费者丧失了一定的社交和情感交流机会。

在"消费者主权时代"的大环境下，产品营销方只有经过消费者的允许，才能成功进入他们的生活。营销人员需要准确地根据市场反馈建构"以消费者为主导"的新型营销模式来适应当前的大消费环境，让营销活动的起点和终点都是消费者。同时，在充分尊重消费者意志的前提下，让购物具有社交性，与消费者建立长期密切关系，让消费者充分利用和享受"自己的购物商场"。

如何hold住当前消费大环境下"任性"的消费者？

在消费者主权时代，消费者们购物不再忠于从单个渠道中获取产品的品类、价格、促销等信息，而是善于从网店、移动商店和线下实体店等多渠道中集思广益地筛取产品信息，实现不同渠道间相同品类商品的比较。对消费者越来越挑剔的"任性"购物，营销方式如何以变应变，从而获取消费红利呢？

第一，线上、线下多渠道融合。

每个消费者都镶嵌在一个巨大的社会网络上，这张社会网络给消费者造成影响的强烈程度，远远超过人们本来的预期。比如，购物圈子某个卖家、

产品或品牌得到越多人的认可和推荐，就会吸引越多的人前去购买。很多消费者购买的初衷，并不完全是基于自己的需求。社会网络对消费所产生的积极作用，也不是靠某个人或某个群体就能生成的，而是需要线下实物流、线上信息流、技术、服务等多方面优势相结合。

> 为了突破销售空间的限制，某数码相机品牌在其面积只有25平方米的门店安装了一块大小适中的电子屏幕。消费者可以通过这个虚拟的柜台，搜索查看全国近30个城市的数百家店铺的所有单品。而且，消费者可以通过扫描虚拟柜台屏幕上的二维码，在线上完成下单、支付整套消费流程。这样，就轻松解决了消费者要"货比三家"的内在渴求。这种新的线上、线下无差别的购物形式，也让这家门店能够即时把消费者喜好、购买趋势反馈给产品开发部门，即时做出产品外观、功能等方面的调整。这样"试水"的结果是，一年内该门店的销流量和销售业绩得到了巨大提升。

线上、线下多渠道的结合，不仅避免了生产方与销售终端信息的断层，还能帮助生产方和营销方准确洞察产品整体市场的变化，实现营销资源和信息的适配与消费价值重构和提升，赢得消费者的持续支持。

第二，为消费者打造"无缝"化体验。

无论营销环境如何变化，完整而饱满的体验仍然是产品或品牌吸引消费者的重要因素。如今消费者不仅可以通过出入门店，还可以通过网络等渠道与产品产生联系，消费使用的购物工具远远超出传统购买形式。产品生产者和营销方要做好在任一时刻、任一触点为消费者提供连贯的"无缝"体验的准备。这样产品或品牌才能始终与消费者保持互动，并影响消费者在日常生活中为产品或品牌发出的呼声。

好的产品体验是营销的黏合剂，了解消费者并提供正确的消费体验，营销方可以考虑从以下两个方面着手：

建立消费者体验团队，体验的形式可以多样化。允许消费者参与门店销售，赋予消费者在产品推销中一定的发言权，以及将消费者分派给不同的购买团队。消费者体验团队的参与，可对产销各方孤立的功能和角色进行有效的连接。而且，消费者体验团队的洞察数据，将对生产者和营销方的决策起到积极的反馈作用，能降低产销各方最终决策中的风险。

采用高新的技术工具，为消费者创造更丰富的体验。比如，目前逐渐流行起来的虚拟现实（VR）、增强现实（AR）技术，科技技术营造的亦幻亦真的人工环境能给产品的营销锦上添花、增强趣味。某威士忌品牌在一次国际展览会上把品牌文化与VR结合，让品过该品牌威士忌的消费者戴上VR视镜，瞬间跨越时空，"进入"该威士忌的生产车间，在虚拟的环境中参观酒品的酿制过程、调和生产设备，观看品酒笔记。高新技术的加入，以创新的方式与消费者进行沟通，有效升级了消费者体验，增强了他们对产品及品牌的认可程度。

9.5 "气质"营销，讲究的就是内涵

在人与人的互动中，"气质"是经常用来评价对一个人感觉的高频词汇：温文尔雅、清新俊逸、幽默风趣等。气质是一个人内在涵养的外在体现，建立在一个人的文化、知识、道德品质等素质的基础上。现实生活中，与气质好的人沟通能给人如沐春风般的享受。

当下出现了哪些新的消费逻辑？

"好产品能够成就和表达更好的自我"成为很多消费者内心的声音，他们希望自己正在消费的产品拥有好品质的同时，还能让自己更有"气质"。消费者们开始变得更注重精神、健康、兴趣等领域的投入，而推动他们行为变化的是在消费市场中出现的"思维新趋势"——新的消费逻辑。总结起来，新的消费逻辑主要有以下几种：

第一种，新精致主义。

该消费逻辑有稳固支撑点，即消费者对更高层次自我满足和极致品质生活的追求，在行为上表现为：消费者对生活品质在细节上的追求，这些细节涵盖了生活中的吃穿住行娱，而且他们还希望从产品、服务中获得精神和认同方面的价值。消费者认为"高要求成就高品质"，所以他们对产品从成分、材质到设计参数都高度关注，要求苛刻，不愿迁就。

第二种，普物时尚化。

时尚不再由一些殿堂级的品牌去支撑，也不再完全是由某些明星、大腕引领，而是变得更无拘无束，更个性化和小众化。所谓个性化，即消费者对同一产品的需求与购买动机存在明显的差异，不同的消费者对产品的衡量有强烈的个人色彩。比如，同是购买手表，有的人注重价格是否合理，有的人注重是否精准耐用等。所谓小众化，简单理解，即分属于同一细分市场的消费者，他们的需要和欲望相似，所以一款产品得到该细分市场中某些消费者青睐，也会在和他们喜好相同或相似的更多个体中受到欢迎，使产品在小范围内变得流行。

人们对生活中使用的很多小物件，像手机壳、充电宝、背包挂饰等，都追求它们的独特和时尚。时尚已经不再是人们可望而不可即的高大上消费品，而是存在于日常生活的零零散散的物件中。比如，一款设计理念源于宫廷的胶带一经推出，就受到了很多女性消费者的喜爱——她们把使用此款胶带看作一种时尚。很多平日里不起眼的物品，因为加入了设计感、流行元素之后，拥有了时尚感，也更容易吸引消费者的青睐。

第三种，情感回归家庭。

物质层面的满足和丰富，让更多人开始冷静思考自我发展与给亲人朋友的陪伴问题。他们不再一门心思地用时间和健康换事业，而是愿意把更多的精力放到家人和身边的朋友身上。在他们看来，丢掉了健康和亲密感的事业成功并不是完整的成功，而拥有了高质量的亲人与朋友的支持和爱，才会在事业上更容易有所建树。因此，很多有利于增进人际关系亲密度的活动（亲子游、家庭游等）受到一些消费者热捧。与此同时，一些具有陪伴功能的智能化产品（陪伴机器人）和服务也深受消费者欢迎。

第四种，极简生活。

极简生活是一种崇尚从衣食住行、信息到媒体接触都要轻量和便捷的生活方式，表现在消费中就是强调产品要尽量简约和简单。一般情况下，推崇极简生活的人在消费上强调只买需要的物品，且买质量上乘的并可以充分使用的；日常生活中会注意用可以循环使用的布袋代替塑料袋和纸袋，喝水用瓷杯、金属杯代替一次性的纸杯；绝不重复购买功能类似的电子产品，会整合精简充电设备；不做无效社交，减少浪费在社交网络上的时间，不关注无关的娱乐和八卦新闻。对于有着极简生活的消费者，用不断精简的营销，最大限度地缩短消费路径和体验时间，将对他们产生有效的吸引力。

如何让产品和"气质"结缘？

拥有了"气质"这层外衣的产品和品牌，在满足消费者消费逻辑的前提下，还能够给消费者一种自信的愉悦感。培养产品的气质就是在无形中为品牌塑造更大价值，创造盈利点。产品的气质也是产品最吸引新时代消费者的地方。那么，应该如何让产品与气质结缘呢？

首先，可以让产品（服务）小而美。

对追求新精致生活的消费者来说，他们喜欢那些能够展现自己对生活的积极态度、审美、喜好的生活用品。在他们看来，每一个小而美的产品（服务）都能影响自己对生活的体验。在生活中，他们更愿意在众多日常消费品所带来的点滴精致中凝聚自己对生活的幸福感。比如，某企业充分迎合消费者的这一特点，以"寻找点滴幸福"为口号，先后展开了多场形式不同的营销活动：点滴改变、点滴幸福秀、点滴公益等，目的就是让消费者在活动中体验到那些点滴幸福的瞬间，从而把这样的好感与产品品牌结合起来，打造更积极正面的品牌形象。

其次，可以强化产品的时尚精神。

在兴趣广泛而多元的消费时代，年轻消费者更少看重产品的价值属性，而更多看重产品的时尚感以及是否契合自己的内在精神需求。在年青一代消费者看来，时尚是一种积极品质，代表了自己喜欢的时尚精神。年轻消费者通常用"酷""炫"来表达自己对某些品牌的肯定。他们所喜欢的品牌也变得更小众，以至于有些产品可能在专柜中看不到，但是却能在某些微信朋友圈受追捧。赋予产品时尚标签，并不断强化这些精神上的标签，让消费者对产品形成"不是大众的，但是最酷最好的"印象。

最后，可以用"界限"保证产品（服务）质量的完整性。

在越来越倾向于精众化的消费趋势下，消费者希望自己享受到的是完整的原始生态资源，所以在某些融合了共享型、服务型的产品中，资源完整性会让消费者更加青睐。产品（服务）输出方如果没有了资源保护的意识，无限制地开发和输出，产品（服务）的质量就会下降，造成消费者流失。

泰国一家度假村，号称"全球首个零排放别墅"，在建设过程严格限制施工材料选择，均选择当地原生态木材，并艺术性地将竹木元素的使用发挥到最佳状态。对于前来度假的消费者，严格执行"不看新闻不穿鞋子无垃圾"的朴素日常，让消费者充分体验"尊重自然，保护资源"所带来的别致享受。在营收过程中，虽然租客贡献的房费并不高，但来这里度假的消费者却愿意为在这样的环境下所展开的各种活动（如亲子夏令营）进行消费。

9.6 用今天的资源实现明天的梦想

正值春暖花开的五一假期，人们纷纷选择外出短途踏青放松身心。刚进入职场不久的小辉，也是个热爱旅游的姑娘。她喜欢在旅游的过程中体验山河壮丽的景象和妙趣横生的不同风俗，所以在很多名胜古迹、黄金休闲旅游景点都留下过她的足迹。因为有一颗体验诗和远方的心，她一有时间就会出行。但作为收入并不高的职场新人，频繁旅行所产生的费用对她来说是不小的开销，有时会有一些经济上的压力。但是，由于小辉灵活地利用几款借贷产品，通过借用少量资金补充自己在旅行中出现的资金短缺。每借一笔钱，她只需要在一年内，以每个月还款几百元的形式还完即可。这样既没有太大的生活压力，又轻松满足了出游的需要，小辉觉得这样做非常值得。

像小辉这样的年轻消费者不在少数，他们乐于经营生活并不吝惜利用超前消费为自己创造条件，去满足自己一些兴趣爱好上的追求。他们一直行走在互联网科技前端，对一些能够为自己提供便利又好玩的互联网理财产品有着敏锐的嗅觉，因而他们也是一些低门槛互联网金融服务的使用者和受益者。"花明天的钱，圆今天的梦"成为这部分年轻人当下生活的真实写照。

虽然这与老一辈比较传统的"量入为出""开源节流""储蓄以备不时之需"的观念完全不同，但不可否认的是，超前消费已经被越来越多的消费者所接受，如随处可见的车贷、房贷、信用卡、刷卡返现、分期免息等。

超前消费对个人而言，能够提前购买到超出目前经济能力的产品，提前使用并享受产品带来的功能和效用。在改善了生活质量的同时，对消费者们来说更是一种动力和压力，激励他们更努力地工作去消灭负债，以满足自己更好的生活需求。超前消费在充分刺激了消费的同时，也扩大了市场需求，酝酿出新的消费热点，促进消费结构向更合理的方向发展，使产品的生产和消费保持良性循环。

当然，超前消费在有些人看来，也是一把双刃剑。在处理不当的情况下，它会给个人和社会造成不良影响，如一些控制失当情况下出现的"负翁族""卡奴族"。因此，在推进消费者进行超前消费的同时，也需要对他们在消费的理性上进行影响和引导。

超前消费：钱怎么花，才是无悔的青春？

超前消费，消费者希望得到的是一笔划算的生意，这就涉及钱花出去，是否花得最有效率。比尔·盖茨说："巧妙地花一笔钱和挣到一笔钱一样困难。"会花钱的超前消费所改变的生活才是消费者最"无悔的青春"。那么，商家如何引导年青一代消费者进行高品质的超前消费？

首先，作为产品推荐方应建议消费者把钱花在"实质"上。

在一项主题为"年青一代生活形态报告"中发现，当前中国年青一代并不是人们所认为的"迷恋奢侈品、高档消费"的一代。他们在消费理性上并不输长辈，对占有一些用不着的奢侈品并不感兴趣，他们更注重把钱花在"实质"上：成功减轻创业压力、投资自己、实现梦想等。

大学生陈陈拿着手中的最新款苹果手机对某记者说："我刚来大学报到时，用的是我爸给买的1000元的×牌手机，我想在接下来的几个月内买台上万元的笔记本，当然是先消费再分期支付了。你是不是觉得贴着贫困生标签的我，这样的消费方式应当受到批评呢？"

通过深入了解情况，记者才知道他是学计算机专业的，平时会利用自己的专业技术在网上接单，帮一些机构做网络版的微缩模型，并进行数码绘色。所以他需要一套质量过硬的电子设备，这样

既能实现不限空间的掌上办公，还能不断精进自己的技术，赚得数量可观的"第一桶金"。

他对自己购买苹果手机，给出的解释是："纯粹是为了做兼职需要，但是怕同学误会，还藏了三个月。后来发现，其实同学们根本没有他想象的那样关注你使用手机的牌子、商标，消费是让学习和生活更有质量，并不是追求大牌商标和炫耀。"

其次，商家有意识提醒消费者合理使用超前消费下的金融产品工具。

超前消费之下，鼓励分期付款、提前消费的网络产品和工具开始越来越多地进入年轻人的世界，从在线支付的支付宝支付、微信支付到解忧应急的微粒贷、借呗、随手借，再到大型购物平台上的花呗、京东白条等，互联网之下的金融产品的普及无限满足了年青一代消费者的消费胃口。这些形式多样的"先消费，后付款"的消费方式在减轻经济压力、实现资金多元化使用的同时，也在很大程度上依赖消费者们对消费的自控能力，考验他们的诚信。

这些金融产品和工具的灵活申请方式、申请手续便捷、无抵押担保、审批核准速度快等特点对年轻消费者来说几乎没有抵抗力。因此，营销者面对一些使用这些金融产品和工具进行消费的消费者，要有意识地提供关于这些金融产品的优势和劣势，以及这些金融产品适合使用的产品领域等信息；让消费者准确地掌握这些金融产品的使用规则，避免有些消费者只看到眼前好处，不考虑后果地盲目消费。

9.7 绿色消费是大势所趋

20世纪90年代，随着英国一本名叫《绿色消费指南》的图书的出版，消费者"绿色消费"的意识开始萌芽并迅速蔓延，逐渐波及全球。一项来自全球消费者的民意测验结果显示，有70%以上的欧美消费者会在超市里考虑到环保问题，有80%的北美消费者愿意多付10%的钱购买环保型产品；在日本，饮水和空气都以"绿色"为标准。有调查发现，目前中国消费者绿色消费的意愿也空前高涨，他们更愿意选择纯净污染、有助于公众健康的产品。绿色消费在人们生活中的地位变得越来越重要。

消费者渴求"绿色消费"并呼唤"绿色营销"

绿色消费，是指一种综合了资源产出效率、对环境影响以及充分实现消费者权益的消费模式。在绿色消费模式中，消费者已经充分意识到环境的变化会影响自身的生活质量和生活方式，并呼吁包括自身在内涉及生产、营销的各方都能尽量减少环境破坏，维持可持续发展，达到减量、可重复利用、可回收以及可再生的效果。

绿色消费强调既要满足当代人安全、健康的需求，还要保证这样的消费不会威胁到后代的消费利益。比如，某购物平台在物流上展开一项"绿动计划"，倡议消费者在购买中选用绿色包裹、绿色配送以及消费的绿色智能，以减少物流配送中的碳排放和资源浪费。

绿色产品在保护消费者身体健康的同时，也最大限度地提升了人们的安全感，满足了人们关注环保的社会需求。消费者消费绿色产品，也是把绿色消费观念转化为行动的过程。比如，某灯具厂家研制出低能消耗的电子灯泡，让消费者在享受亮度舒适照明的同时，也帮助消费者把绿色消费的理念践行到生活中。

越来越多的绿色消费者的出现，对产品市场以及营销界也产生了重要影响。绿色消费需求不断释放到市场中，带动了生产、销售、消费链上的有效调整，共同促进了产业和营销的绿色变革。

在绿色消费的浪潮之下，产品在营销上要"绿色"的需求也变得越来越强烈。所谓绿色营销，即产品生产和营销方在迎合消费者绿色消费习惯的基础上，将绿色环保精神作为产品生产的价值观导向，力求满足消费者对绿色产品的需求所展开的经营。绿色营销并不是诱导消费者购买的手段，也不是给企业和品牌镀金的工具，它的目的是在化解环境危机的过程中获得商业机会，在满足消费者的同时也获得企业利润，达到人与自然的和谐共存。

绿色营销要准确把握消费者的绿色消费心理：科学、健康、无污染、有个性化色彩、价格合理。高效的绿色营销不仅能够节省营销资源，而且还可以提高企业的形象，增强企业产品的竞争力，提高企业的经济效益。

如何打造高效的绿色营销？

绿色消费是一种新型理性层面的消费，作为一种崭新的消费理念，它的

受众必定是一些关注绿色运动、具有社会责任感、具有一定经济能力的群体。他们往往在群体中都有一定的社会影响力，他们的消费观念也能在一定程度上得到群体成员共鸣，他们对整体的大众消费者具有示范作用，也让未来的企业绿色营销传播有了坚实基础。那么，营销如何打造出这群能够引发大众消费者积极性的示范群体，并最终成就高效绿色营销呢？

营销策略一：针对消费者的切身利益开发产品。

产品绿色是吸引绿色消费者眼球的最好营销支撑点，在产品开发和生产过程中，各个环节都有绿色的衡量标准，要真正做到天然、无公害。在此基础上，还要考虑关系到消费者切身利益的一些个性化诉求，如经常面对电脑办公的消费者，为了保证身体的健康，他更需要的是一台少辐射、运转速度更快的"绿色电脑"；而一个长期在化学药品车间工作的人，更需要穿戴高度防护皮肤和呼吸系统的衣服和面罩，吃具有净化体液功能的食物。真正从消费者的绿色诉求利益出发的产品，能够快速消除消费者的疑虑，增强买卖双方的信任感。

虽然绿色产品有严格的质量和环保等方面的标准，在生产输出成本上会高出普通产品，但企业在营销上要考虑到消费者的实际购买能力，给出他们可以接受的价格，用细水长流扩大营销市场。

营销策略二：协调好各种关系。

绿色产品目前还处于探索和成长阶段，想让其更贴近大众消费者的生活还需要联合社会各方面的共同努力才能实现。因此，产品营销中要协调好各方面的关系，获得更全面的社会支持。企业可以从以下两个方面入手：

获得权威支持。政府及其相关部门、绿色和平组织以及生态保护组织，都是具有强大的社会影响和号召力的绿色消费领域权威，对企业的绿色营销活动的效果起画龙点睛的作用。让产品符合政府对企业政策的导向，产品生产标准符合生态、环境保护的标准，产品以及营销在理念上满足绿色和平组织所倡导的和平、可持续发展理念，这些都能够顺利得到权威组织的支持，把消费大众关注的焦点和舆论引向对企业更有利的方向发展。例如，某连锁零售企业在努力实施绿色营销中，积极展开与环保公益组织的合作：邀请国际企业环境机构的专家走进企业进行环保的主题宣讲，该企业联合环保权威机构，将自身利益与社会利益相结合，在消费者群体中树立了良好的绿色企业形象，为未来的营销拓宽了局面。

建立绿色营销渠道。把绿色营销的意识渗透到营销渠道的各个环节中：寻找和发现热心绿色营销的合作商，启发和引导合作商的绿色消费意识，建立与合作商的恰当利益关系的同时，逐步稳固绿色营销的网络。例如，某罐装饮品企业与大型易拉罐合作企业发起"废旧包装回收行动"，引导消费者把铝质罐或塑料罐投入企业特制回收箱内，企业将以每个几分钱的价格核算后捐给某山水自然保护中心。此举得到大量消费者的认可和支持，让饮品企业和易拉罐企业都"名利双收"：增加了资源的重复利用，为企业建立了绿色环保的好口碑，扩大了营销红利。

营销策略三：绿色营销宣传。

积极地对企业的绿色生产理念和营销理念进行有效传播，企业的绿色消费文化才能在更大的范围内起到建立良好信誉、捍卫企业生态环境以及保护消费者利益的作用。在传播上，可以从三个方面进行绿色信息传播：

其一，媒体上绿色广告长期而大量的植入，引导消费者理解绿色消费理念，激发消费者的购买意愿。某户外登山靴品牌的广告语是"地球的守护者"。为了证明穿上它是一种"绿色时尚"，在其视频广告中，完整地介绍了登山靴的设计：使用的是环保橡胶底，有接近一半的成分来自回收再利用的车轮胎，鞋底的质地就如"变形金刚"那样结实。

其二，线下进行绿色营销人员的推广，通过讲座、有奖问答、试用、馈赠等多种形式，宣讲本产品绿色营销的现状和发展趋势以引起消费者兴趣，促成其购买行为。某知名服饰品牌为提高消费者对本品牌生产端"绿色无害"的认识，举办生产知识讲座。在讲座中，消费者能充分了解到，该品牌产品使用的是可持续环保棉花，原料在生长过程中不使用肥料和杀虫剂；在特殊无公害的生产环境下，该品牌的衣服材料可以实现循环利用，因此消费者可以放心地用"旧衣换新衣"。讲座引起消费者积极响应，很多消费者听了讲座之后都表示自己很愿意尝试穿一下该品牌的衣服。

其三，通过播放绿色环保影视资料、进行社交联谊、拉公益赞助等公关活动，让公众广泛接触产品的绿色营销，增强公众的绿色消费意识，为后期的营销建立社会基础。例如，某饮品企业设计出十几种功能不同的瓶盖，让消费者在打开瓶子享用完饮品后还能二次利用瓶盖，将瓶子当成笔刷、喷

壶、调味瓶、吹泡泡的玩具等使用。这种新奇有趣的"新玩法"让消费者从行动上进行了废物再利用，增强了消费者对该品牌环保理念的认识，受到了年轻人的追捧。

9.8 走在消费理念前沿，人生不设限

在IT公司上班的阿西下班后在约好的餐厅等女朋友。他并没有因为女朋友还没出现感到焦灼，而是从容地打开手机里的一款游戏，饶有兴趣地玩起来。这是公司同事群中最近流行的一款游戏，因为打一局游戏的时间不长，最多半小时，既可以打发如排队时等无聊的时间，还能顺便逛下网络商城，给自己家里的游戏装备配个小型音响，增强游戏效果。当他美滋滋地完成这些"任务"的时候，女朋友来了，于是两个人开开心心地享受起"烛光晚餐"。

当人们开始购买商品的时候，他就成为一个消费者。消费者离不开他们所生活的环境，也摆脱不了社会氛围对他们的影响，因此，消费者需求变化在一定程度上是受外界环境的变化所导致的。智能制造和互联网为消费者创造了更多的选择商品的机会，也催生了更碎片化的消费需求——随着消费者的时间的碎片化，他们努力寻找那些"耗时短、便捷式"的消费产品和消费模式。比如，新近在很多大型商场里面流行起来的"迷你KTV"，就是面向年轻消费者群体的碎片化消费方式。在这种"迷你KTV"中，消费者可以在短时内享受唱歌、听歌、录歌以及微信分享歌曲等服务。

在这种碎片需求背后，传统企业的批量、标准化生产模式被打破，而小批量、个性化、艺术化的产品应运而生。企业营销大多通过关注消费者当下的消费兴趣和喜好，以便测知他们当下以及未来的消费需求和消费能力。从这个角度来说，企业营销之路就是跟上消费者需求的脚步。

怎样预测未来的消费者？

消费者有了越来越多的购买经验之后，他们对产品的品鉴能力必然是越来越精准的。他们越来越会计算自己付出的货币成本与产品服务价值、时间

成本、精神成本等产品综合之间的性价比。这种不断熟稔起来的信息搜索能力和分析能力的建立，也见证着消费者正经历从懵懂走向成熟。不可否认，消费者的未来就是比现在更成熟。企业想要预测消费者的未来，就要跟上不断变得成熟的消费者，才能在未来的市场中占有优势。

一项来自某购物平台消费者的数据显示，抛开一些随机因素，在网站上注册购物的消费者会经历类似的消费过程，然后这些消费者最终的消费项目结构会朝着一个方向趋同。就像很多人同时去往某个地方，虽然他们的出发时间不同，速度各异，但是最终他们都是向同一个终点前进，并且这些趋于稳定的消费者不会受到产品升级或临时促销等因素的营销改变消费结构。该平台把消费者在消费结构上的高度趋同看作消费者的成熟现象。

该平台也分析了影响消费者走向成熟的因素，主要表现在两个方面：知识水平（受教育程度）和财力。深厚的知识积淀（如硕士及以上学历）能够帮助消费者更快速地成为成熟消费者；而拥有更强的财力（高级白领群体）对消费者走向成熟消费者有非常重要的作用，财务自由可以让消费者自由选择自己所喜爱的产品。

成熟的消费者不再为外界因素所影响，而是根据自己内心的需求来决定是否要购买产品、购买哪种产品。在这个阶段，他们所消费的就是他们内心渴求的外现。成熟消费者把获得幸福感作为消费出发点，他们更希望购买那些可以给自己带来幸福感的产品和品牌。

如何建立消费的幸福感？

幸福是人们的需求得到满足所产生的长久的喜悦，它有很多不同的支撑点，包含了被爱的愉悦、实现人生的意义、舒适感等诸多成分。消费是让个体获得幸福感的重要途径，因而企业可以把消费者的幸福感作为营销创利的新途径。可以从以下两个方面来提升消费者在消费中的幸福感：

首先，为消费者创造主观愉悦体验。愉悦的体验满足了消费者对快乐的追求，也是让消费者感到幸福的基础情绪。企业在营销中用优美的外观、舒心或欢乐等积极气氛带给消费者主观愉悦的感受，如某休闲俱乐部推出特色的消费场所"快乐空间"，在这个场地中，消费者可以选择让自己感到愉悦的服务方式，店家会尽力提供道具、人员配合。此外，企业还可以通过优

化购买体验来强化快乐体验增强消费者的愉悦感，提高消费者对产品或服务所蕴含的幸福感认知。比如，一家大型游乐园碰碰车场地上，安装一块大屏幕，对参与碰碰车队的每个成员进行"现场直播"，并有专门的人员制作"精彩回放"，消费者还可以把这个视频材料带回家，反复欣赏。

其次，突出产品给消费者带来的社会价值。从社会关系的角度来看，消费者十分关注消费某样产品给自己带来的社会影响。他们更愿意接受那些能够增强自己与他人的联结、获得更多人的尊重与认可的产品和服务。因此，一方面，产品要展现出消费者对社会中某些积极思想或现象的认同。比如，消费者穿传播积极能量的品牌文化衫，会给身边其他消费者带来积极影响，也容易吸引他们对自己的认可和支持。另一方面，产品可以通过体现消费者对社会责任感方面的追求，帮助他们实现对社会做出贡献的愿望，从而获得幸福感。比如，购买一瓶某牌子的酸奶可以为山区贫困生提供5角钱的捐助，就通过普通购买行为实践了社会责任感，让很多消费者乐而为之。

突出产品（服务）带给消费者的自我实现功能是人的一种高层次的心理需求，即个人的才能和潜能得到充分发挥，实现自己的理想和抱负的过程，自我实现会带给个体极大的心理满足。物质的不断丰富让消费者在物质上的需求得到极大满足，他们的需求开始升级到关注个人自我成长的自我实现领域。消费者会根据自己的自我实现的需要，把特定产品、品牌所传递的精神内涵与自己联系起来，如此一来，消费也变成了一种自我实现的方式。

总之，企业如果能把产品和品牌的定位与目标消费者群体的自我实现需要相匹配，就能帮助消费者在品牌中找到自我实现带来的幸福感；让消费者在使用产品或体验服务的过程中，能够唤起特定的情绪、情感，创造性地激发潜能，重塑自我。比如，某运动品牌结合青春运动的产品造型，提出"青春、激情、战胜自我、创造可能"的品牌精神内涵，激发年青一代消费者追求自我，实现理想的激情，并因此深受年轻消费者的喜爱。

后　记

消费的目的是获得价值和满足，营销是塑造价值和传递价值的过程。营销需要做好产品的价值承诺与消费者需求之间的平衡。让消费者真正相信并在乎产品营销方的价值承诺。那么，如何实现这样的一种平衡呢？

俗话说，知己知彼，百战不殆。在产品同质化、需求精细化、消费数字化的今天，要做受消费者喜欢和接受的产品营销，就需要把"了解消费者"这一概念延伸到更深入、细化的领域——消费者的性格、能力、兴趣爱好领域等。按照他们在消费中所表现出来的性格方面的特点，看菜下饭，量体裁衣：让节俭了一辈子的长辈放下过于保守的消费观念，享受生活；帮助缺乏自制力的年轻消费者调整需要和欲望之间的关系，购买自己需要的产品；用个性化的产品和服务补齐某些消费者精神上需求的空缺；等等。

为了让读者通过短时间的阅读，轻松有效地获知消费者体现在性格方面隐而未现的"秘密"，笔者在正文中，每章都沿用了"提出问题—分析问题—解决问题"的逻辑，让读者能够清晰地理解问题是什么，针对性的解决方法是什么。

这是笔者第一次全面地从消费者性格的角度去解析消费活动和销售、营销之间的内在关系。对笔者来说，是一次全新的学习和成长的机会，也是一次高能的学习过程。期待读者们能从本书中找到让自己在营销知识、营销技巧上成长的内容，向更好的未来自信出发。

在此感谢所有参与本书的策划、编辑和校正以及出版过程中的人，正是有了他们的努力，才让本书最终和读者见面，使书中的知识、观念和方法让更多人受益。